AF548883

OH HERR,
du unser
HIRTE,
bete
für uns!

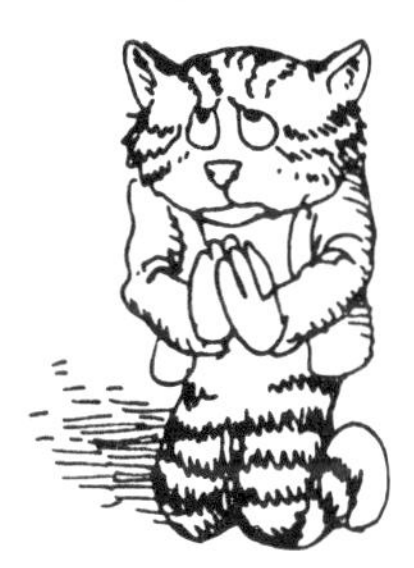

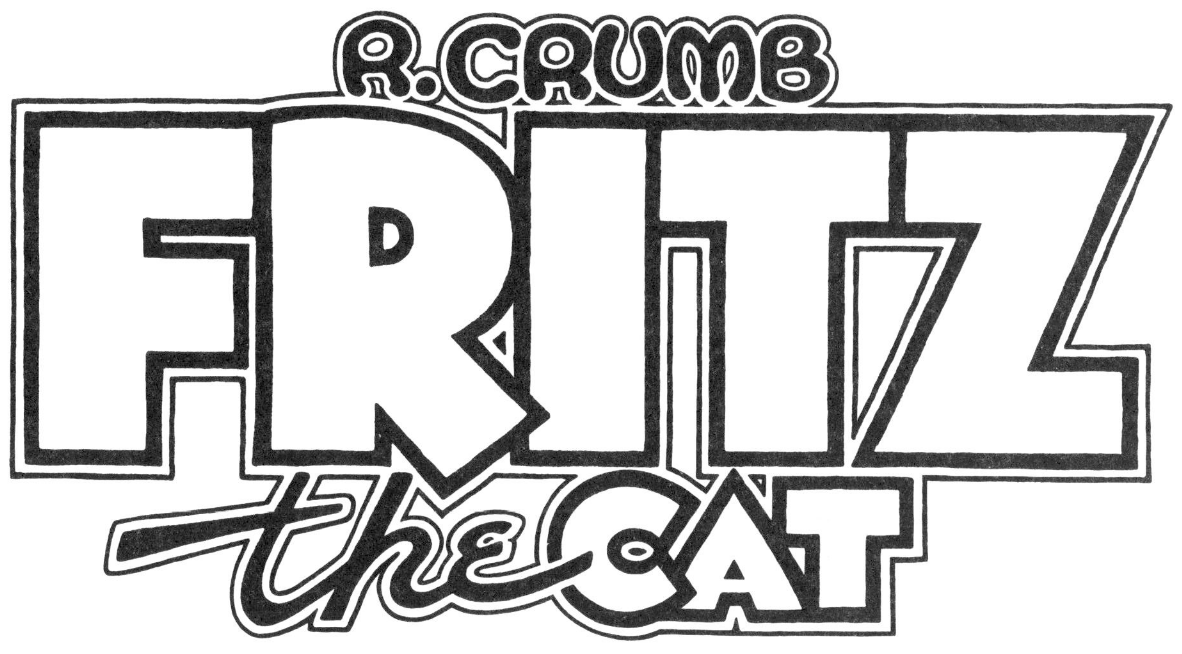

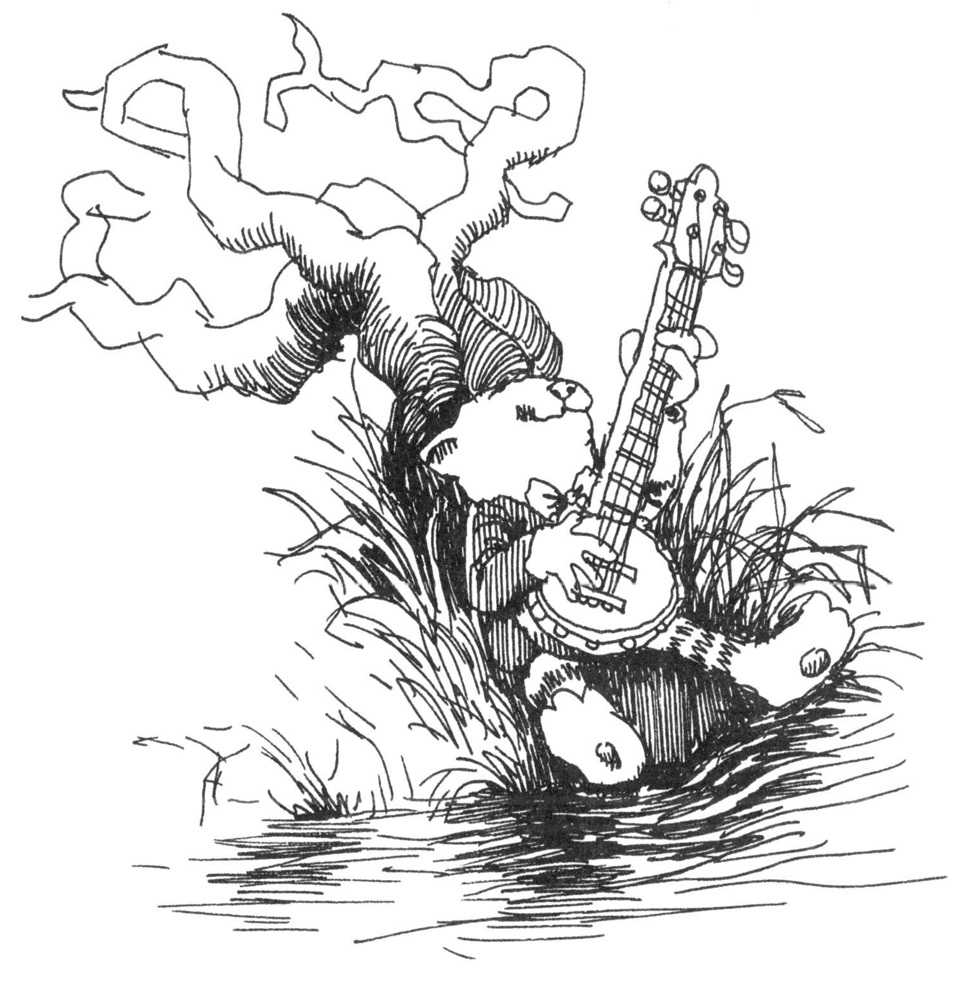

REPRODUKT

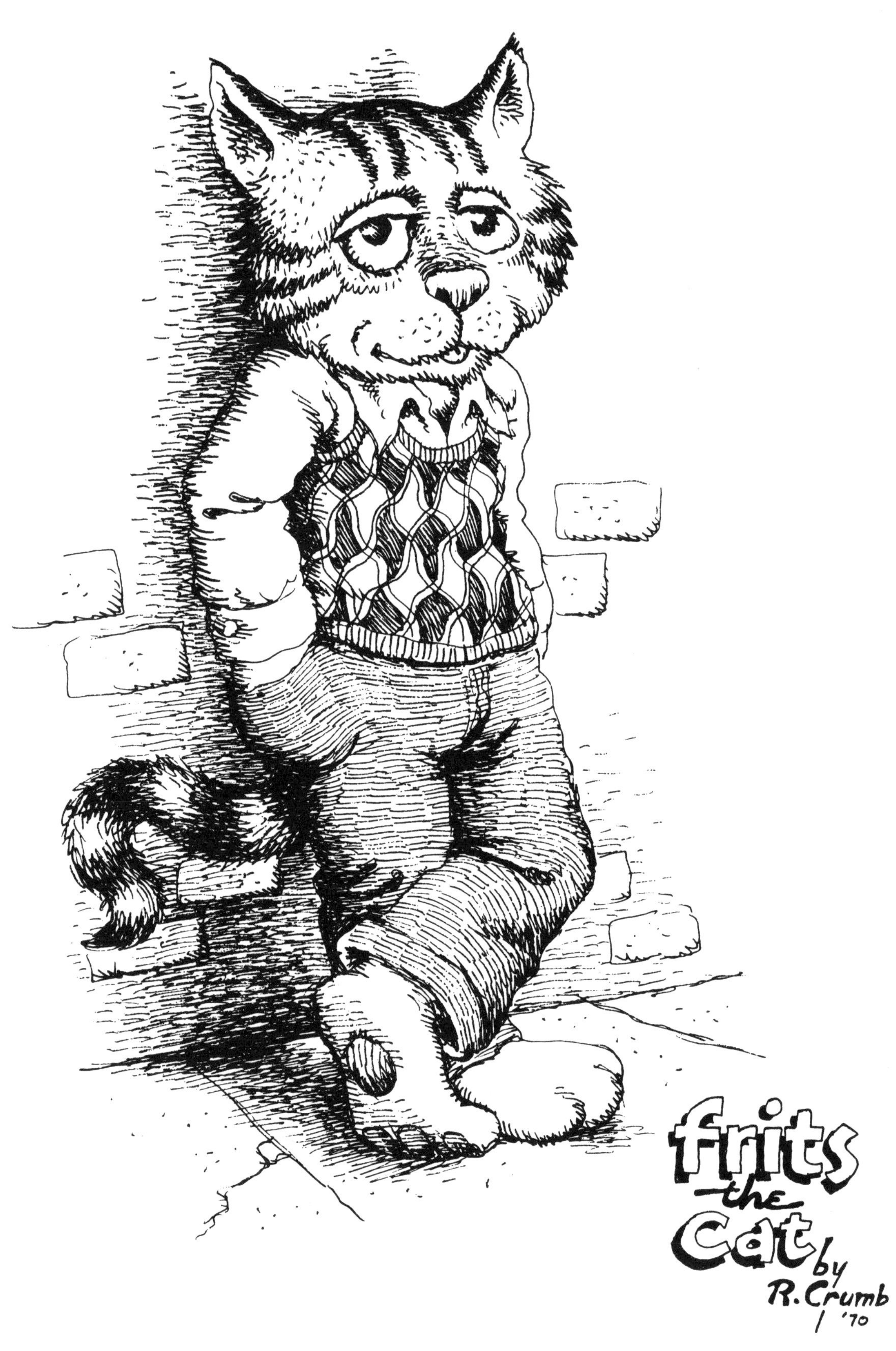
frits
the
Cat by
R. Crumb
1 '70

INHALT

Alle Zeichnungen und Entwürfe in diesem Buch sind den Skizzenbüchern des Autors aus den Jahren 1964 bis 1972 entnommen.

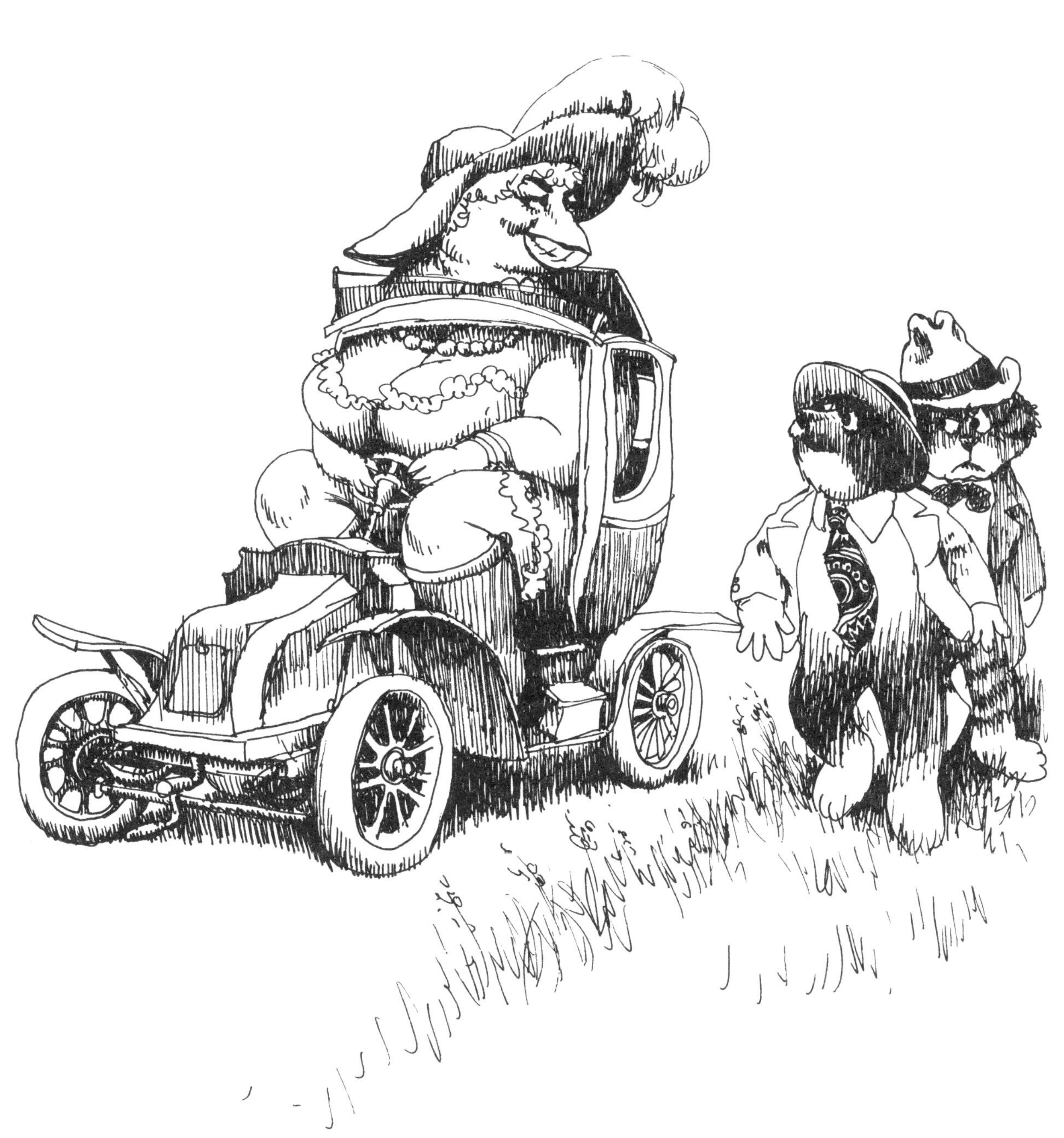

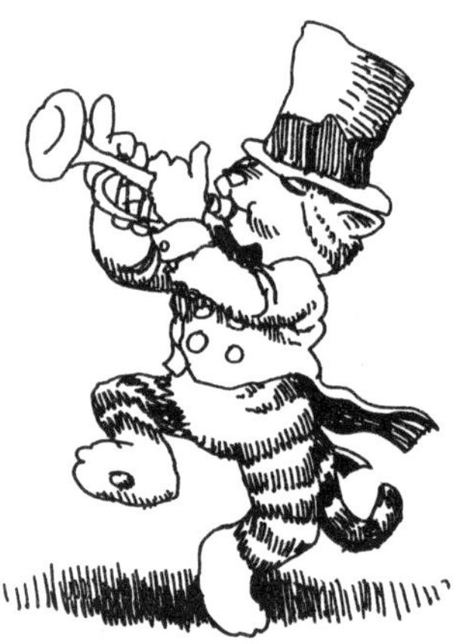

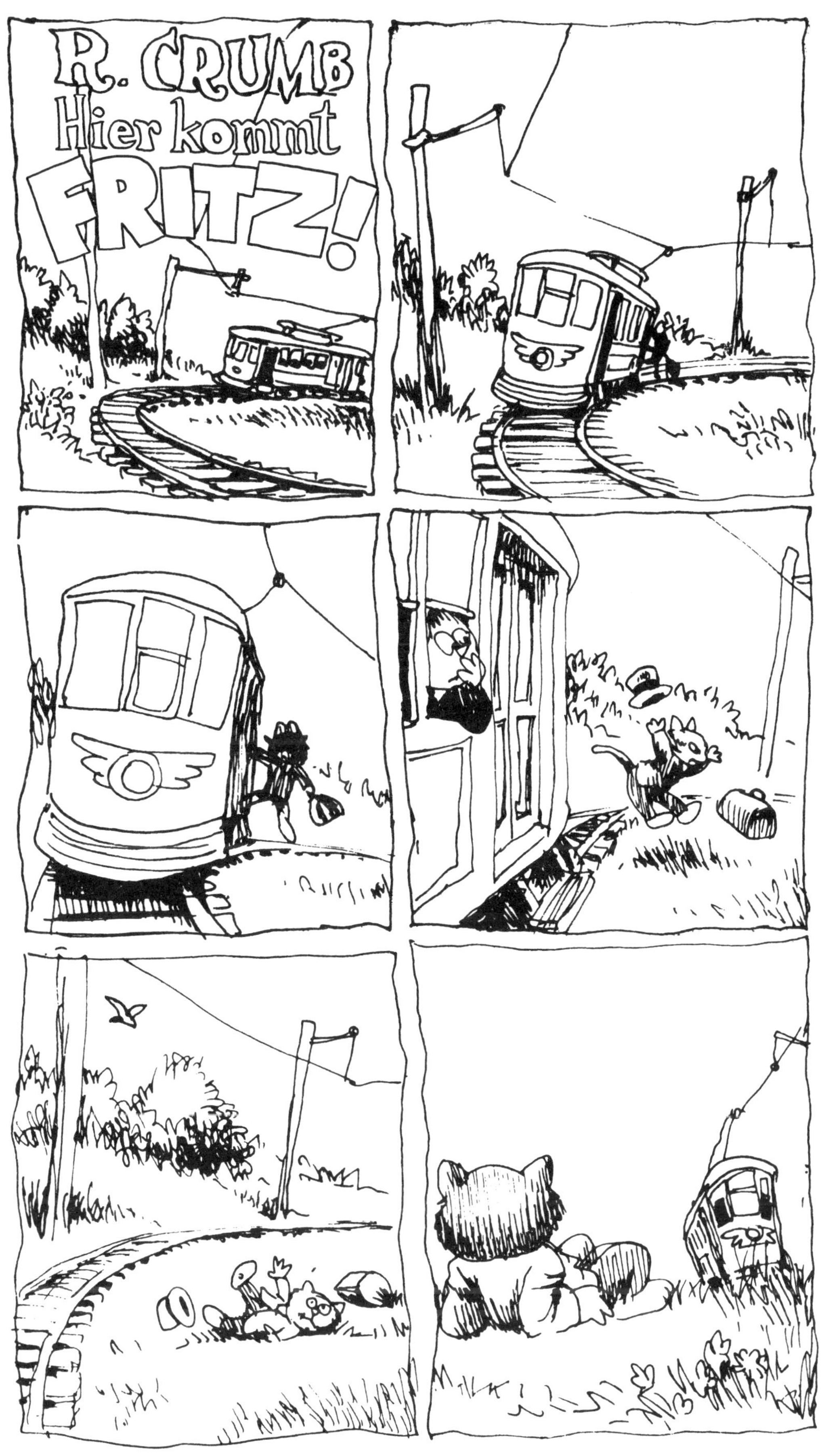
R. CRUMB
Hier kommt
FRITZ!

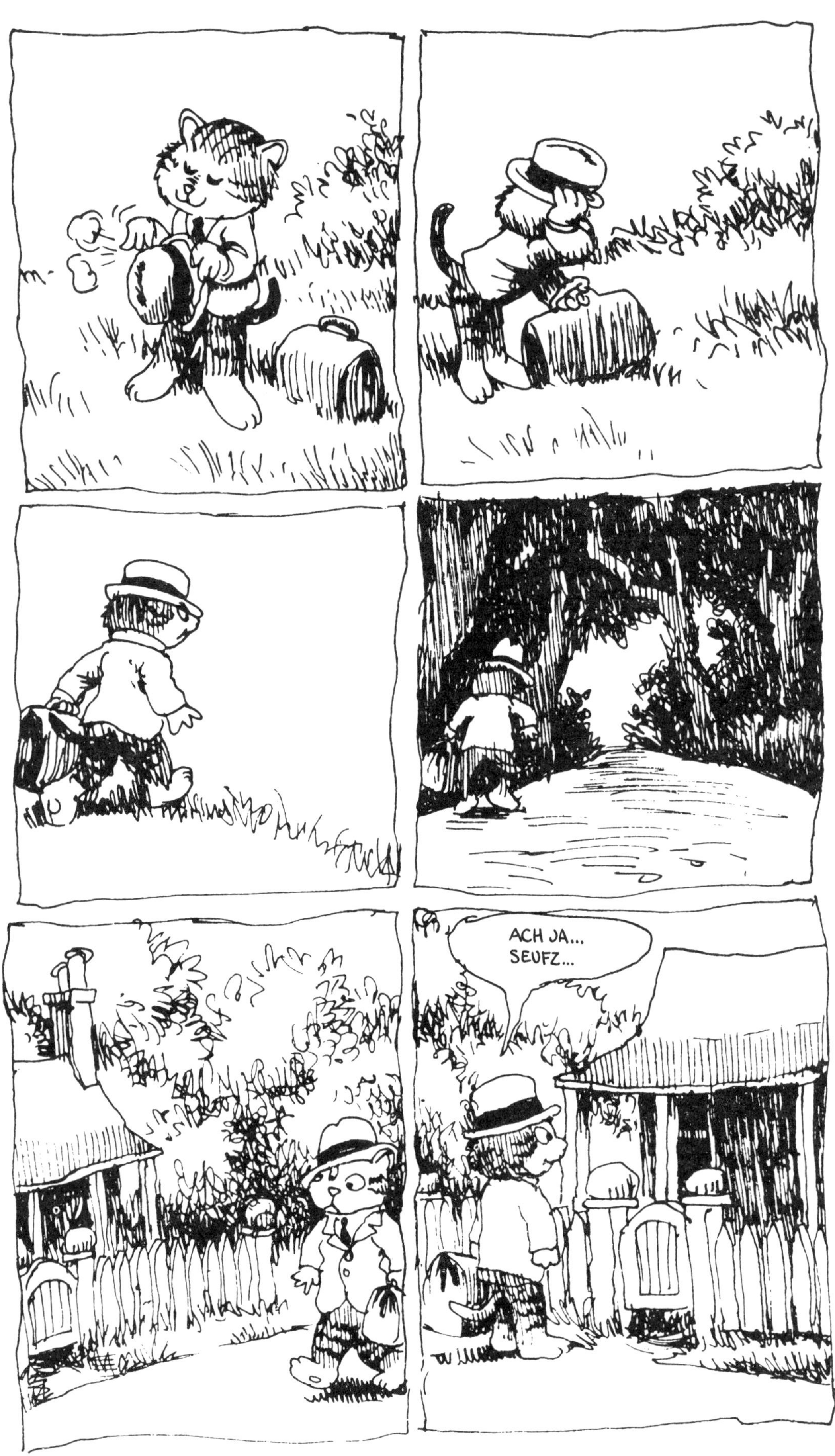
ACH JA...
SEUFZ...

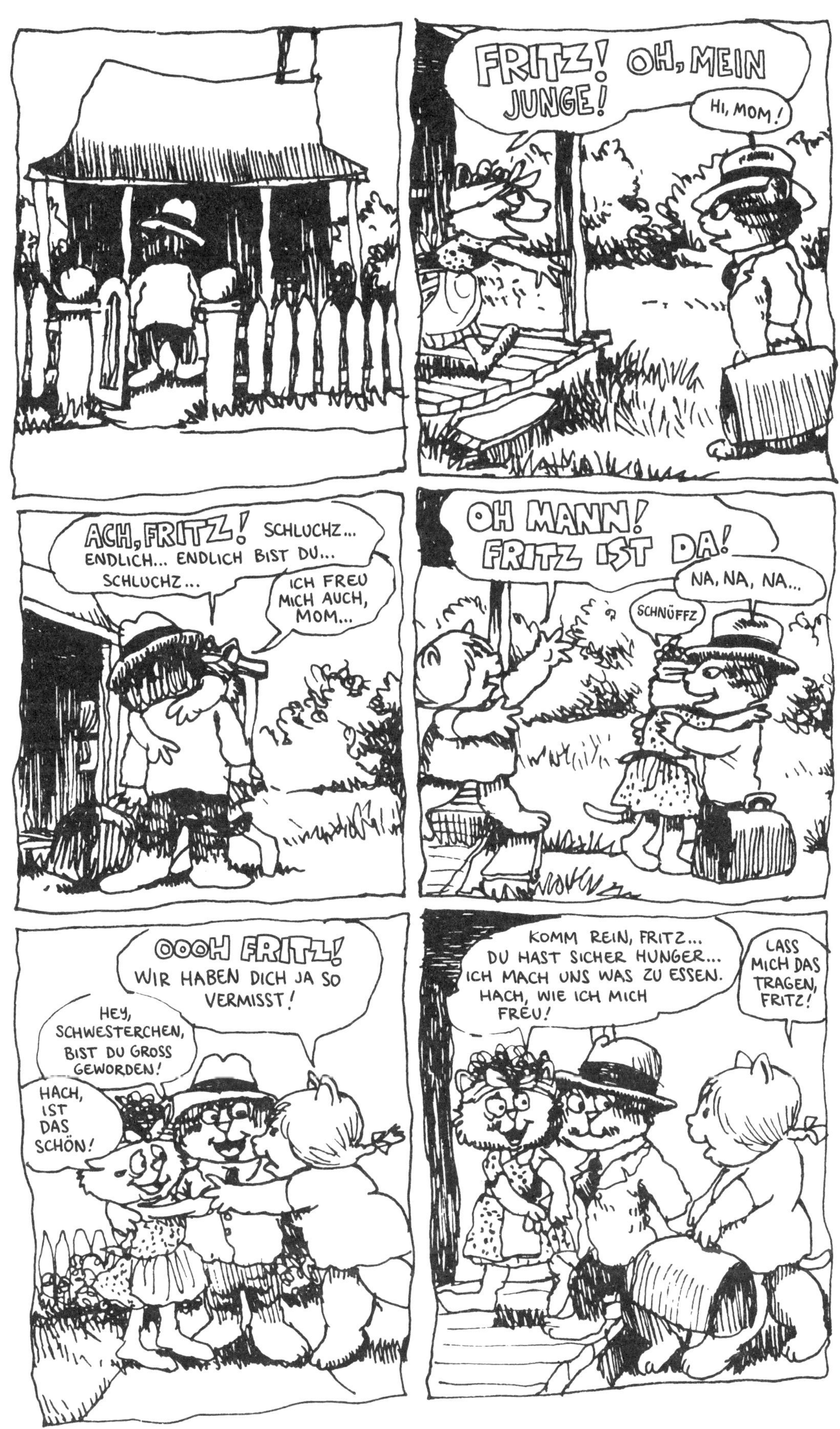
FRITZ! OH, MEIN JUNGE!
HI, MOM!
ACH, FRITZ! SCHLUCHZ... ENDLICH... ENDLICH BIST DU... SCHLUCHZ...
ICH FREU MICH AUCH, MOM...
OH MANN! FRITZ IST DA!
NA, NA, NA...
SCHNÜFFZ
OOOH FRITZ! WIR HABEN DICH JA SO VERMISST!
HEY, SCHWESTERCHEN, BIST DU GROSS GEWORDEN!
HACH, IST DAS SCHÖN!
KOMM REIN, FRITZ... DU HAST SICHER HUNGER... ICH MACH UNS WAS ZU ESSEN. HACH, WIE ICH MICH FREU!
LASS MICH DAS TRAGEN, FRITZ!

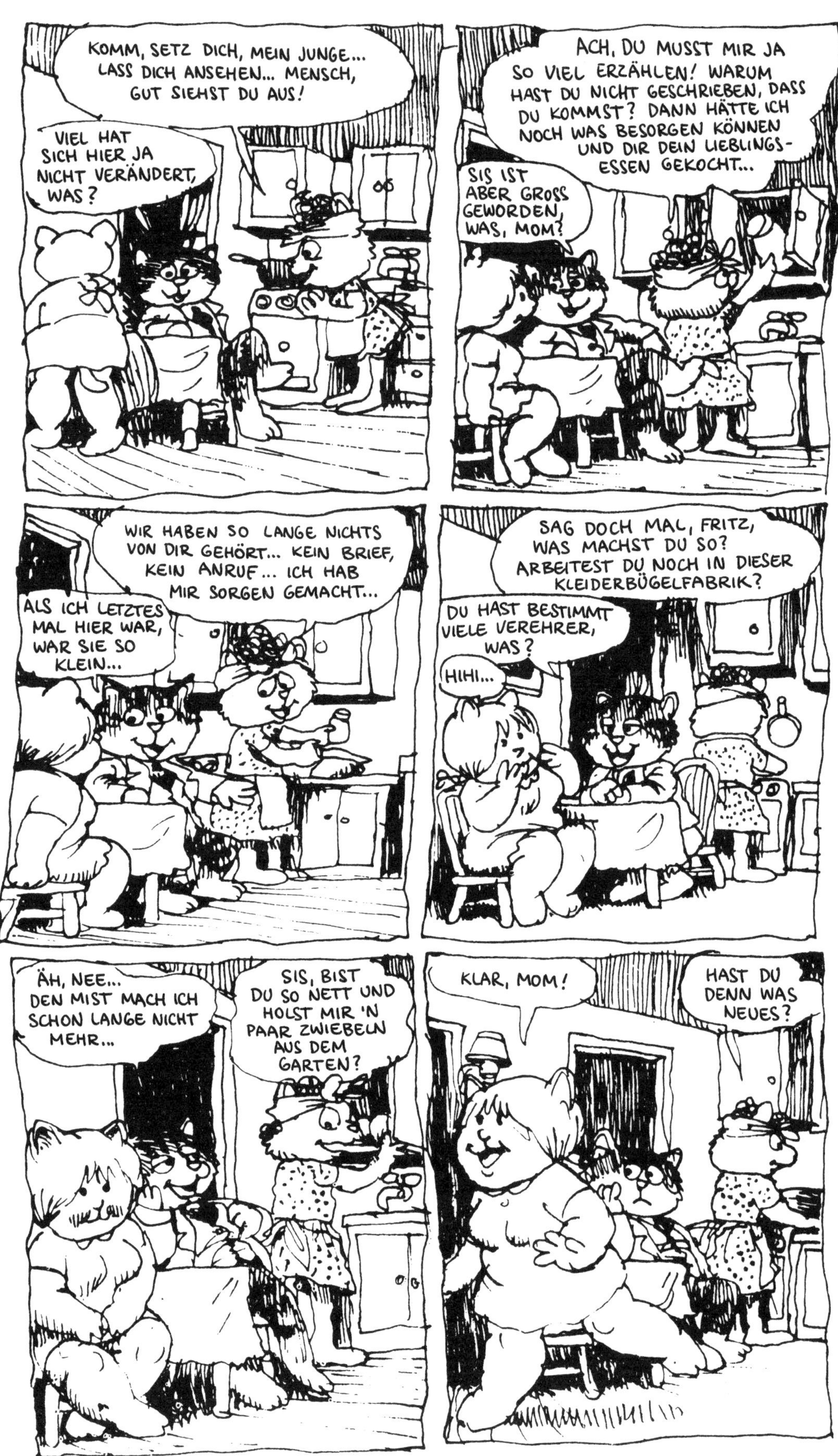
KOMM, SETZ DICH, MEIN JUNGE... LASS DICH ANSEHEN... MENSCH, GUT SIEHST DU AUS!
VIEL HAT SICH HIER JA NICHT VERÄNDERT, WAS?
ACH, DU MUSST MIR JA SO VIEL ERZÄHLEN! WARUM HAST DU NICHT GESCHRIEBEN, DASS DU KOMMST? DANN HÄTTE ICH NOCH WAS BESORGEN KÖNNEN UND DIR DEIN LIEBLINGS-ESSEN GEKOCHT...
SIS IST ABER GROSS GEWORDEN, WAS, MOM?
WIR HABEN SO LANGE NICHTS VON DIR GEHÖRT... KEIN BRIEF, KEIN ANRUF... ICH HAB MIR SORGEN GEMACHT...
ALS ICH LETZTES MAL HIER WAR, WAR SIE SO KLEIN...
SAG DOCH MAL, FRITZ, WAS MACHST DU SO? ARBEITEST DU NOCH IN DIESER KLEIDERBÜGELFABRIK?
DU HAST BESTIMMT VIELE VEREHRER, WAS?
HIHI...
ÄH, NEE... DEN MIST MACH ICH SCHON LANGE NICHT MEHR...
SIS, BIST DU SO NETT UND HOLST MIR 'N PAAR ZWIEBELN AUS DEM GARTEN?
KLAR, MOM!
HAST DU DENN WAS NEUES?

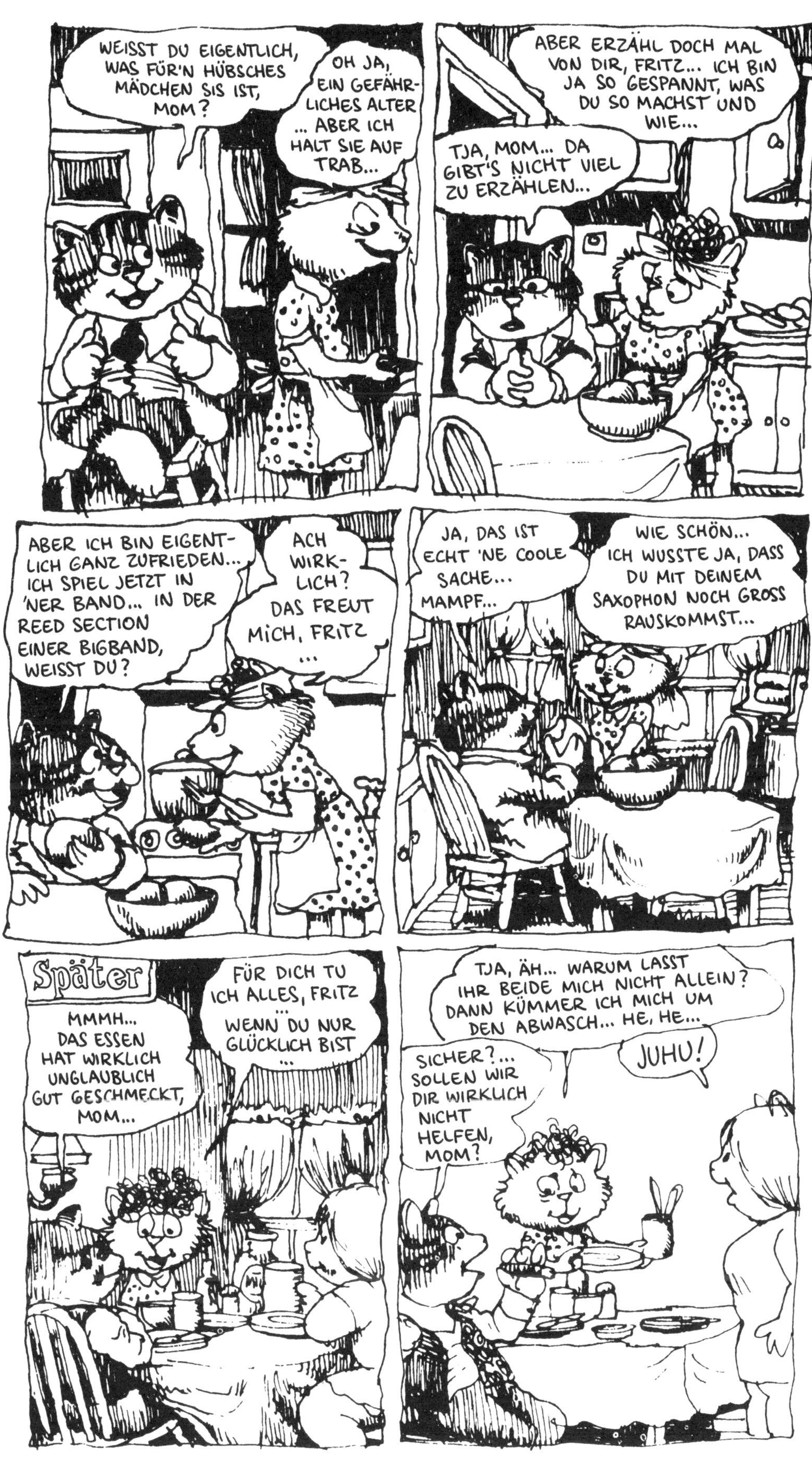
WEISST DU EIGENTLICH, WAS FÜR'N HÜBSCHES MÄDCHEN SIS IST, MOM?
OH JA, EIN GEFÄHRLICHES ALTER ... ABER ICH HALT SIE AUF TRAB...
ABER ERZÄHL DOCH MAL VON DIR, FRITZ... ICH BIN JA SO GESPANNT, WAS DU SO MACHST UND WIE...
TJA, MOM... DA GIBT'S NICHT VIEL ZU ERZÄHLEN...
ABER ICH BIN EIGENTLICH GANZ ZUFRIEDEN... ICH SPIEL JETZT IN 'NER BAND... IN DER REED SECTION EINER BIGBAND, WEISST DU?
ACH WIRKLICH? DAS FREUT MICH, FRITZ ...
JA, DAS IST ECHT 'NE COOLE SACHE... MAMPF...
WIE SCHÖN... ICH WUSSTE JA, DASS DU MIT DEINEM SAXOPHON NOCH GROSS RAUSKOMMST...
Später
MMMH... DAS ESSEN HAT WIRKLICH UNGLAUBLICH GUT GESCHMECKT, MOM...
FÜR DICH TU ICH ALLES, FRITZ ... WENN DU NUR GLÜCKLICH BIST ...
TJA, ÄH... WARUM LASST IHR BEIDE MICH NICHT ALLEIN? DANN KÜMMER ICH MICH UM DEN ABWASCH... HE, HE...
SICHER?... SOLLEN WIR DIR WIRKLICH NICHT HELFEN, MOM?
JUHU!

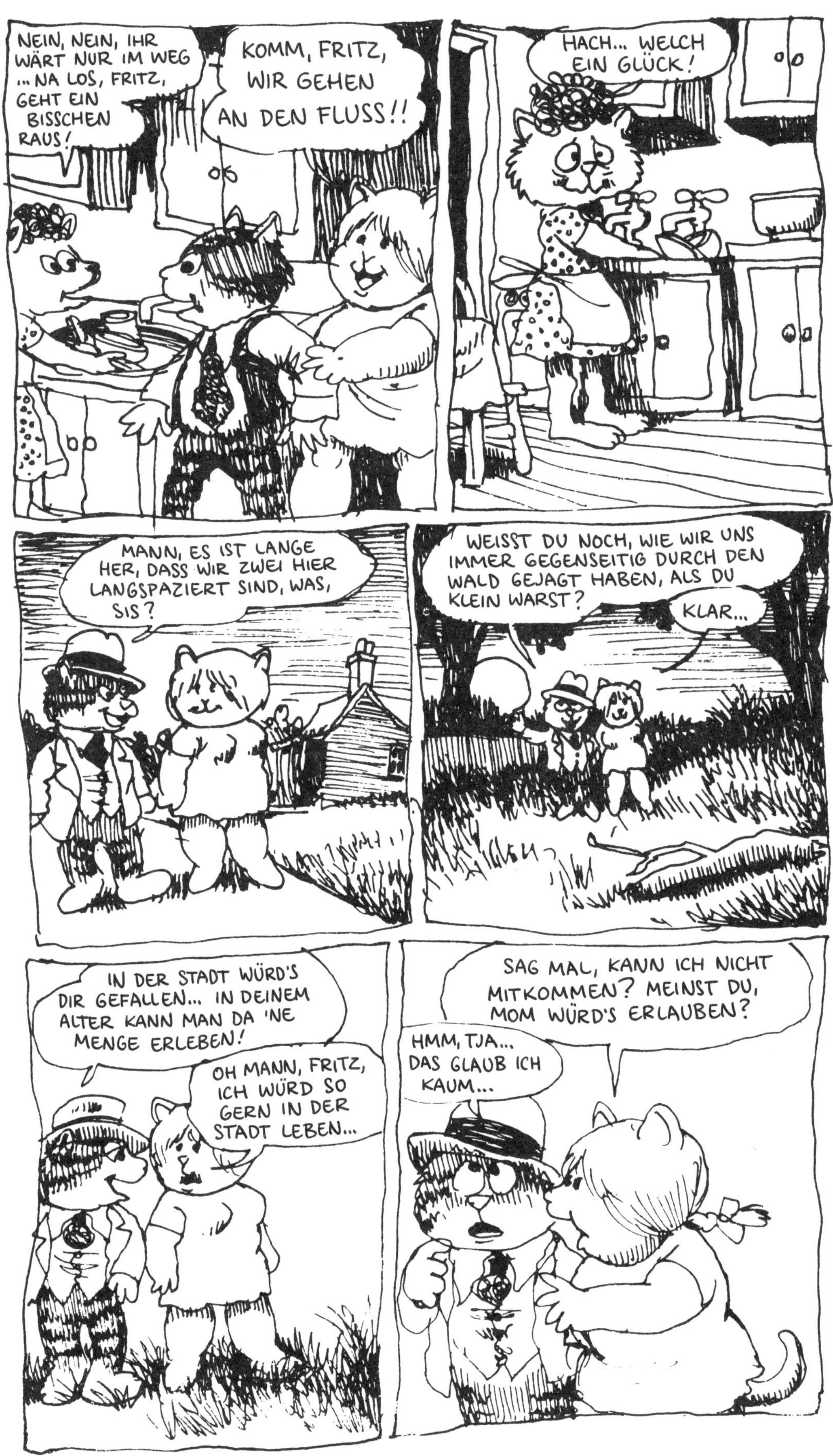
NEIN, NEIN, IHR WÄRT NUR IM WEG ... NA LOS, FRITZ, GEHT EIN BISSCHEN RAUS!
KOMM, FRITZ, WIR GEHEN AN DEN FLUSS!!
HACH... WELCH EIN GLÜCK!
MANN, ES IST LANGE HER, DASS WIR ZWEI HIER LANGSPAZIERT SIND, WAS, SIS?
WEISST DU NOCH, WIE WIR UNS IMMER GEGENSEITIG DURCH DEN WALD GEJAGT HABEN, ALS DU KLEIN WARST?
KLAR...
IN DER STADT WÜRD'S DIR GEFALLEN... IN DEINEM ALTER KANN MAN DA 'NE MENGE ERLEBEN!
OH MANN, FRITZ, ICH WÜRD SO GERN IN DER STADT LEBEN...
SAG MAL, KANN ICH NICHT MITKOMMEN? MEINST DU, MOM WÜRD'S ERLAUBEN?
HMM, TJA... DAS GLAUB ICH KAUM...

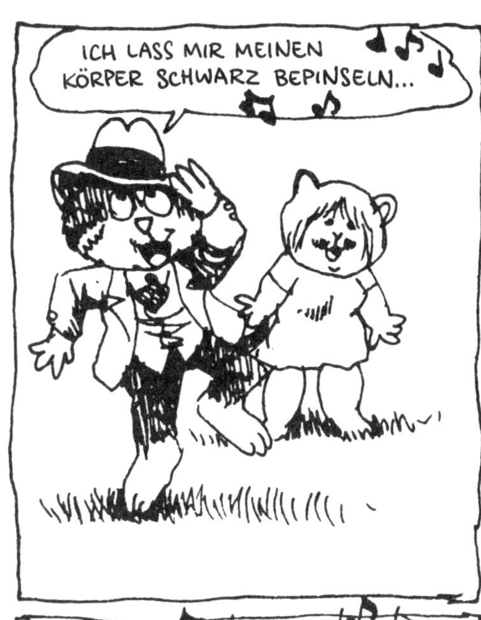
ICH LASS MIR MEINEN KÖRPER SCHWARZ BEPINSELN...

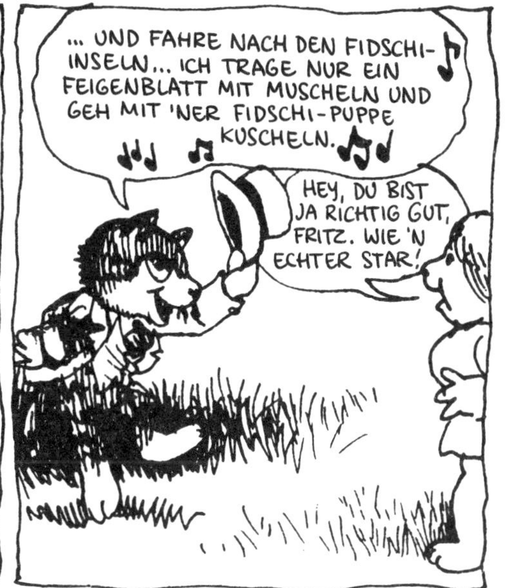
... UND FAHRE NACH DEN FIDSCHI-INSELN... ICH TRAGE NUR EIN FEIGENBLATT MIT MUSCHELN UND GEH MIT 'NER FIDSCHI-PUPPE KUSCHELN.
HEY, DU BIST JA RICHTIG GUT, FRITZ. WIE 'N ECHTER STAR!

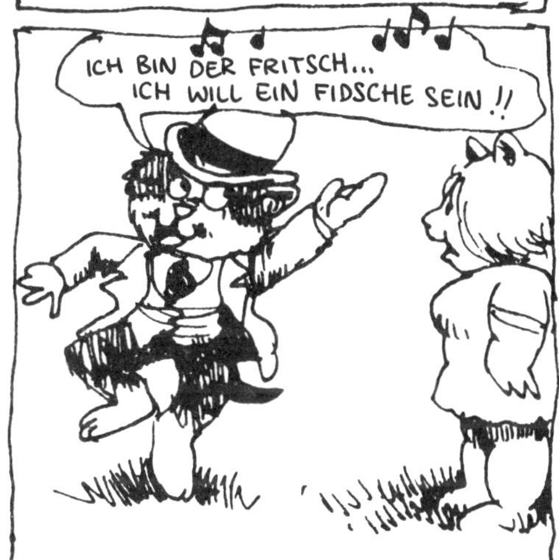
ICH BIN DER FRITSCH... ICH WILL EIN FIDSCHE SEIN!!

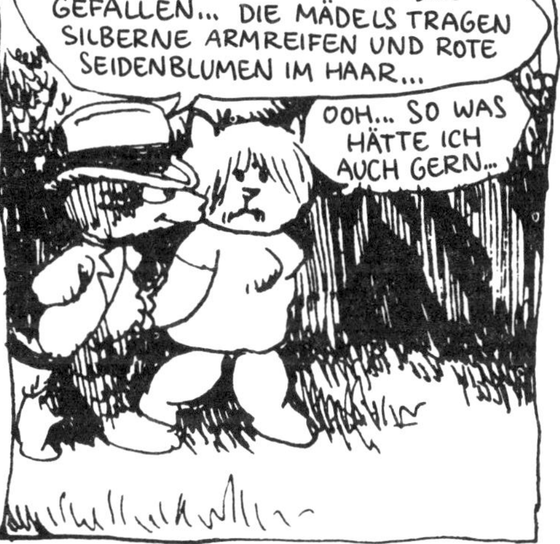
TJA, IN DER STADT WÜRD'S DIR GEFALLEN... DIE MÄDELS TRAGEN SILBERNE ARMREIFEN UND ROTE SEIDENBLUMEN IM HAAR...
OOH... SO WAS HÄTTE ICH AUCH GERN...

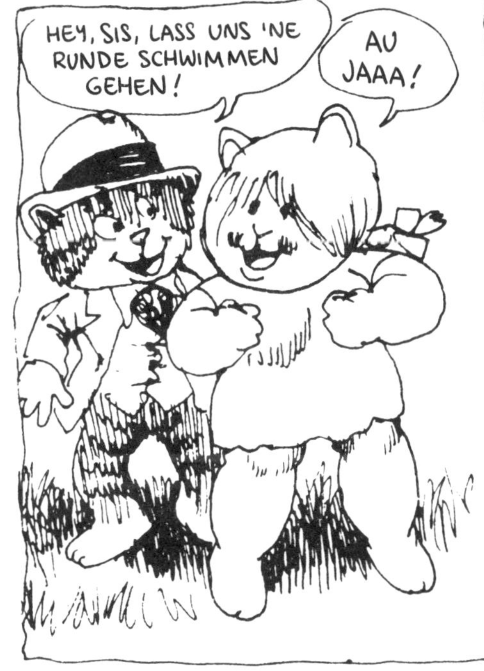
HEY, SIS, LASS UNS 'NE RUNDE SCHWIMMEN GEHEN!
AU JAAA!

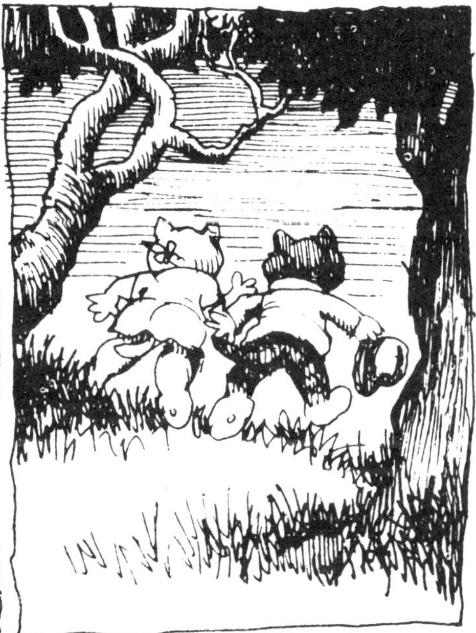

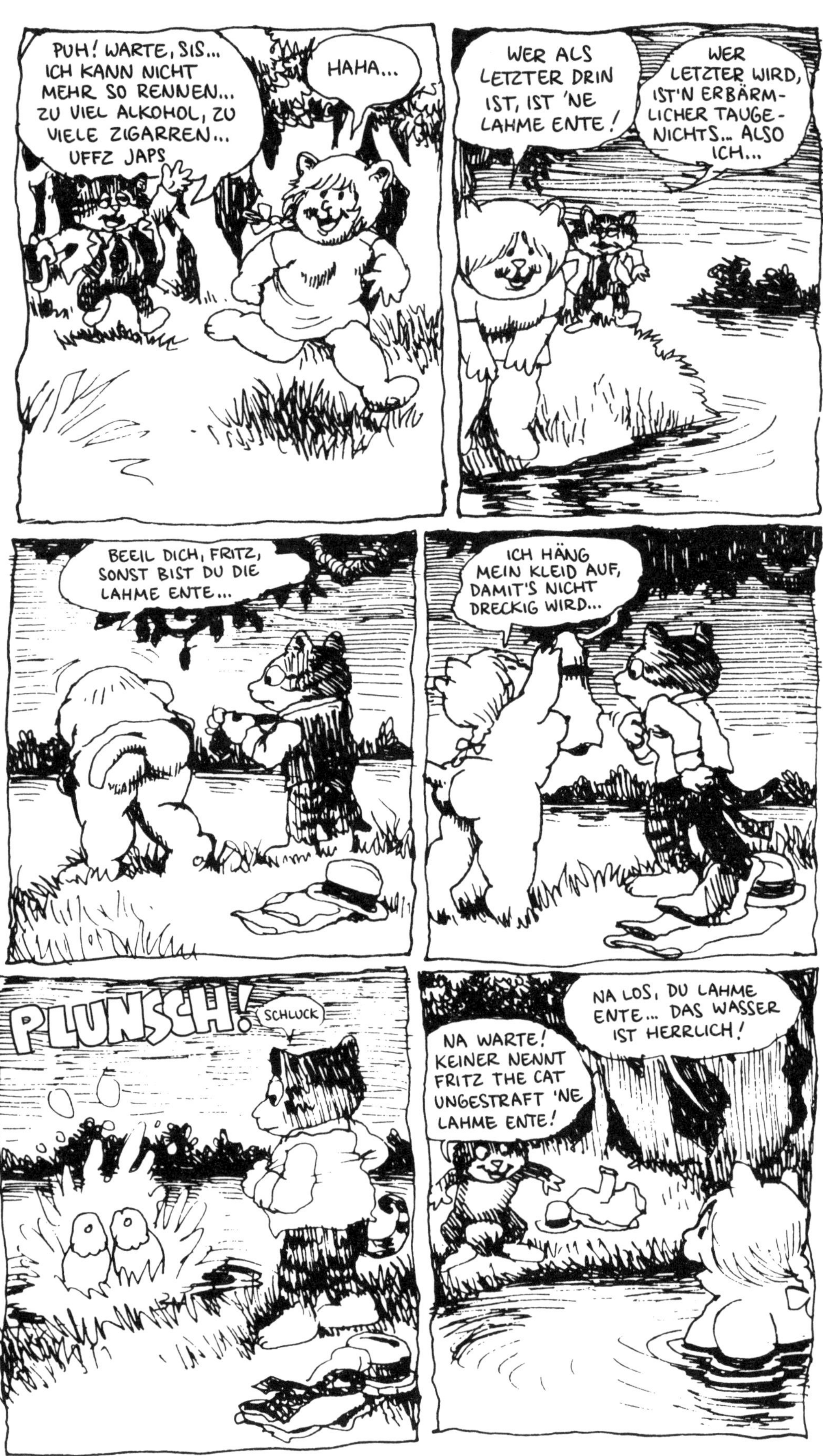
PUH! WARTE, SIS... ICH KANN NICHT MEHR SO RENNEN... ZU VIEL ALKOHOL, ZU VIELE ZIGARREN... UFFZ JAPS
HAHA...
WER ALS LETZTER DRIN IST, IST 'NE LAHME ENTE!
WER LETZTER WIRD, IST'N ERBÄRMLICHER TAUGENICHTS... ALSO ICH...
BEEIL DICH, FRITZ, SONST BIST DU DIE LAHME ENTE...
ICH HÄNG MEIN KLEID AUF, DAMIT'S NICHT DRECKIG WIRD...
PLUNSCH!
SCHLUCK
NA LOS, DU LAHME ENTE... DAS WASSER IST HERRLICH!
NA WARTE! KEINER NENNT FRITZ THE CAT UNGESTRAFT 'NE LAHME ENTE!

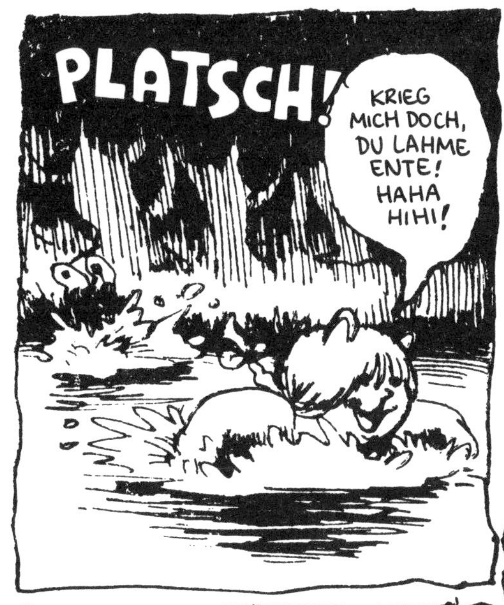
PLATSCH!
KRIEG MICH DOCH, DU LAHME ENTE! HAHA HIHI!

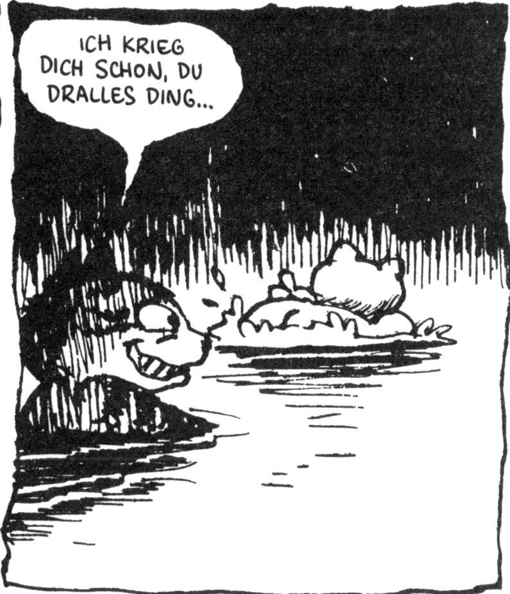
ICH KRIEG DICH SCHON, DU DRALLES DING...

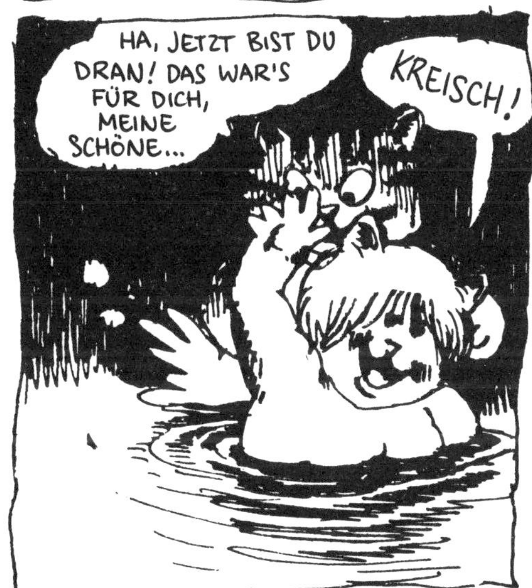
HA, JETZT BIST DU DRAN! DAS WAR'S FÜR DICH, MEINE SCHÖNE...
KREISCH!

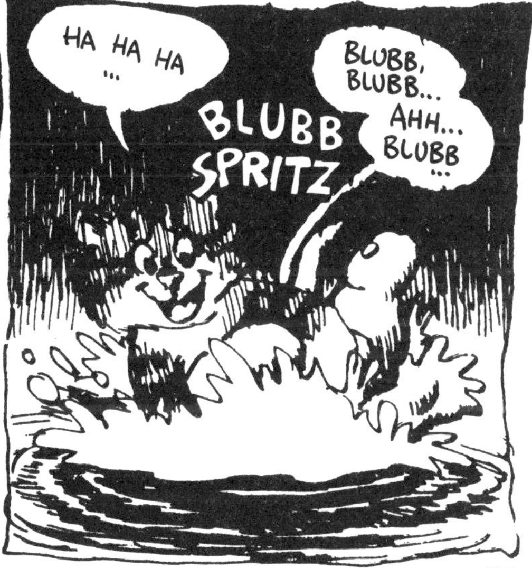
HA HA HA ...
BLUBB SPRITZ
BLUBB, BLUBB... AHH... BLUBB ...

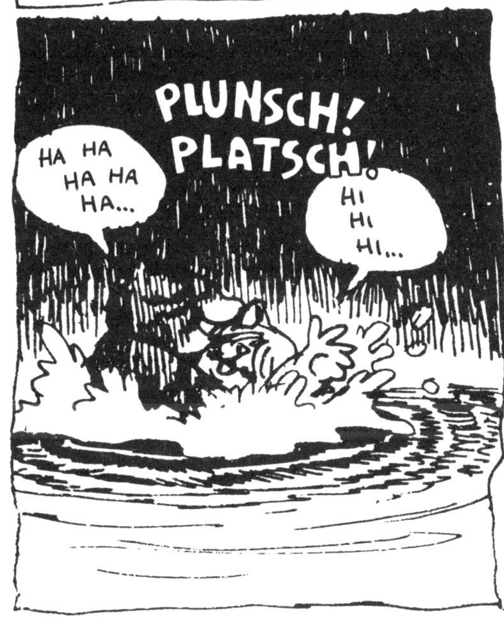
PLUNSCH! PLATSCH!
HA HA HA HA HA...
HI HI HI...

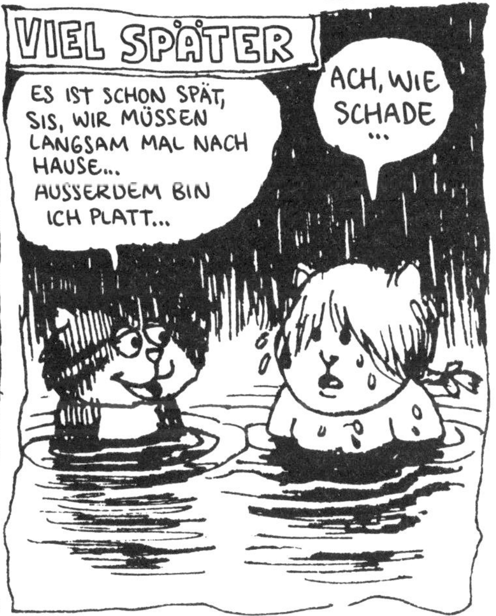
VIEL SPÄTER
ES IST SCHON SPÄT, SIS, WIR MÜSSEN LANGSAM MAL NACH HAUSE... AUSSERDEM BIN ICH PLATT...
ACH, WIE SCHADE ...

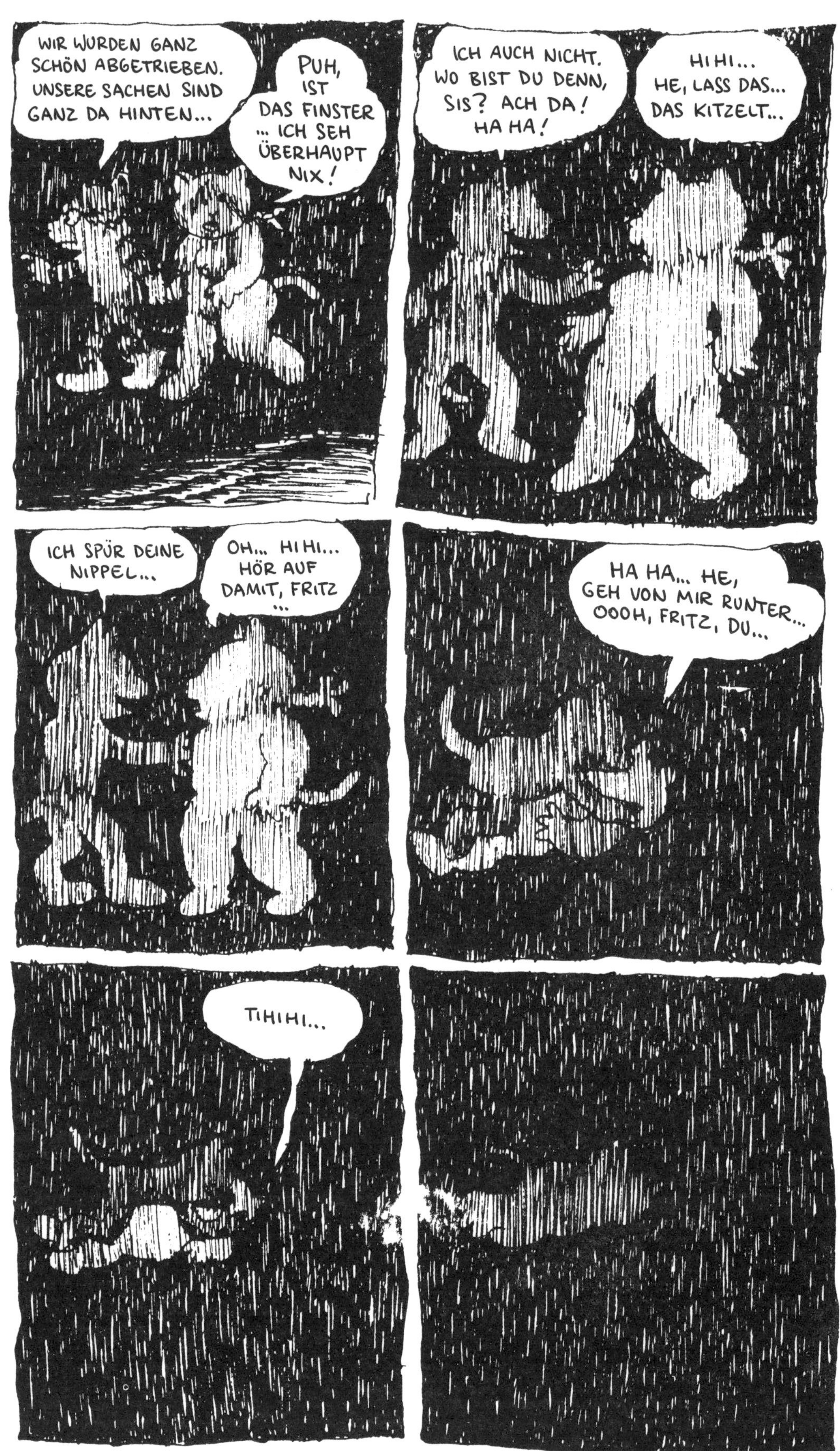
WIR WURDEN GANZ SCHÖN ABGETRIEBEN. UNSERE SACHEN SIND GANZ DA HINTEN...
PUH, IST DAS FINSTER ... ICH SEH ÜBERHAUPT NIX!
ICH AUCH NICHT. WO BIST DU DENN, SIS? ACH DA! HA HA!
HI HI... HE, LASS DAS... DAS KITZELT...
ICH SPÜR DEINE NIPPEL...
OH... HI HI... HÖR AUF DAMIT, FRITZ ...
HA HA... HE, GEH VON MIR RUNTER... OOOH, FRITZ, DU...
TIHIHI...

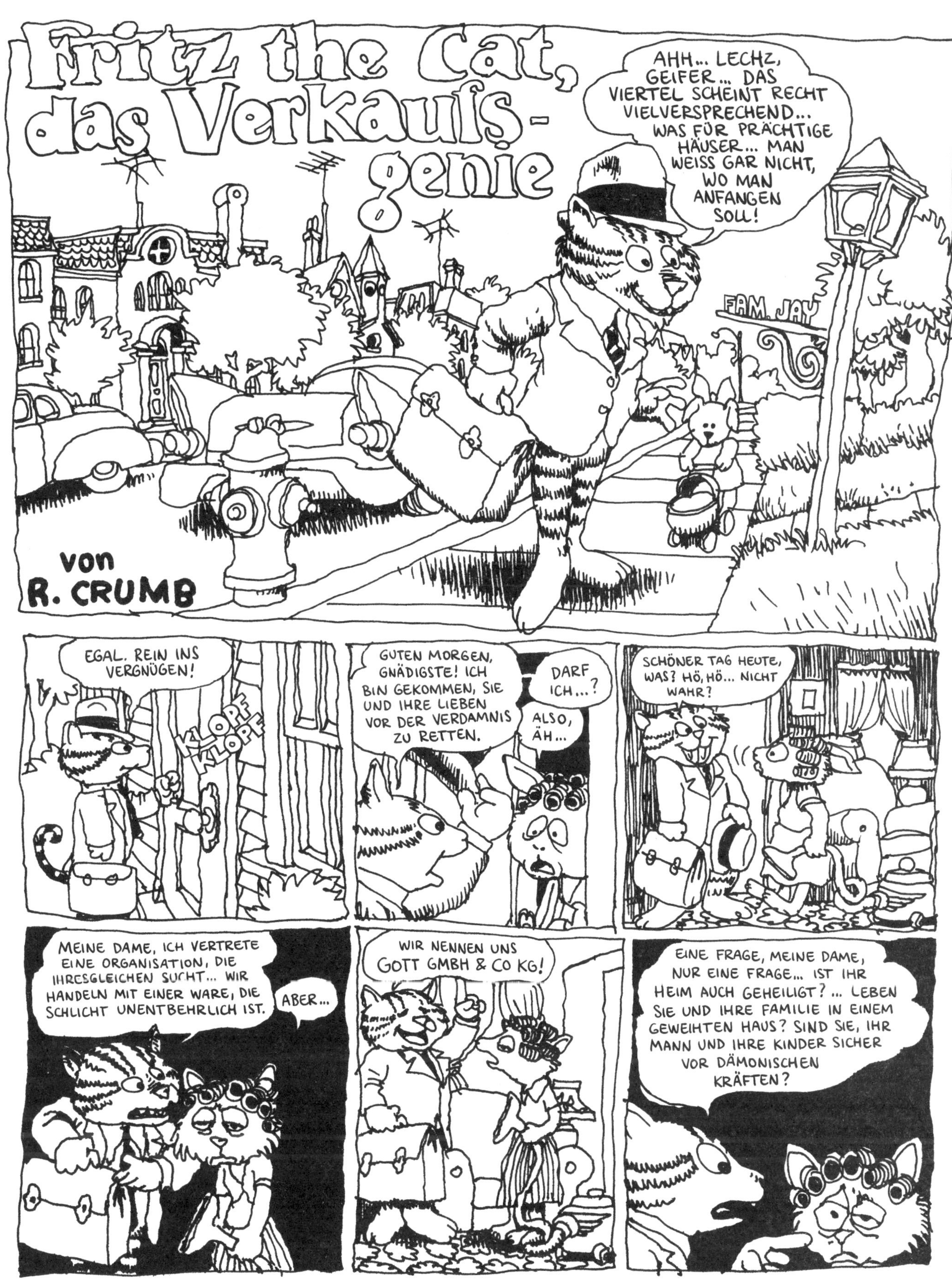
Fritz the Cat, das Verkaufsgenie
AHH... LECHZ, GEIFER... DAS VIERTEL SCHEINT RECHT VIELVERSPRECHEND... WAS FÜR PRÄCHTIGE HÄUSER... MAN WEISS GAR NICHT, WO MAN ANFANGEN SOLL!
FAM. JAY
von R. CRUMB
EGAL. REIN INS VERGNÜGEN!
KLOPF KLOPF
GUTEN MORGEN, GNÄDIGSTE! ICH BIN GEKOMMEN, SIE UND IHRE LIEBEN VOR DER VERDAMNIS ZU RETTEN.
DARF ICH...?
ALSO, ÄH...
SCHÖNER TAG HEUTE, WAS? HÖ, HÖ... NICHT WAHR?
MEINE DAME, ICH VERTRETE EINE ORGANISATION, DIE IHRESGLEICHEN SUCHT... WIR HANDELN MIT EINER WARE, DIE SCHLICHT UNENTBEHRLICH IST.
ABER...
WIR NENNEN UNS GOTT GMBH & CO KG!
EINE FRAGE, MEINE DAME, NUR EINE FRAGE... IST IHR HEIM AUCH GEHEILIGT?... LEBEN SIE UND IHRE FAMILIE IN EINEM GEWEIHTEN HAUS? SIND SIE, IHR MANN UND IHRE KINDER SICHER VOR DÄMONISCHEN KRÄFTEN?

DENKEN SIE KURZ DARÜBER NACH, WERTESTE! DAS IST ÜBERAUS WICHTIG FÜR SIE UND IHRE FAMILIE... UND DAS IST NICHT NUR EINE BILLIGE VERKAUFSMASCHE VON MIR!

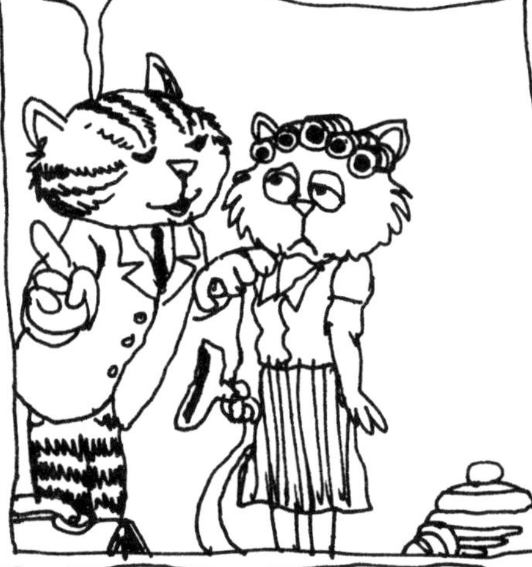

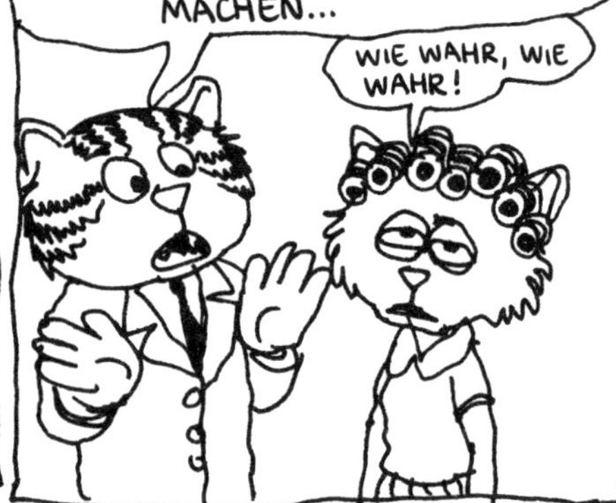

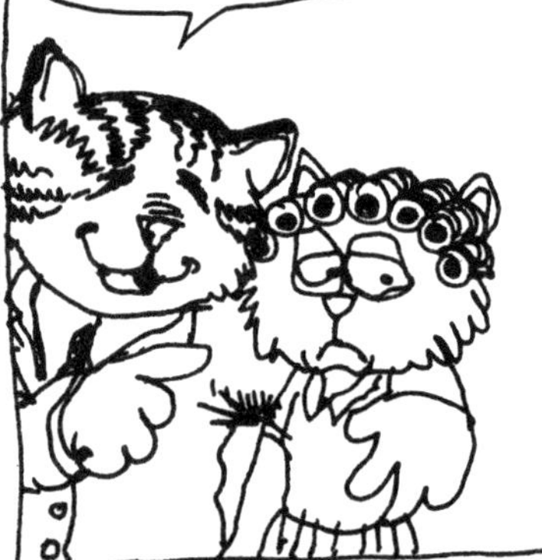

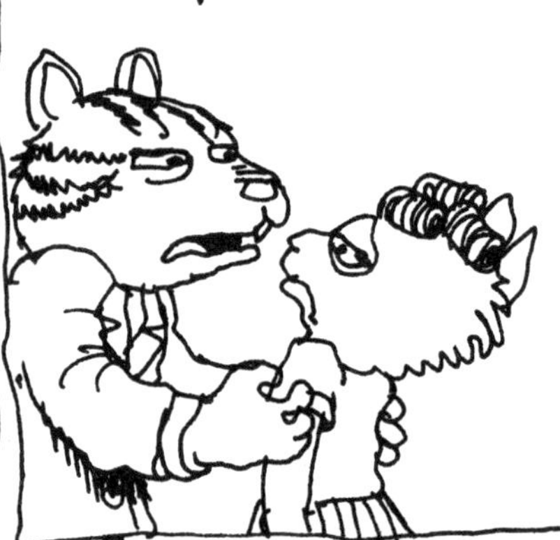

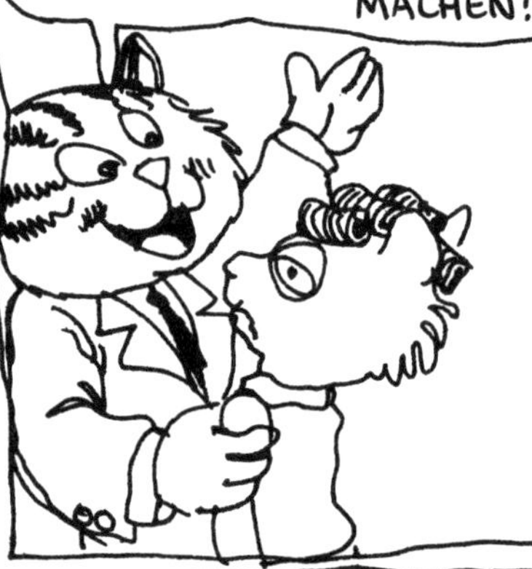

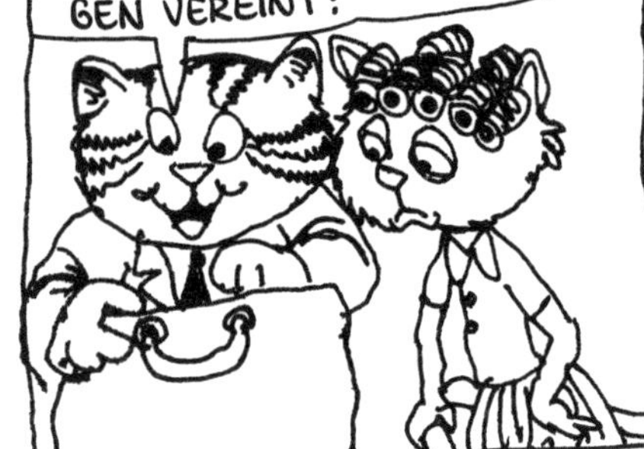

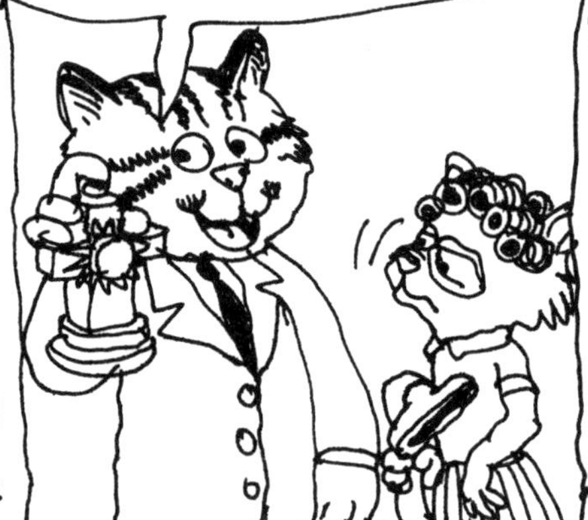

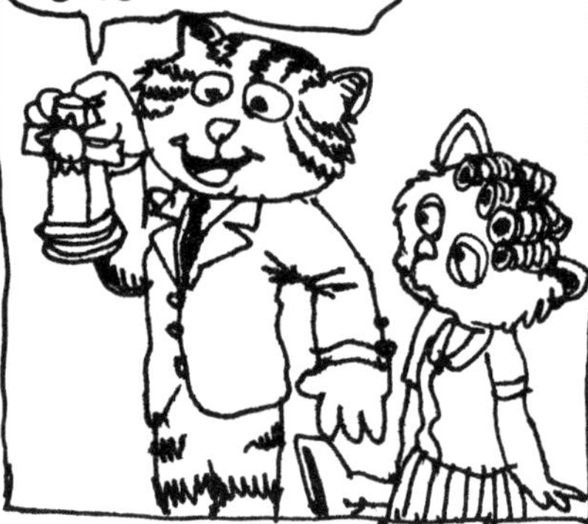

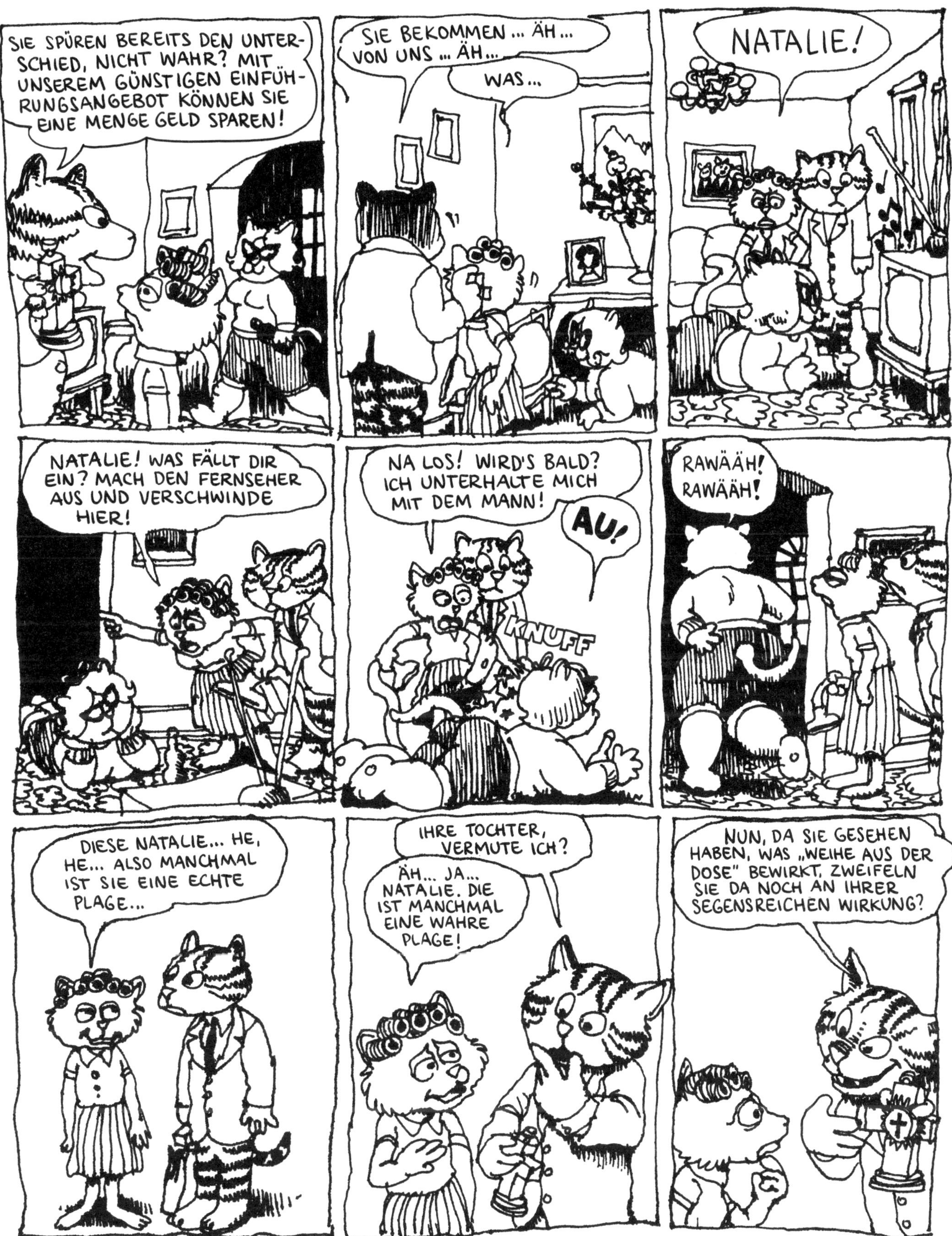
SIE SPÜREN BEREITS DEN UNTERSCHIED, NICHT WAHR? MIT UNSEREM GÜNSTIGEN EINFÜHRUNGSANGEBOT KÖNNEN SIE EINE MENGE GELD SPAREN!
SIE BEKOMMEN ... ÄH ... VON UNS ... ÄH ...
WAS ...
NATALIE!
NATALIE! WAS FÄLLT DIR EIN? MACH DEN FERNSEHER AUS UND VERSCHWINDE HIER!
NA LOS! WIRD'S BALD? ICH UNTERHALTE MICH MIT DEM MANN!
AU!
KNUFF
RAWÄÄH! RAWÄÄH!
DIESE NATALIE... HE, HE... ALSO MANCHMAL IST SIE EINE ECHTE PLAGE...
IHRE TOCHTER, VERMUTE ICH?
ÄH... JA... NATALIE. DIE IST MANCHMAL EINE WAHRE PLAGE!
NUN, DA SIE GESEHEN HABEN, WAS „WEIHE AUS DER DOSE" BEWIRKT, ZWEIFELN SIE DA NOCH AN IHRER SEGENSREICHEN WIRKUNG?

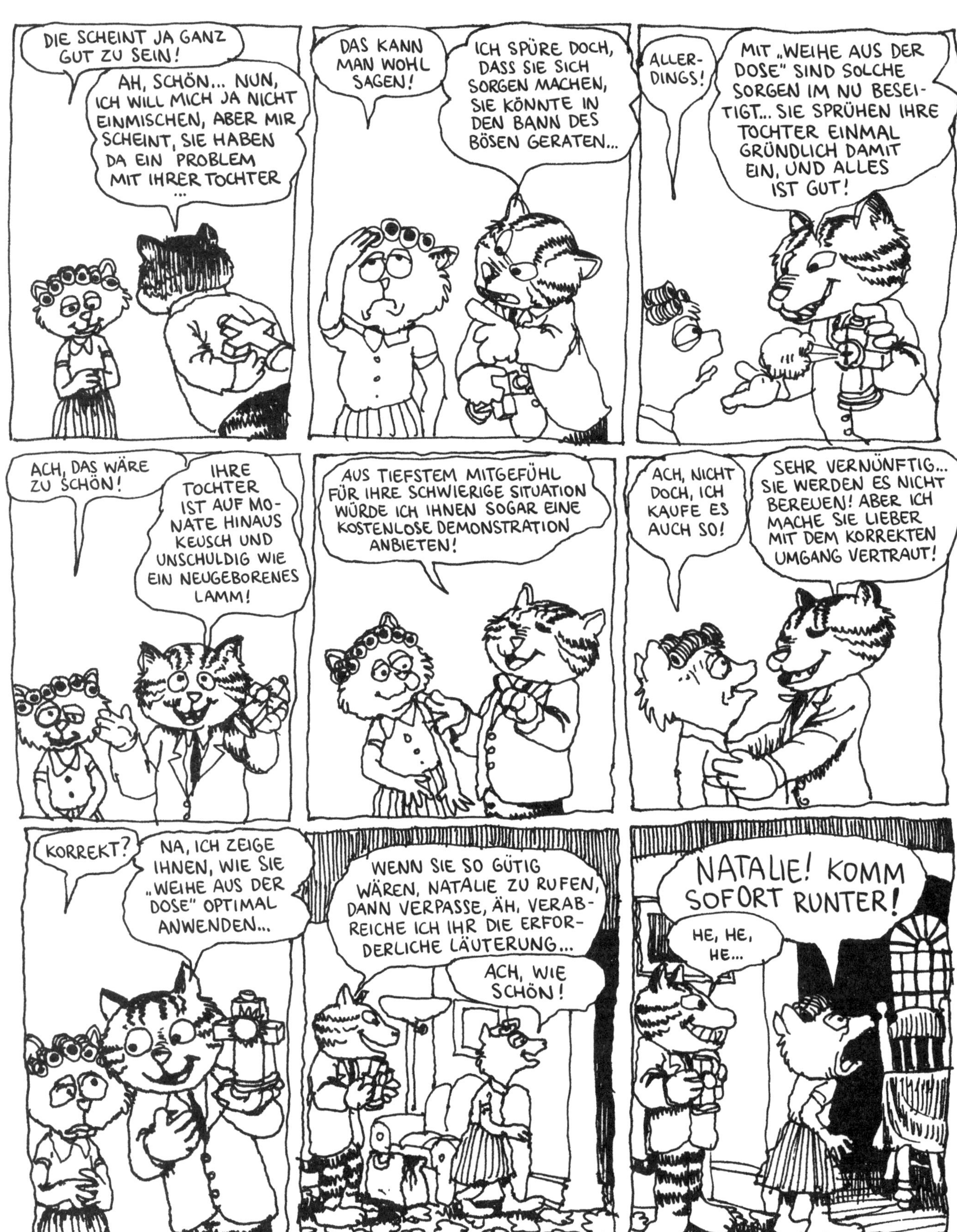
DIE SCHEINT JA GANZ GUT ZU SEIN!
AH, SCHÖN... NUN, ICH WILL MICH JA NICHT EINMISCHEN, ABER MIR SCHEINT, SIE HABEN DA EIN PROBLEM MIT IHRER TOCHTER ...
DAS KANN MAN WOHL SAGEN!
ICH SPÜRE DOCH, DASS SIE SICH SORGEN MACHEN, SIE KÖNNTE IN DEN BANN DES BÖSEN GERATEN...
ALLER-DINGS!
MIT „WEIHE AUS DER DOSE" SIND SOLCHE SORGEN IM NU BESEI-TIGT... SIE SPRÜHEN IHRE TOCHTER EINMAL GRÜNDLICH DAMIT EIN, UND ALLES IST GUT!
ACH, DAS WÄRE ZU SCHÖN!
IHRE TOCHTER IST AUF MO-NATE HINAUS KEUSCH UND UNSCHULDIG WIE EIN NEUGEBORENES LAMM!
AUS TIEFSTEM MITGEFÜHL FÜR IHRE SCHWIERIGE SITUATION WÜRDE ICH IHNEN SOGAR EINE KOSTENLOSE DEMONSTRATION ANBIETEN!
ACH, NICHT DOCH, ICH KAUFE ES AUCH SO!
SEHR VERNÜNFTIG... SIE WERDEN ES NICHT BEREUEN! ABER ICH MACHE SIE LIEBER MIT DEM KORREKTEN UMGANG VERTRAUT!
KORREKT?
NA, ICH ZEIGE IHNEN, WIE SIE „WEIHE AUS DER DOSE" OPTIMAL ANWENDEN...
WENN SIE SO GÜTIG WÄREN, NATALIE ZU RUFEN, DANN VERPASSE, ÄH, VERAB-REICHE ICH IHR DIE ERFOR-DERLICHE LÄUTERUNG...
ACH, WIE SCHÖN!
NATALIE! KOMM SOFORT RUNTER!
HE, HE, HE...

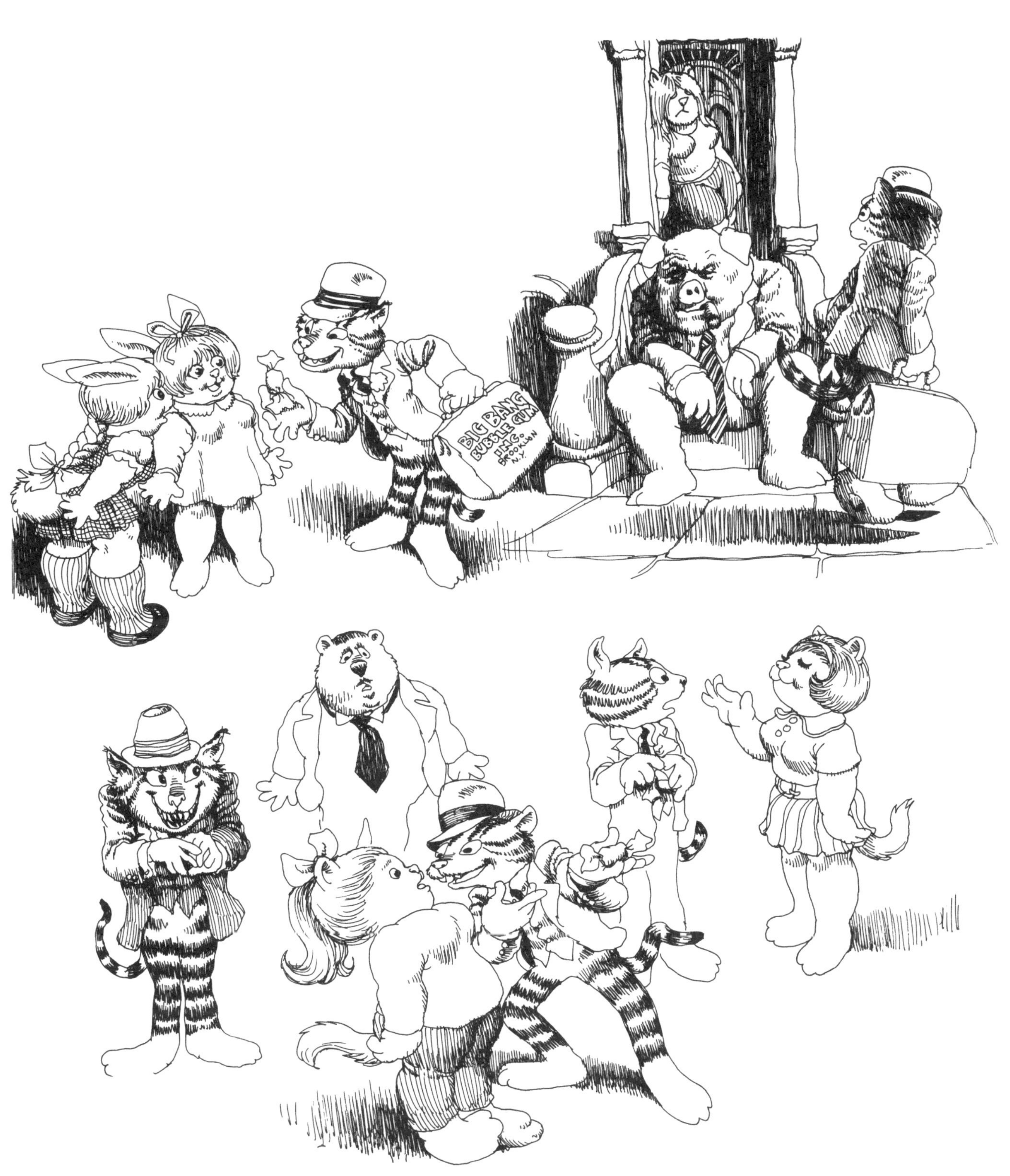
BIG BANG
BUBBLE GUM
INC.
BROOKLYN
N.Y.

FRITZ THE CAT *in*

„FRITZ GEHT RICHTIG RAN"

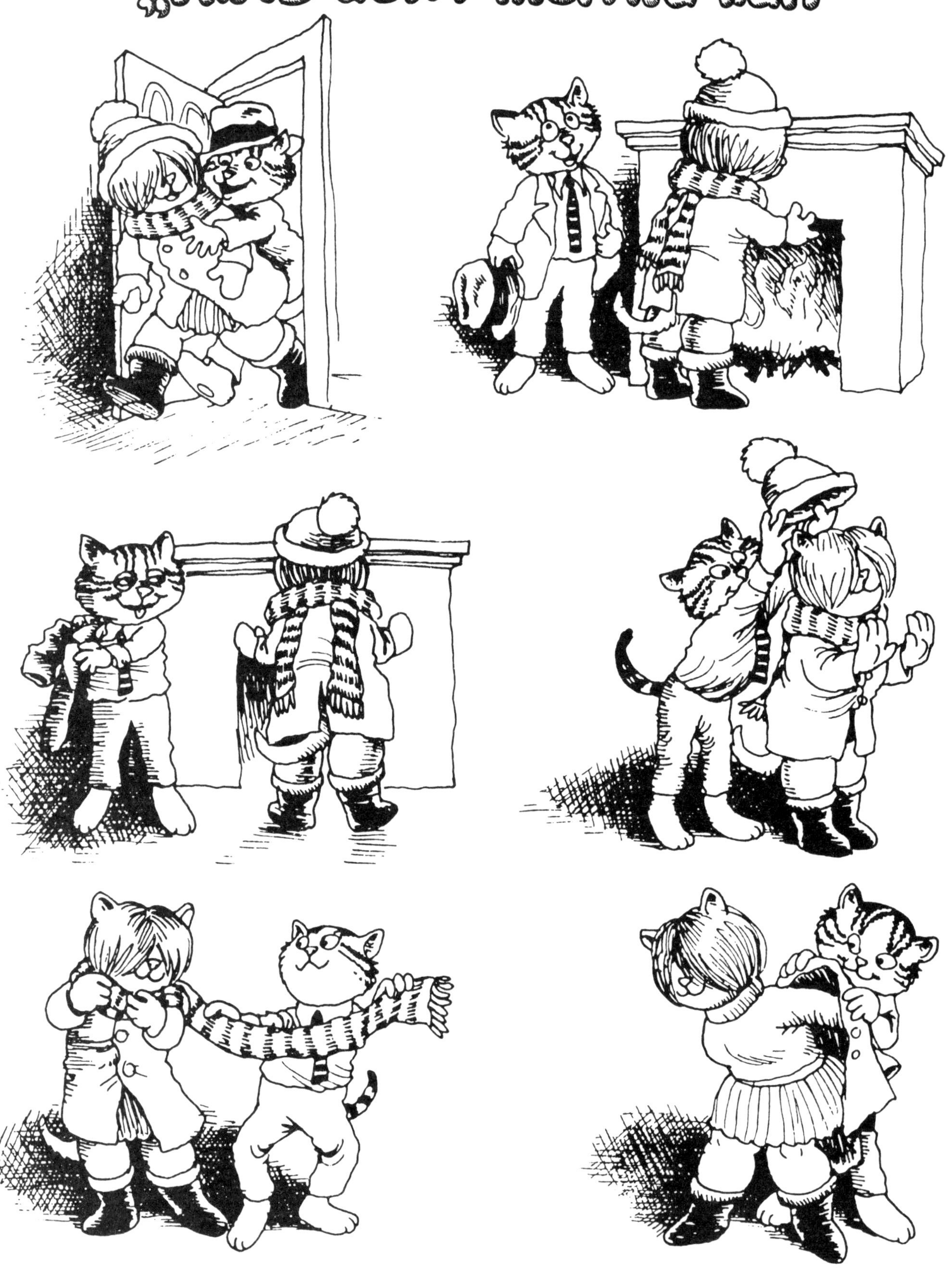

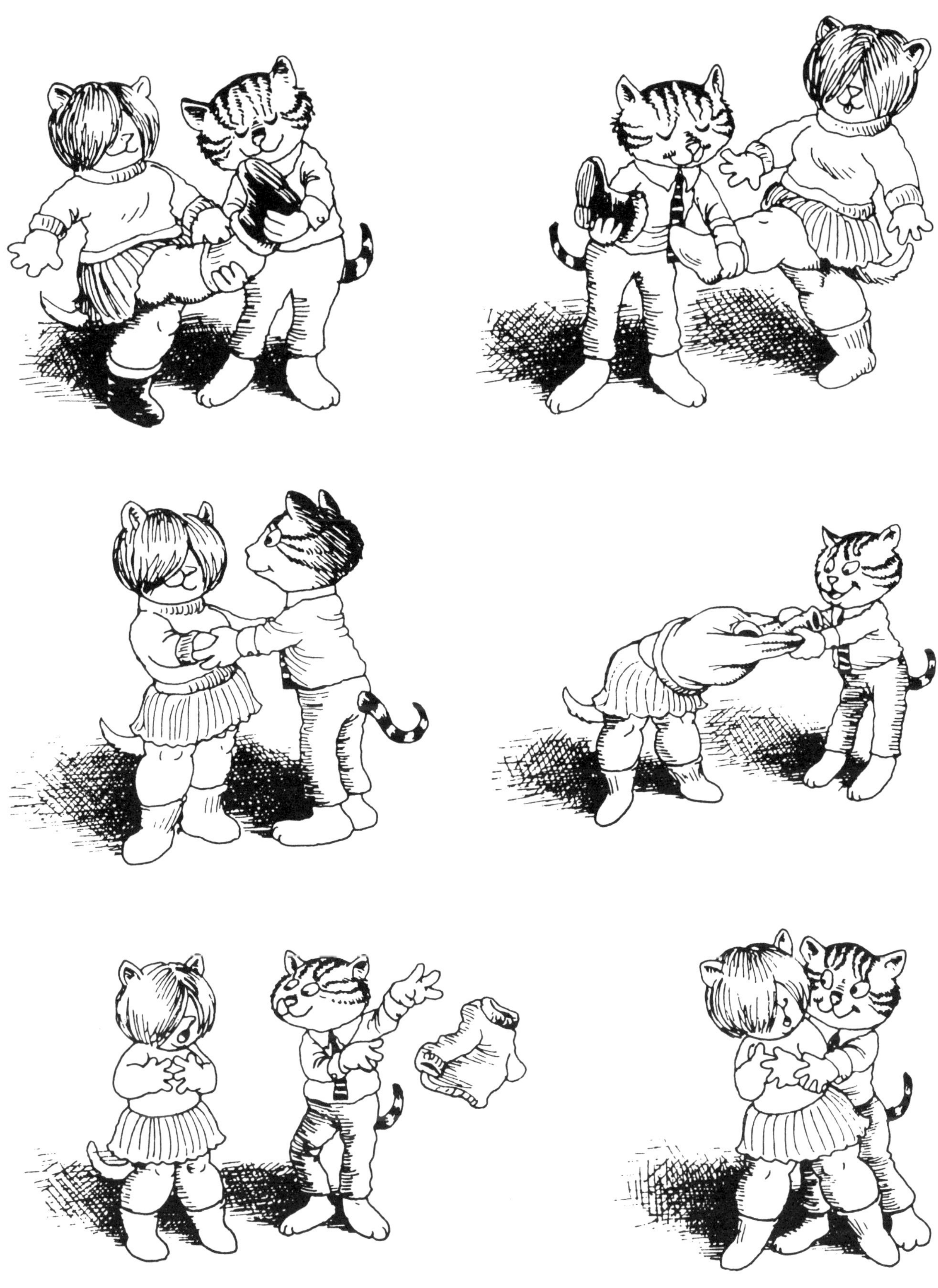

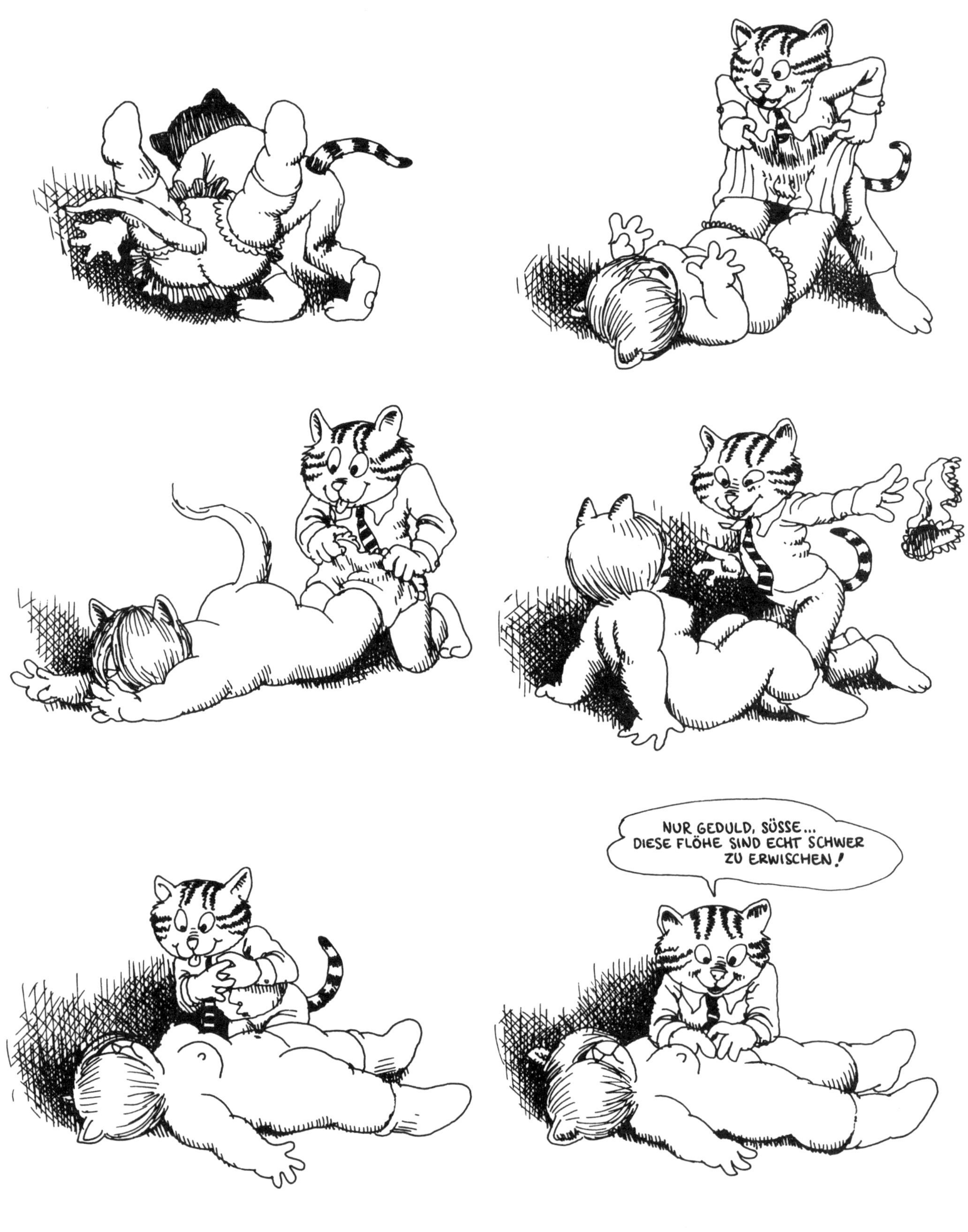
NUR GEDULD, SÜSSE...
DIESE FLÖHE SIND ECHT SCHWER
ZU ERWISCHEN!
R. CRUMB
1964

Fritz the Cat in „Ein Groupie geht aufs Ganze"

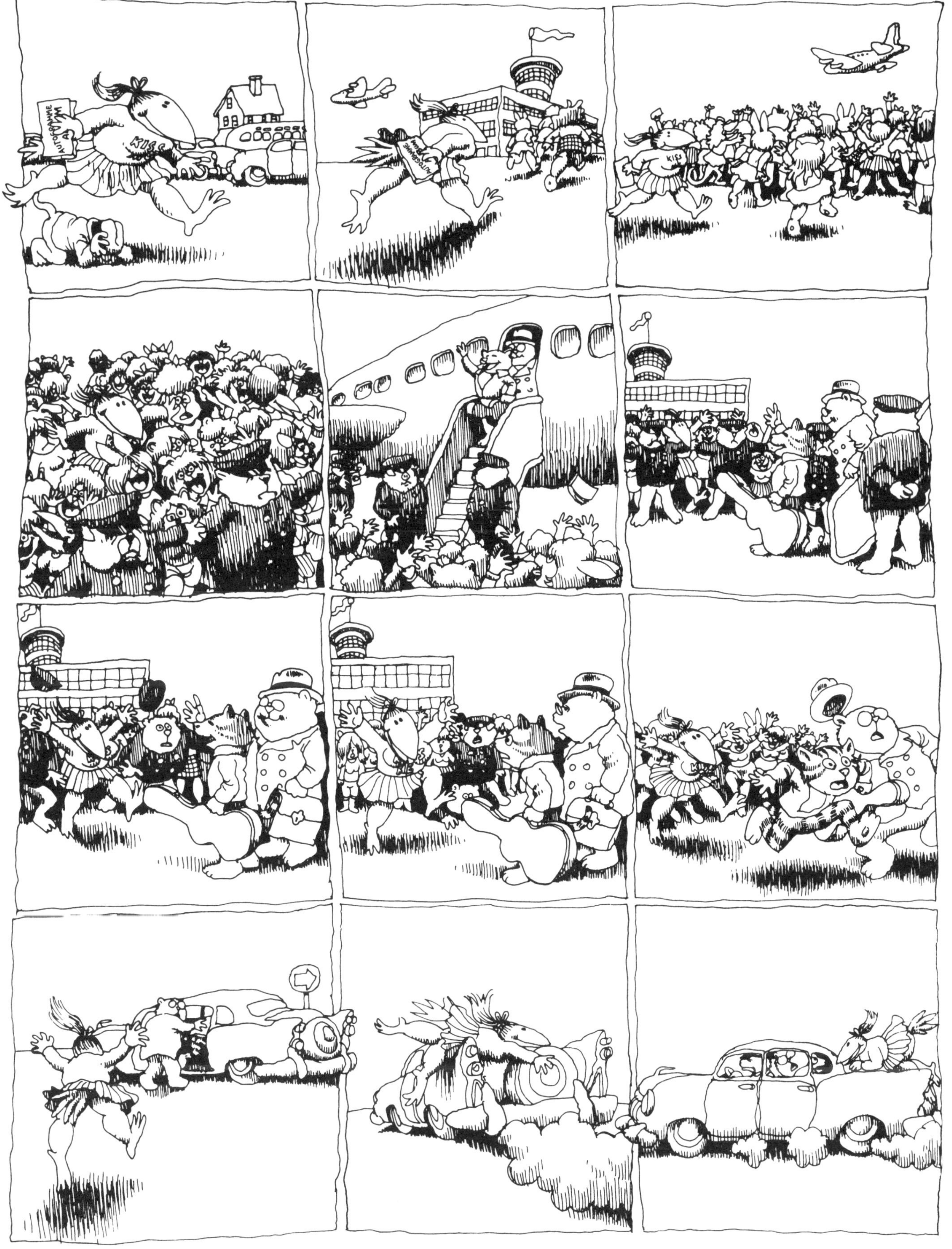

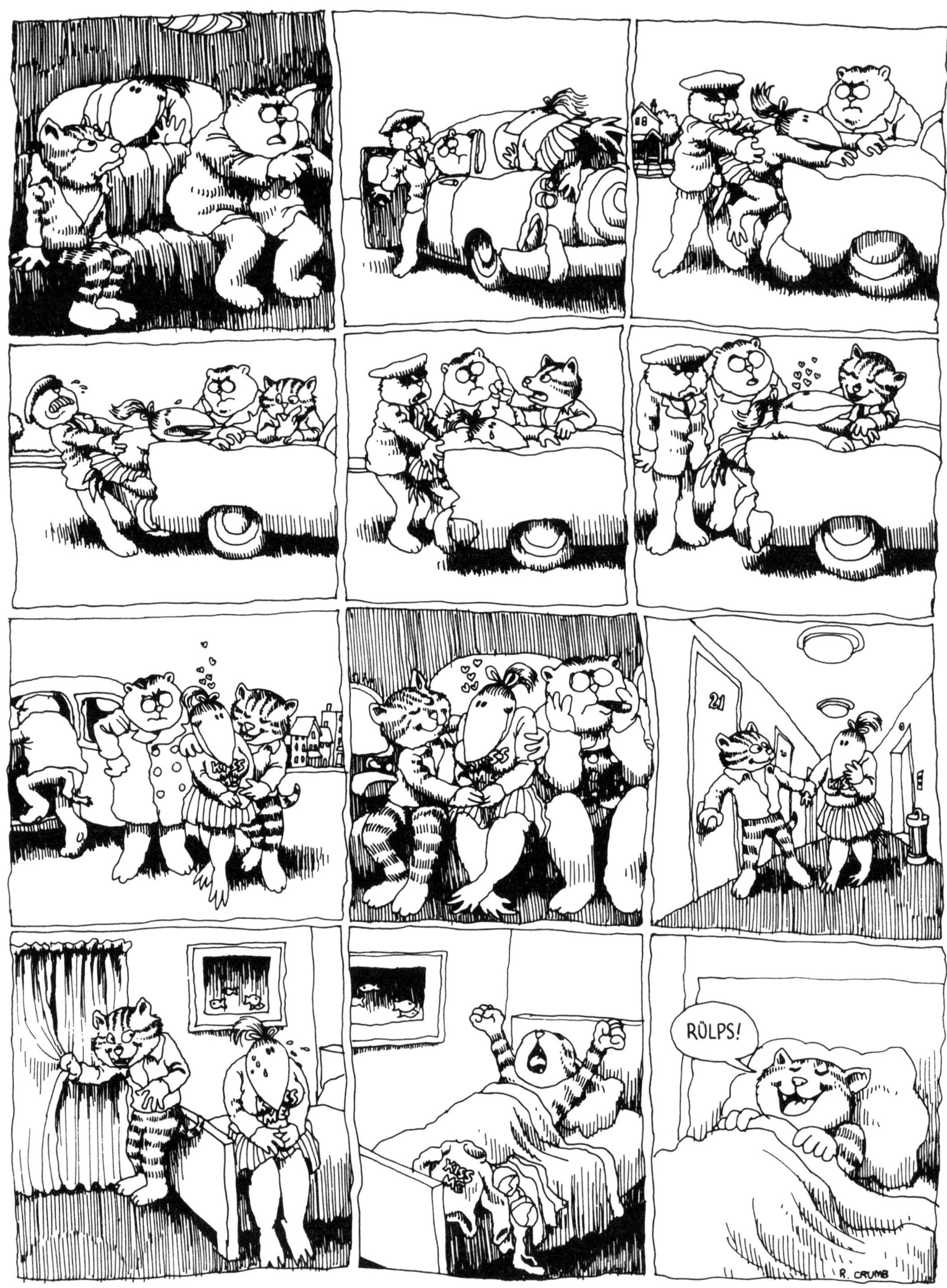
KISS ME
KISS ME
21
KISS ME
RÜLPS!
R. CRUMB

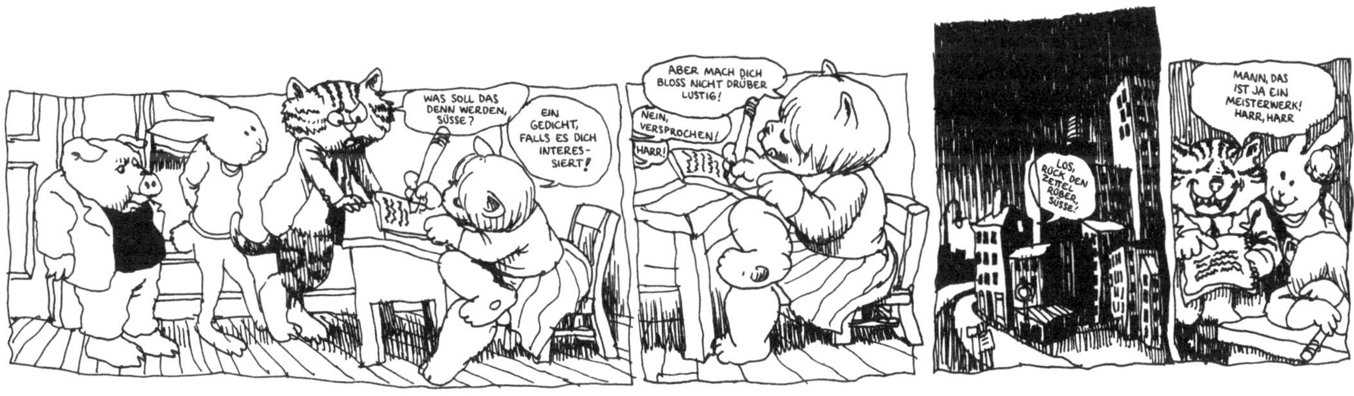
WAS SOLL DAS DENN WERDEN, SÜSSE?
EIN GEDICHT, FALLS ES DICH INTERESSIERT!
ABER MACH DICH BLOSS NICHT DRÜBER LUSTIG!
NEIN, VERSPROCHEN!
HARR!
LOS, RÜCK DEN ZETTEL RÜBER, SÜSSE!
MANN, DAS IST JA EIN MEISTERWERK! HARR, HARR

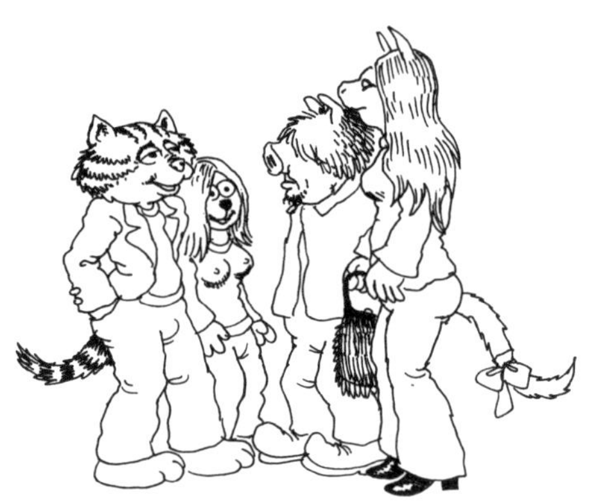

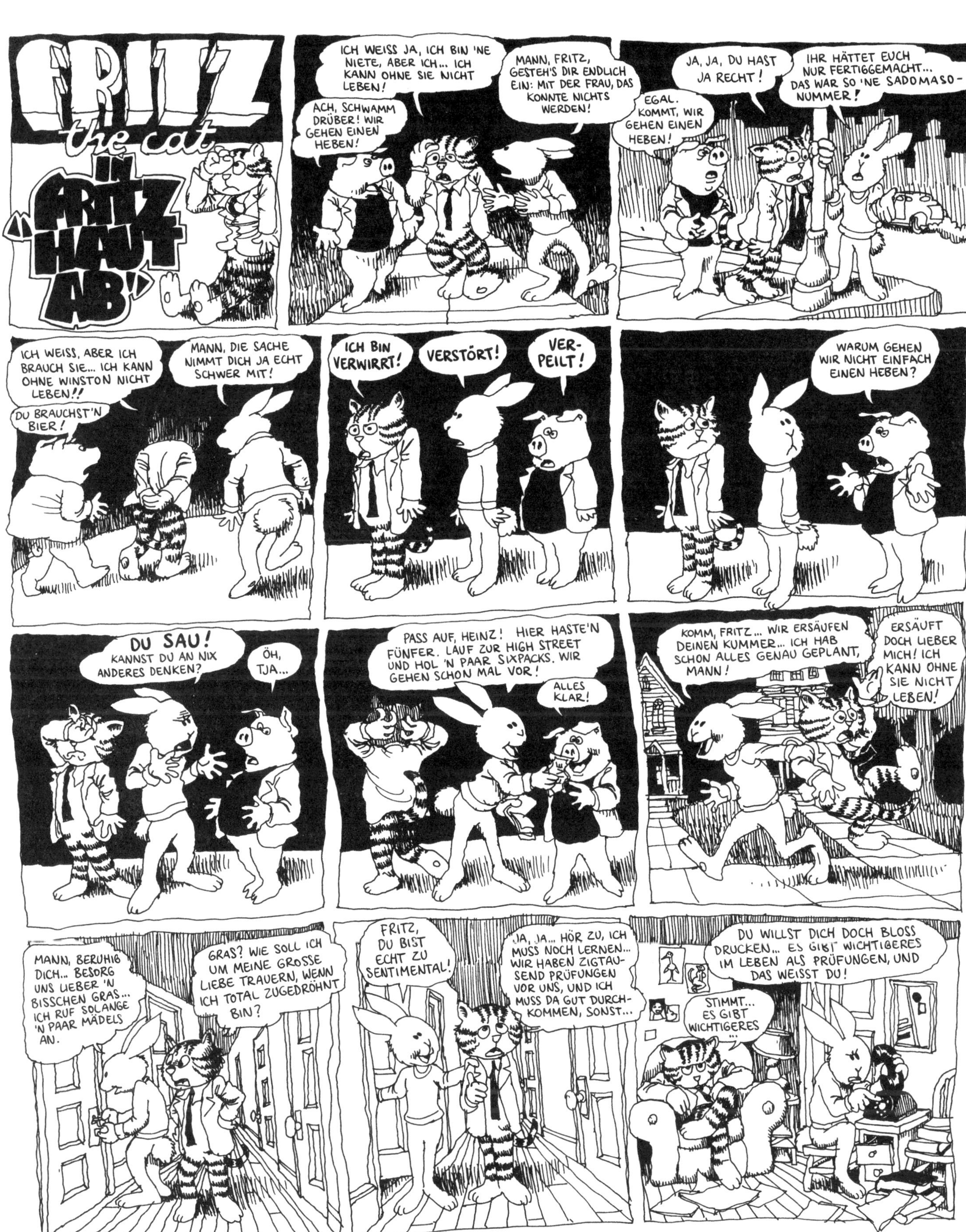
FRITZ the cat
IN „FRITZ HAUT AB"
ICH WEISS JA, ICH BIN 'NE NIETE, ABER ICH... ICH KANN OHNE SIE NICHT LEBEN!
ACH, SCHWAMM DRÜBER! WIR GEHEN EINEN HEBEN!
MANN, FRITZ, GESTEH'S DIR ENDLICH EIN: MIT DER FRAU, DAS KONNTE NICHTS WERDEN!
JA, JA, DU HAST JA RECHT!
EGAL. KOMMT, WIR GEHEN EINEN HEBEN!
IHR HÄTTET EUCH NUR FERTIGGEMACHT... DAS WAR SO 'NE SADOMASO-NUMMER!
ICH WEISS, ABER ICH BRAUCH SIE... ICH KANN OHNE WINSTON NICHT LEBEN!!
DU BRAUCHST'N BIER!
MANN, DIE SACHE NIMMT DICH JA ECHT SCHWER MIT!
ICH BIN VERWIRRT!
VERSTÖRT!
VER-PEILT!
WARUM GEHEN WIR NICHT EINFACH EINEN HEBEN?
DU SAU! KANNST DU AN NIX ANDERES DENKEN?
ÖH, TJA...
PASS AUF, HEINZ! HIER HASTE'N FÜNFER. LAUF ZUR HIGH STREET UND HOL 'N PAAR SIXPACKS. WIR GEHEN SCHON MAL VOR!
ALLES KLAR!
KOMM, FRITZ... WIR ERSÄUFEN DEINEN KUMMER... ICH HAB SCHON ALLES GENAU GEPLANT, MANN!
ERSÄUFT DOCH LIEBER MICH! ICH KANN OHNE SIE NICHT LEBEN!
MANN, BERUHIG DICH... BESORG UNS LIEBER 'N BISSCHEN GRAS... ICH RUF SOLANGE 'N PAAR MÄDELS AN.
GRAS? WIE SOLL ICH UM MEINE GROSSE LIEBE TRAUERN, WENN ICH TOTAL ZUGEDRÖHNT BIN?
FRITZ, DU BIST ECHT ZU SENTIMENTAL!
JA, JA... HÖR ZU, ICH MUSS NOCH LERNEN... WIR HABEN ZIGTAUSEND PRÜFUNGEN VOR UNS, UND ICH MUSS DA GUT DURCHKOMMEN, SONST...
DU WILLST DICH DOCH BLOSS DRUCKEN... ES GIBT WICHTIGERES IM LEBEN ALS PRÜFUNGEN, UND DAS WEISST DU!
STIMMT... ES GIBT WICHTIGERES...

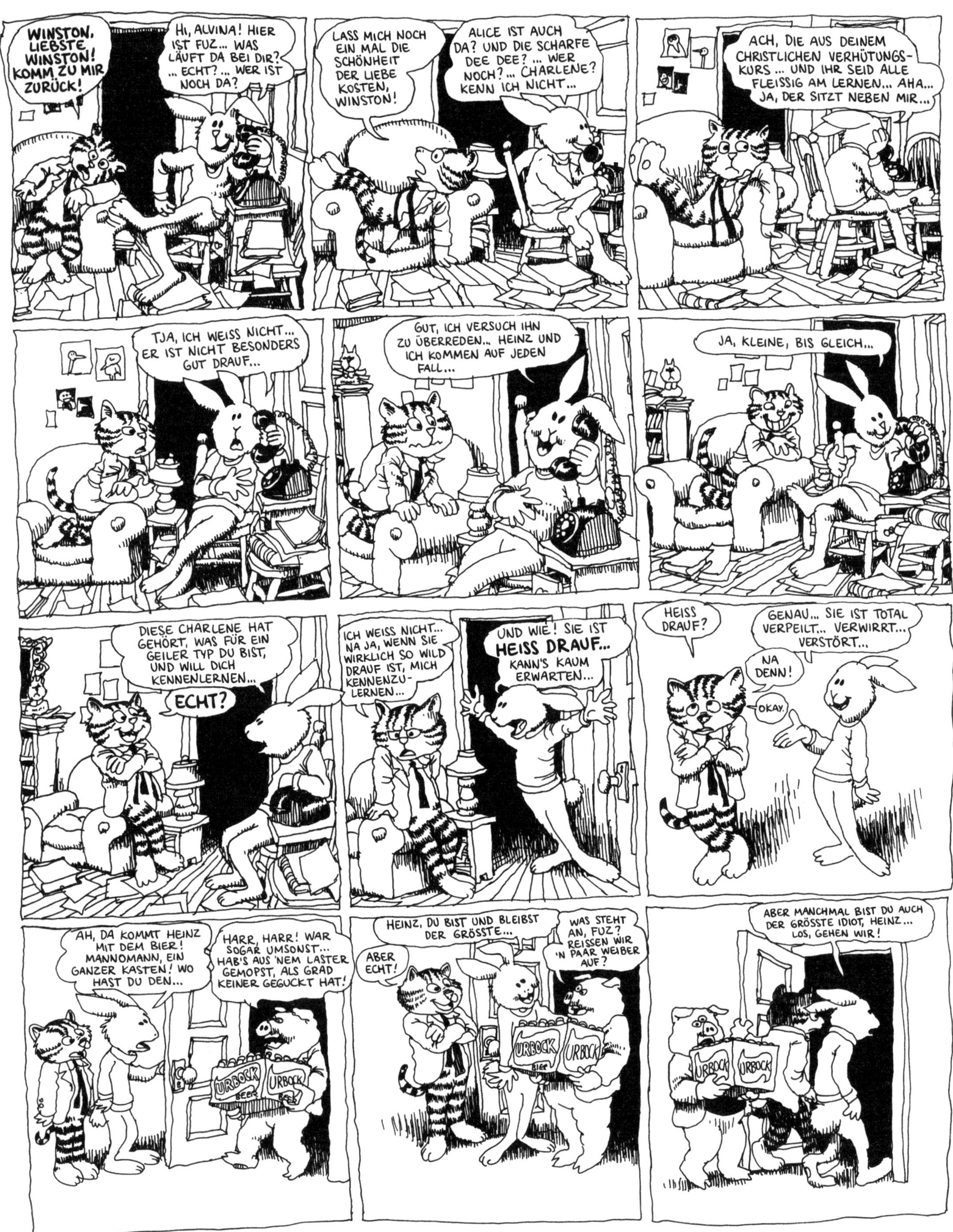
WINSTON, LIEBSTE WINSTON! KOMM ZU MIR ZURÜCK!
HI, ALVINA! HIER IST FUZ... WAS LÄUFT DA BEI DIR? ... ECHT? ... WER IST NOCH DA?
LASS MICH NOCH EIN MAL DIE SCHÖNHEIT DER LIEBE KOSTEN, WINSTON!
ALICE IST AUCH DA? UND DIE SCHARFE DEE DEE? ... WER NOCH? ... CHARLENE? KENN ICH NICHT...
ACH, DIE AUS DEINEM CHRISTLICHEN VERHÜTUNGSKURS ... UND IHR SEID ALLE FLEISSIG AM LERNEN... AHA... JA, DER SITZT NEBEN MIR...
TJA, ICH WEISS NICHT... ER IST NICHT BESONDERS GUT DRAUF...
GUT, ICH VERSUCH IHN ZU ÜBERREDEN... HEINZ UND ICH KOMMEN AUF JEDEN FALL...
JA, KLEINE, BIS GLEICH...
DIESE CHARLENE HAT GEHÖRT, WAS FÜR EIN GEILER TYP DU BIST, UND WILL DICH KENNENLERNEN...
ECHT?
ICH WEISS NICHT... NA JA, WENN SIE WIRKLICH SO WILD DRAUF IST, MICH KENNENZULERNEN...
UND WIE! SIE IST HEISS DRAUF... KANN'S KAUM ERWARTEN...
HEISS DRAUF?
GENAU... SIE IST TOTAL VERPEILT... VERWIRRT... VERSTÖRT...
NA DENN!
OKAY.
AH, DA KOMMT HEINZ MIT DEM BIER! MANNOMANN, EIN GANZER KASTEN! WO HAST DU DEN...
HARR, HARR! WAR SOGAR UMSONST... HAB'S AUS 'NEM LASTER GEMOPST, ALS GRAD KEINER GEGUCKT HAT!
URBOCK BEER
URBOCK BEER
HEINZ, DU BIST UND BLEIBST DER GRÖSSTE...
ABER ECHT!
WAS STEHT AN, FUZ? REISSEN WIR 'N PAAR WEIBER AUF?
URBOCK BIER
URBOCK
ABER MANCHMAL BIST DU AUCH DER GRÖSSTE IDIOT, HEINZ... LOS, GEHEN WIR!
URBOCK
URBOCK

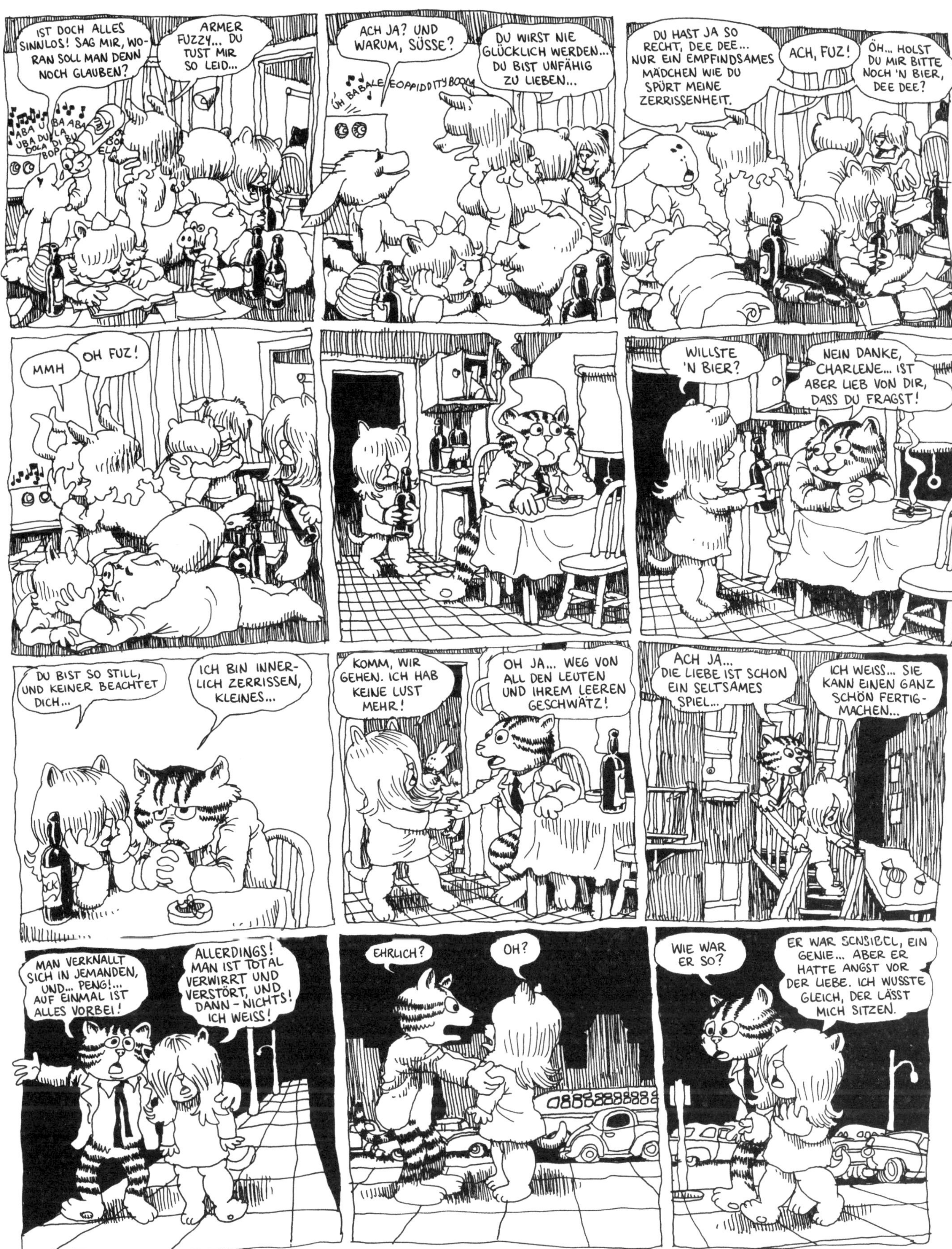
IST DOCH ALLES SINNLOS! SAG MIR, WORAN SOLL MAN DENN NOCH GLAUBEN?
ARMER FUZZY... DU TUST MIR SO LEID...
ACH JA? UND WARUM, SÜSSE?
DU WIRST NIE GLÜCKLICH WERDEN... DU BIST UNFÄHIG ZU LIEBEN...
DU HAST JA SO RECHT, DEE DEE... NUR EIN EMPFINDSAMES MÄDCHEN WIE DU SPÜRT MEINE ZERRISSENHEIT.
ACH, FUZ!
ÖH... HOLST DU MIR BITTE NOCH 'N BIER, DEE DEE?
MMH
OH FUZ!
WILLSTE 'N BIER?
NEIN DANKE, CHARLENE... IST ABER LIEB VON DIR, DASS DU FRAGST!
DU BIST SO STILL, UND KEINER BEACHTET DICH...
ICH BIN INNERLICH ZERRISSEN, KLEINES...
KOMM, WIR GEHEN. ICH HAB KEINE LUST MEHR!
OH JA... WEG VON ALL DEN LEUTEN UND IHREM LEEREN GESCHWÄTZ!
ACH JA... DIE LIEBE IST SCHON EIN SELTSAMES SPIEL...
ICH WEISS... SIE KANN EINEN GANZ SCHÖN FERTIGMACHEN...
MAN VERKNALLT SICH IN JEMANDEN, UND... PENG!... AUF EINMAL IST ALLES VORBEI!
ALLERDINGS! MAN IST TOTAL VERWIRRT UND VERSTÖRT, UND DANN- NICHTS! ICH WEISS!
EHRLICH?
OH?
WIE WAR ER SO?
ER WAR SENSIBEL, EIN GENIE... ABER ER HATTE ANGST VOR DER LIEBE. ICH WUSSTE GLEICH, DER LÄSST MICH SITZEN.

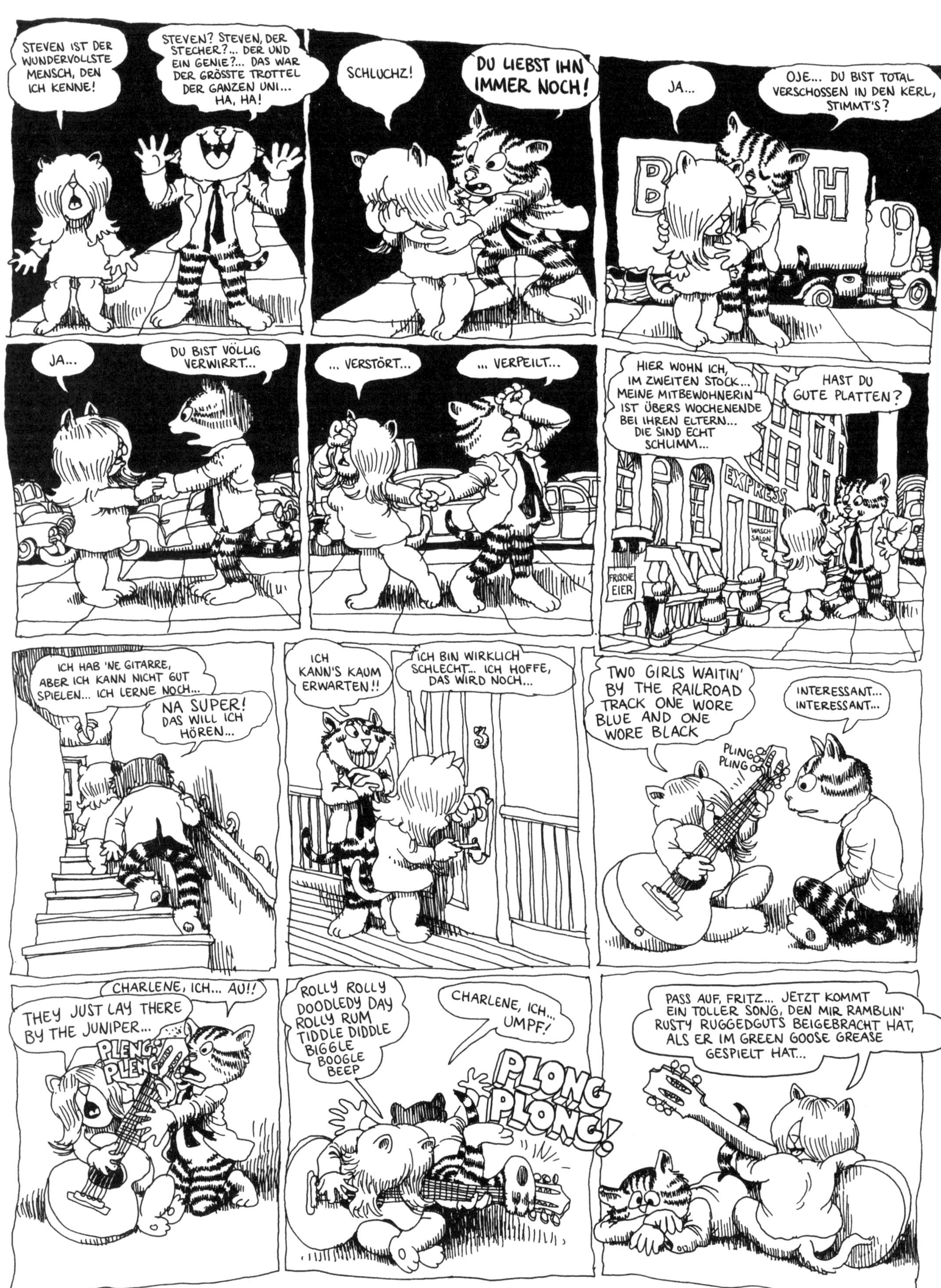
STEVEN IST DER WUNDERVOLLSTE MENSCH, DEN ICH KENNE!
STEVEN? STEVEN, DER STECHER?... DER UND EIN GENIE?... DAS WAR DER GRÖSSTE TROTTEL DER GANZEN UNI... HA, HA!
SCHLUCHZ!
DU LIEBST IHN IMMER NOCH!
JA...
OJE... DU BIST TOTAL VERSCHOSSEN IN DEN KERL, STIMMT'S?
JA...
DU BIST VÖLLIG VERWIRRT...
... VERSTÖRT...
... VERPEILT...
HIER WOHN ICH, IM ZWEITEN STOCK... MEINE MITBEWOHNERIN IST ÜBERS WOCHENENDE BEI IHREN ELTERN... DIE SIND ECHT SCHLIMM...
HAST DU GUTE PLATTEN?
EXPRESS
WASCH-SALON
FRISCHE EIER
ICH HAB 'NE GITARRE, ABER ICH KANN NICHT GUT SPIELEN... ICH LERNE NOCH...
NA SUPER! DAS WILL ICH HÖREN...
ICH KANN'S KAUM ERWARTEN!!
ICH BIN WIRKLICH SCHLECHT... ICH HOFFE, DAS WIRD NOCH...
3
TWO GIRLS WAITIN' BY THE RAILROAD TRACK ONE WORE BLUE AND ONE WORE BLACK
PLING PLING
INTERESSANT... INTERESSANT...
THEY JUST LAY THERE BY THE JUNIPER...
CHARLENE, ICH... AU!!
PLENG PLENG
ROLLY ROLLY DOODLEDY DAY ROLLY RUM TIDDLE DIDDLE BIGGLE BOOGLE BEEP
CHARLENE, ICH... UMPF!
PLONG PLONG!
PASS AUF, FRITZ... JETZT KOMMT EIN TOLLER SONG, DEN MIR RAMBLIN' RUSTY RUGGEDGUTS BEIGEBRACHT HAT, ALS ER IM GREEN GOOSE GREASE GESPIELT HAT...

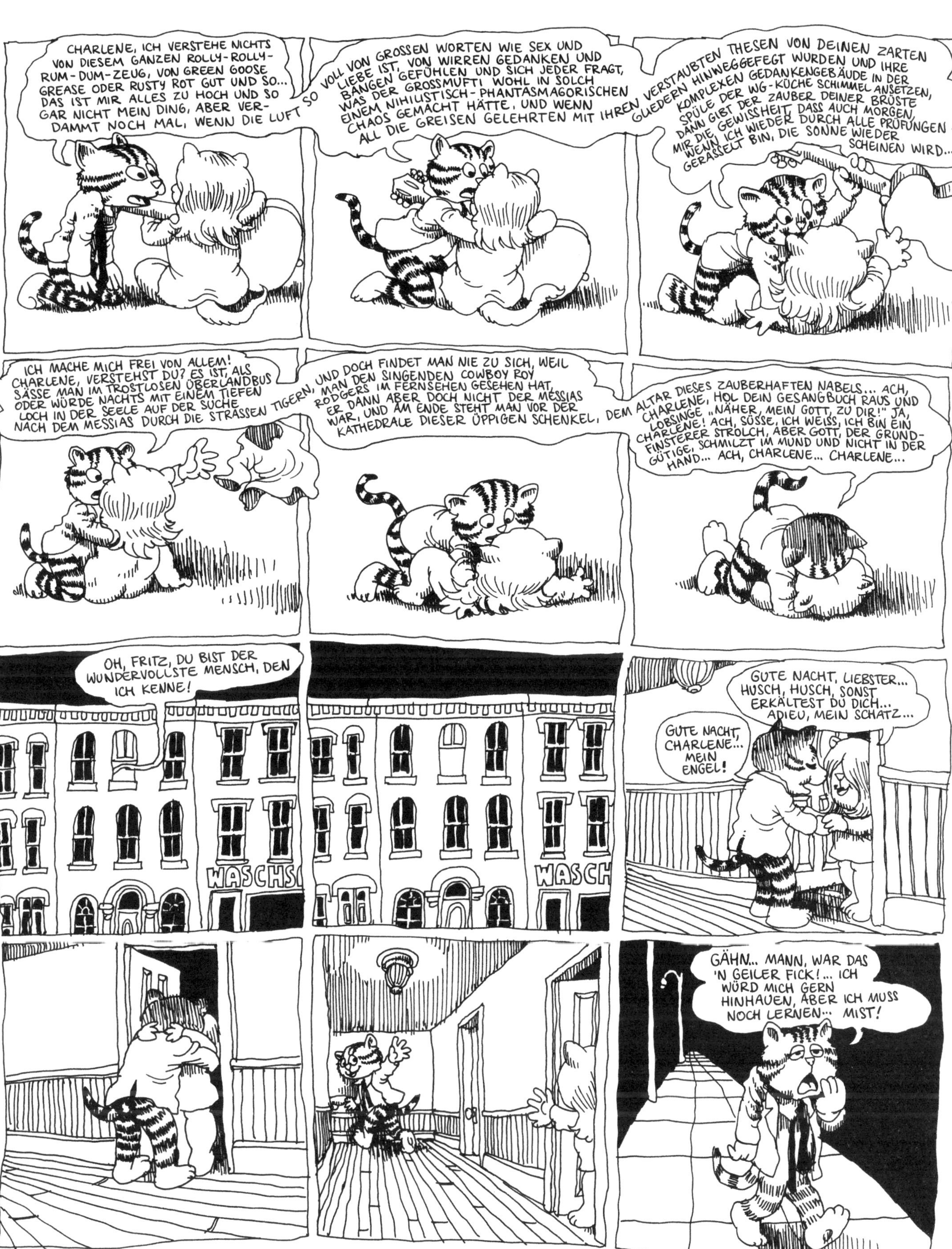

CHARLENE, ICH VERSTEHE NICHTS VON DIESEM GANZEN ROLLY-ROLLY-RUM-DUM-ZEUG, VON GREEN GOOSE GREASE ODER RUSTY ROT GUT UND SO... DAS IST MIR ALLES ZU HOCH UND SO GAR NICHT MEIN DING, ABER VERDAMMT NOCH MAL, WENN DIE LUFT SO VOLL VON GROSSEN WORTEN WIE SEX UND LIEBE IST, VON WIRREN GEDANKEN UND BANGEN GEFÜHLEN UND SICH JEDER FRAGT, WAS DER GROSSMUFTI WOHL IN SOLCH EINEM NIHILISTISCH-PHANTASMAGORISCHEN CHAOS GEMACHT HÄTTE, UND WENN ALL DIE GREISEN GELEHRTEN MIT IHREN VERSTAUBTEN THESEN VON DEINEN ZARTEN GLIEDERN HINWEGGEFEGT WURDEN UND IHRE KOMPLEXEN GEDANKENGEBÄUDE IN DER SPÜLE DER WG-KÜCHE SCHIMMEL ANSETZEN, DANN GIBT DER ZAUBER DEINER BRÜSTE MIR DIE GEWISSHEIT, DASS AUCH MORGEN, WENN ICH WIEDER DURCH ALLE PRÜFUNGEN GERASSELT BIN, DIE SONNE WIEDER SCHEINEN WIRD...
ICH MACHE MICH FREI VON ALLEM! CHARLENE, VERSTEHST DU? ES IST, ALS SÄSSE MAN IM TROSTLOSEN ÜBERLANDBUS ODER WÜRDE NACHTS MIT EINEM TIEFEN LOCH IN DER SEELE AUF DER SUCHE NACH DEM MESSIAS DURCH DIE STRASSEN TIGERN, UND DOCH FINDET MAN NIE ZU SICH, WEIL MAN DEN SINGENDEN COWBOY ROY RODGERS IM FERNSEHEN GESEHEN HAT, ER DANN ABER DOCH NICHT DER MESSIAS WAR, UND AM ENDE STEHT MAN VOR DER KATHEDRALE DIESER ÜPPIGEN SCHENKEL, DEM ALTAR DIESES ZAUBERHAFTEN NABELS... ACH, CHARLENE, HOL DEIN GESANGBUCH RAUS UND LOBSINGE „NÄHER, MEIN GOTT, ZU DIR!" JA, CHARLENE! ACH, SÜSSE, ICH WEISS, ICH BIN EIN FINSTERER STROLCH, ABER GOTT, DER GRUNDGÜTIGE, SCHMILZT IM MUND UND NICHT IN DER HAND... ACH, CHARLENE... CHARLENE...
OH, FRITZ, DU BIST DER WUNDERVOLLSTE MENSCH, DEN ICH KENNE!
WASCHS
WASCH
GUTE NACHT, LIEBSTER... HUSCH, HUSCH, SONST ERKÄLTEST DU DICH... ADIEU, MEIN SCHATZ...
GUTE NACHT, CHARLENE... MEIN ENGEL!
GÄHN... MANN, WAR DAS 'N GEILER FICK!... ICH WÜRD MICH GERN HINHAUEN, ABER ICH MUSS NOCH LERNEN... MIST!

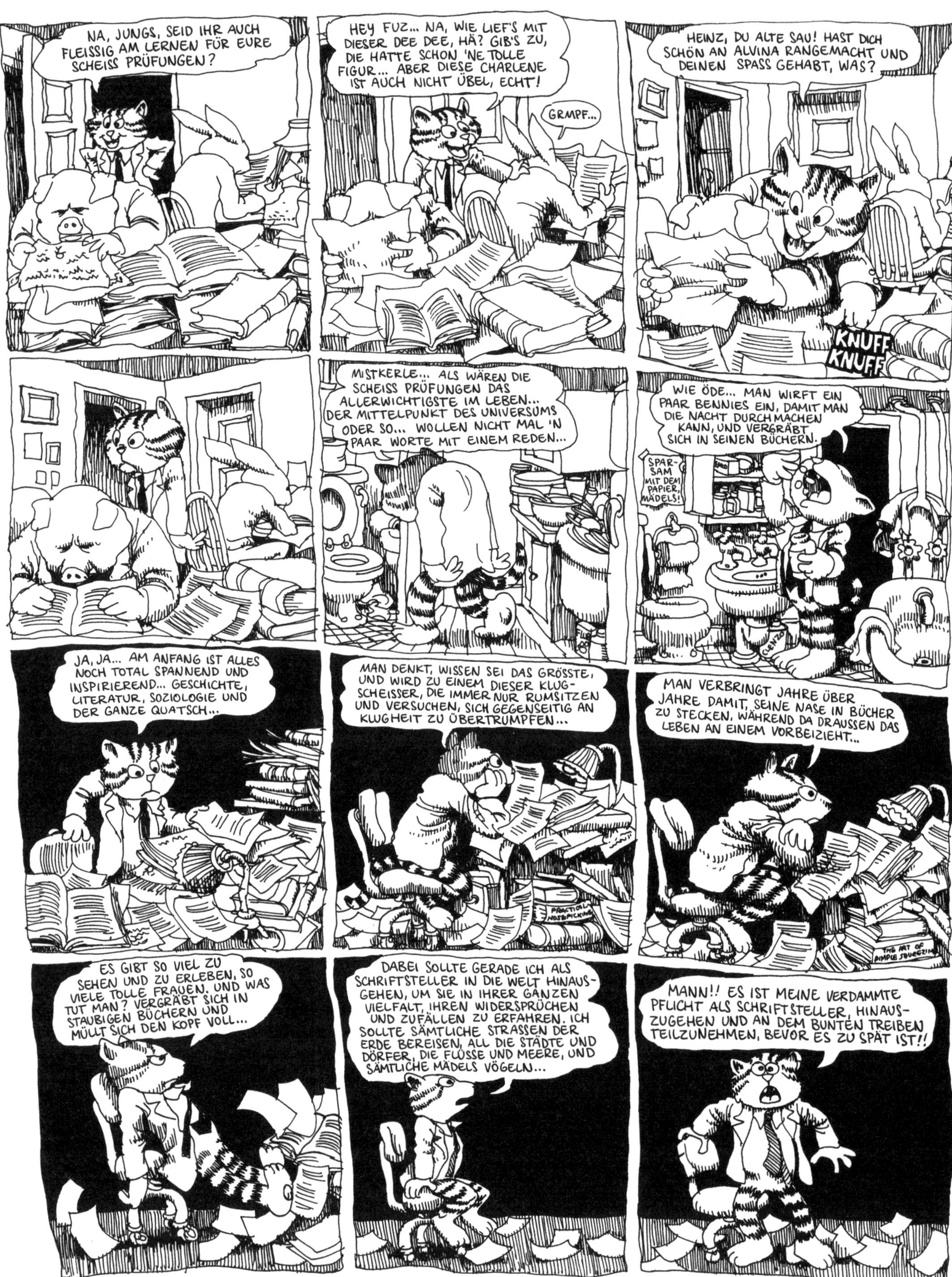
NA, JUNGS, SEID IHR AUCH FLEISSIG AM LERNEN FÜR EURE SCHEISS PRÜFUNGEN?
HEY FUZ... NA, WIE LIEF'S MIT DIESER DEE DEE, HÄ? GIB'S ZU, DIE HATTE SCHON 'NE TOLLE FIGUR... ABER DIESE CHARLENE IST AUCH NICHT ÜBEL, ECHT!
GRMPF...
HEINZ, DU ALTE SAU! HAST DICH SCHÖN AN ALVINA RANGEMACHT UND DEINEN SPASS GEHABT, WAS?
KNUFF KNUFF
MISTKERLE... ALS WÄREN DIE SCHEISS PRÜFUNGEN DAS ALLERWICHTIGSTE IM LEBEN... DER MITTELPUNKT DES UNIVERSUMS ODER SO... WOLLEN NICHT MAL 'N PAAR WORTE MIT EINEM REDEN...
WIE ÖDE... MAN WIRFT EIN PAAR BENNIES EIN, DAMIT MAN DIE NACHT DURCHMACHEN KANN, UND VERGRÄBT SICH IN SEINEN BÜCHERN.
SPARSAM MIT DEM PAPIER, MÄDELS!
JA, JA... AM ANFANG IST ALLES NOCH TOTAL SPANNEND UND INSPIRIEREND... GESCHICHTE, LITERATUR, SOZIOLOGIE UND DER GANZE QUATSCH...
MAN DENKT, WISSEN SEI DAS GRÖSSTE, UND WIRD ZU EINEM DIESER KLUGSCHEISSER, DIE IMMER NUR RUMSITZEN UND VERSUCHEN, SICH GEGENSEITIG AN KLUGHEIT ZU ÜBERTRUMPFEN...
MAN VERBRINGT JAHRE ÜBER JAHRE DAMIT, SEINE NASE IN BÜCHER ZU STECKEN, WÄHREND DA DRAUSSEN DAS LEBEN AN EINEM VORBEIZIEHT...
ES GIBT SO VIEL ZU SEHEN UND ZU ERLEBEN, SO VIELE TOLLE FRAUEN. UND WAS TUT MAN? VERGRÄBT SICH IN STAUBIGEN BÜCHERN UND MÜLLT SICH DEN KOPF VOLL...
DABEI SOLLTE GERADE ICH ALS SCHRIFTSTELLER IN DIE WELT HINAUSGEHEN, UM SIE IN IHRER GANZEN VIELFALT, IHREN WIDERSPRÜCHEN UND ZUFÄLLEN ZU ERFAHREN. ICH SOLLTE SÄMTLICHE STRASSEN DER ERDE BEREISEN, ALL DIE STÄDTE UND DÖRFER, DIE FLÜSSE UND MEERE, UND SÄMTLICHE MÄDELS VÖGELN...
MANN!! ES IST MEINE VERDAMMTE PFLICHT ALS SCHRIFTSTELLER, HINAUSZUGEHEN UND AN DEM BUNTEN TREIBEN TEILZUNEHMEN, BEVOR ES ZU SPÄT IST!!

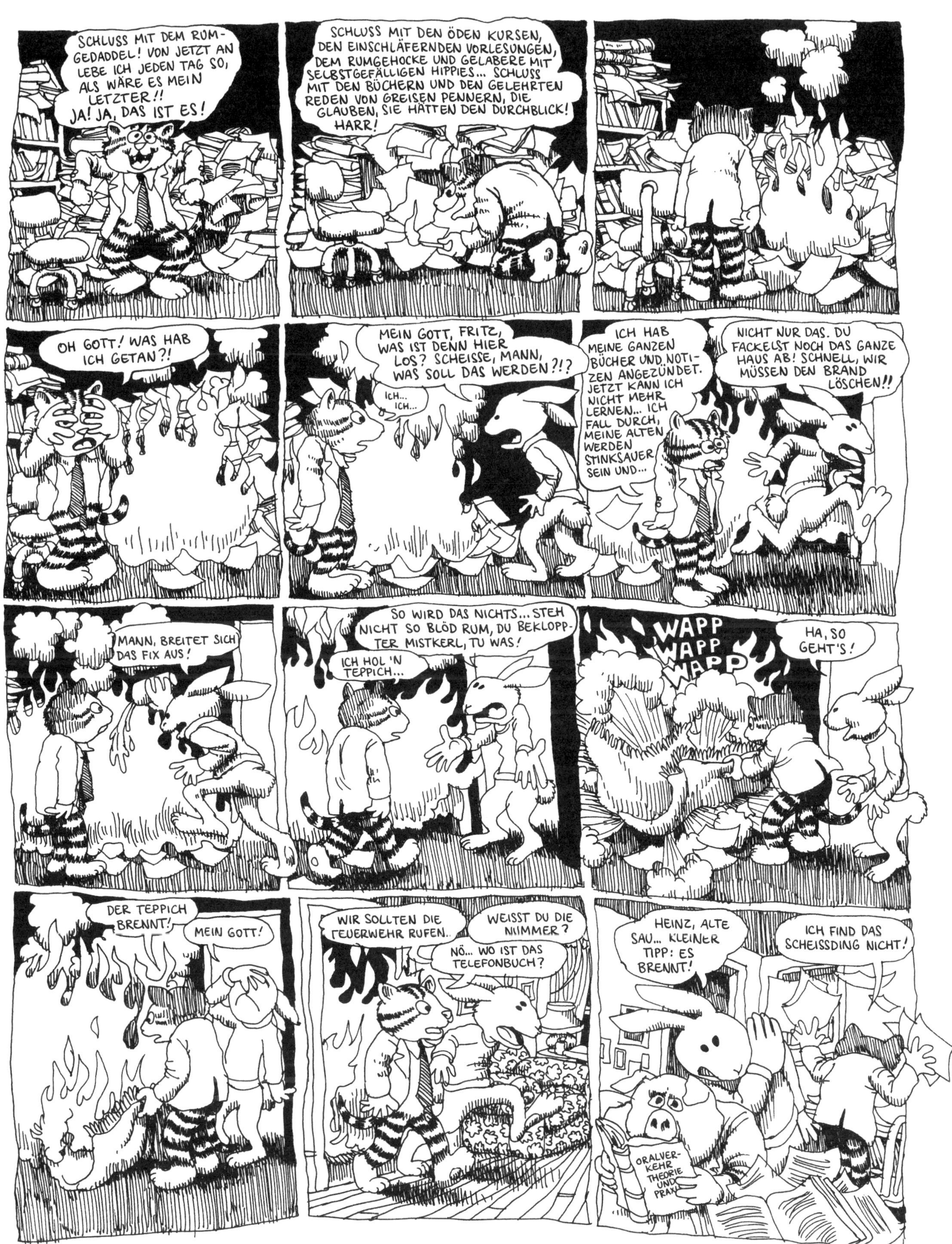
SCHLUSS MIT DEM RUMGEDADDEL! VON JETZT AN LEBE ICH JEDEN TAG SO, ALS WÄRE ES MEIN LETZTER!! JA! JA, DAS IST ES!
SCHLUSS MIT DEN ÖDEN KURSEN, DEN EINSCHLÄFERNDEN VORLESUNGEN, DEM RUMGEHOCKE UND GELABERE MIT SELBSTGEFÄLLIGEN HIPPIES... SCHLUSS MIT DEN BÜCHERN UND DEN GELEHRTEN REDEN VON GREISEN PENNERN, DIE GLAUBEN, SIE HÄTTEN DEN DURCHBLICK! HARR!
OH GOTT! WAS HAB ICH GETAN?!
MEIN GOTT, FRITZ, WAS IST DENN HIER LOS? SCHEISSE, MANN, WAS SOLL DAS WERDEN?!?
ICH... ICH...
ICH HAB MEINE GANZEN BÜCHER UND NOTIZEN ANGEZÜNDET. JETZT KANN ICH NICHT MEHR LERNEN... ICH FALL DURCH, MEINE ALTEN WERDEN STINKSAUER SEIN UND...
NICHT NUR DAS. DU FACKELST NOCH DAS GANZE HAUS AB! SCHNELL, WIR MÜSSEN DEN BRAND LÖSCHEN!!
MANN, BREITET SICH DAS FIX AUS!
SO WIRD DAS NICHTS... STEH NICHT SO BLÖD RUM, DU BEKLOPPTER MISTKERL, TU WAS!
ICH HOL 'N TEPPICH...
WAPP WAPP WAPP
HA, SO GEHT'S!
DER TEPPICH BRENNT!
MEIN GOTT!
WIR SOLLTEN DIE FEUERWEHR RUFEN..
WEISST DU DIE NUMMER?
NÖ... WO IST DAS TELEFONBUCH?
HEINZ, ALTE SAU... KLEINER TIPP: ES BRENNT!
ICH FIND DAS SCHEISSDING NICHT!
ORALVERKEHR THEORIE UND PRAXI

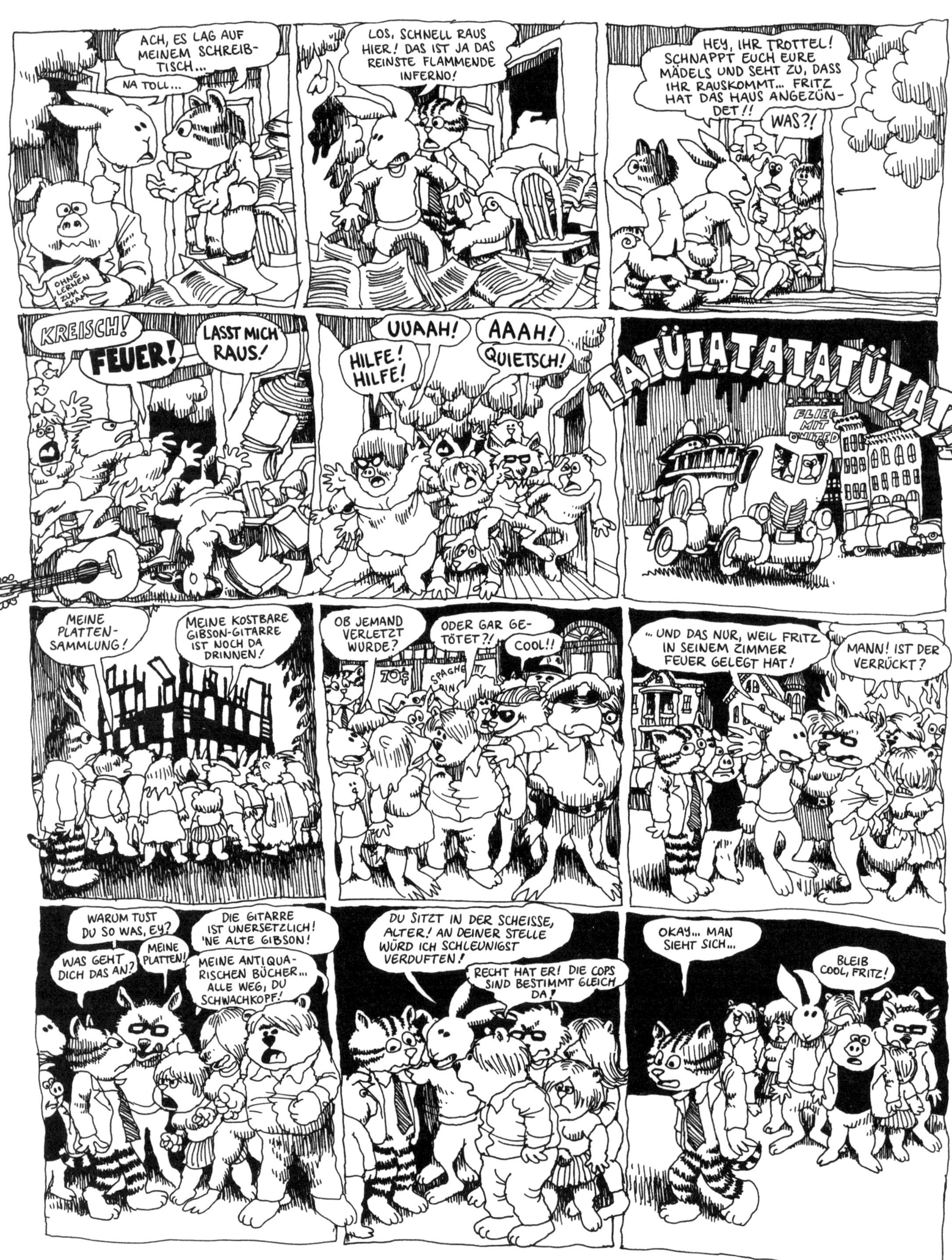
ACH, ES LAG AUF MEINEM SCHREIBTISCH...
NA TOLL...
LOS, SCHNELL RAUS HIER! DAS IST JA DAS REINSTE FLAMMENDE INFERNO!
HEY, IHR TROTTEL! SCHNAPPT EUCH EURE MÄDELS UND SEHT ZU, DASS IHR RAUSKOMMT... FRITZ HAT DAS HAUS ANGEZÜNDET!!
WAS?!
KREISCH!
FEUER!
LASST MICH RAUS!
UUAAH!
AAAH!
HILFE! HILFE!
QUIETSCH!
TATÜTATATATATÜTATA
FLIEG MIT UNITED
MEINE PLATTENSAMMLUNG!
MEINE KOSTBARE GIBSON-GITARRE IST NOCH DA DRINNEN!
OB JEMAND VERLETZT WURDE?
ODER GAR GETÖTET?!
COOL!!
70¢
... UND DAS NUR, WEIL FRITZ IN SEINEM ZIMMER FEUER GELEGT HAT!
MANN! IST DER VERRÜCKT?
WARUM TUST DU SO WAS, EY?
WAS GEHT DICH DAS AN?
MEINE PLATTEN!
DIE GITARRE IST UNERSETZLICH! 'NE ALTE GIBSON!
MEINE ANTIQUARISCHEN BÜCHER... ALLE WEG, DU SCHWACHKOPF!
DU SITZT IN DER SCHEISSE, ALTER! AN DEINER STELLE WÜRD ICH SCHLEUNIGST VERDUFTEN!
RECHT HAT ER! DIE COPS SIND BESTIMMT GLEICH DA!
OKAY... MAN SIEHT SICH...
BLEIB COOL, FRITZ!

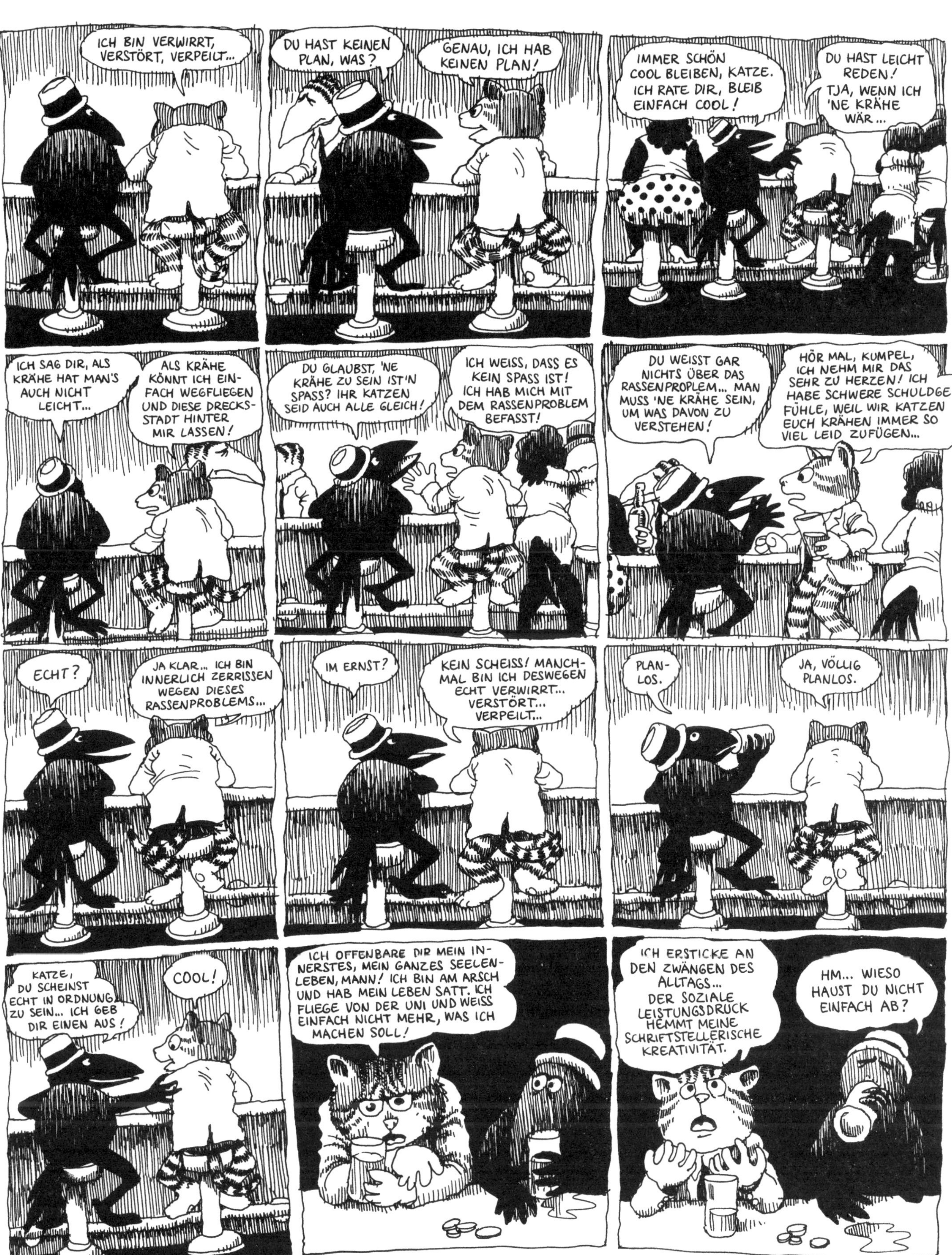
ICH BIN VERWIRRT, VERSTÖRT, VERPEILT...
DU HAST KEINEN PLAN, WAS?
GENAU, ICH HAB KEINEN PLAN!
IMMER SCHÖN COOL BLEIBEN, KATZE. ICH RATE DIR, BLEIB EINFACH COOL!
DU HAST LEICHT REDEN! TJA, WENN ICH 'NE KRÄHE WÄR...
ICH SAG DIR, ALS KRÄHE HAT MAN'S AUCH NICHT LEICHT...
ALS KRÄHE KÖNNT ICH EINFACH WEGFLIEGEN UND DIESE DRECKSSTADT HINTER MIR LASSEN!
DU GLAUBST, 'NE KRÄHE ZU SEIN IST'N SPASS? IHR KATZEN SEID AUCH ALLE GLEICH!
ICH WEISS, DASS ES KEIN SPASS IST! ICH HAB MICH MIT DEM RASSENPROBLEM BEFASST!
DU WEISST GAR NICHTS ÜBER DAS RASSENPROPLEM... MAN MUSS 'NE KRÄHE SEIN, UM WAS DAVON ZU VERSTEHEN!
HÖR MAL, KUMPEL, ICH NEHM MIR DAS SEHR ZU HERZEN! ICH HABE SCHWERE SCHULDGEFÜHLE, WEIL WIR KATZEN EUCH KRÄHEN IMMER SO VIEL LEID ZUFÜGEN...
ECHT?
JA KLAR... ICH BIN INNERLICH ZERRISSEN WEGEN DIESES RASSENPROBLEMS...
IM ERNST?
KEIN SCHEISS! MANCHMAL BIN ICH DESWEGEN ECHT VERWIRRT... VERSTÖRT... VERPEILT...
PLANLOS.
JA, VÖLLIG PLANLOS.
KATZE, DU SCHEINST ECHT IN ORDNUNG ZU SEIN... ICH GEB DIR EINEN AUS!
COOL!
ICH OFFENBARE DIR MEIN INNERSTES, MEIN GANZES SEELENLEBEN, MANN! ICH BIN AM ARSCH UND HAB MEIN LEBEN SATT. ICH FLIEGE VON DER UNI UND WEISS EINFACH NICHT MEHR, WAS ICH MACHEN SOLL!
ICH ERSTICKE AN DEN ZWÄNGEN DES ALLTAGS... DER SOZIALE LEISTUNGSDRUCK HEMMT MEINE SCHRIFTSTELLERISCHE KREATIVITÄT.
HM... WIESO HAUST DU NICHT EINFACH AB?

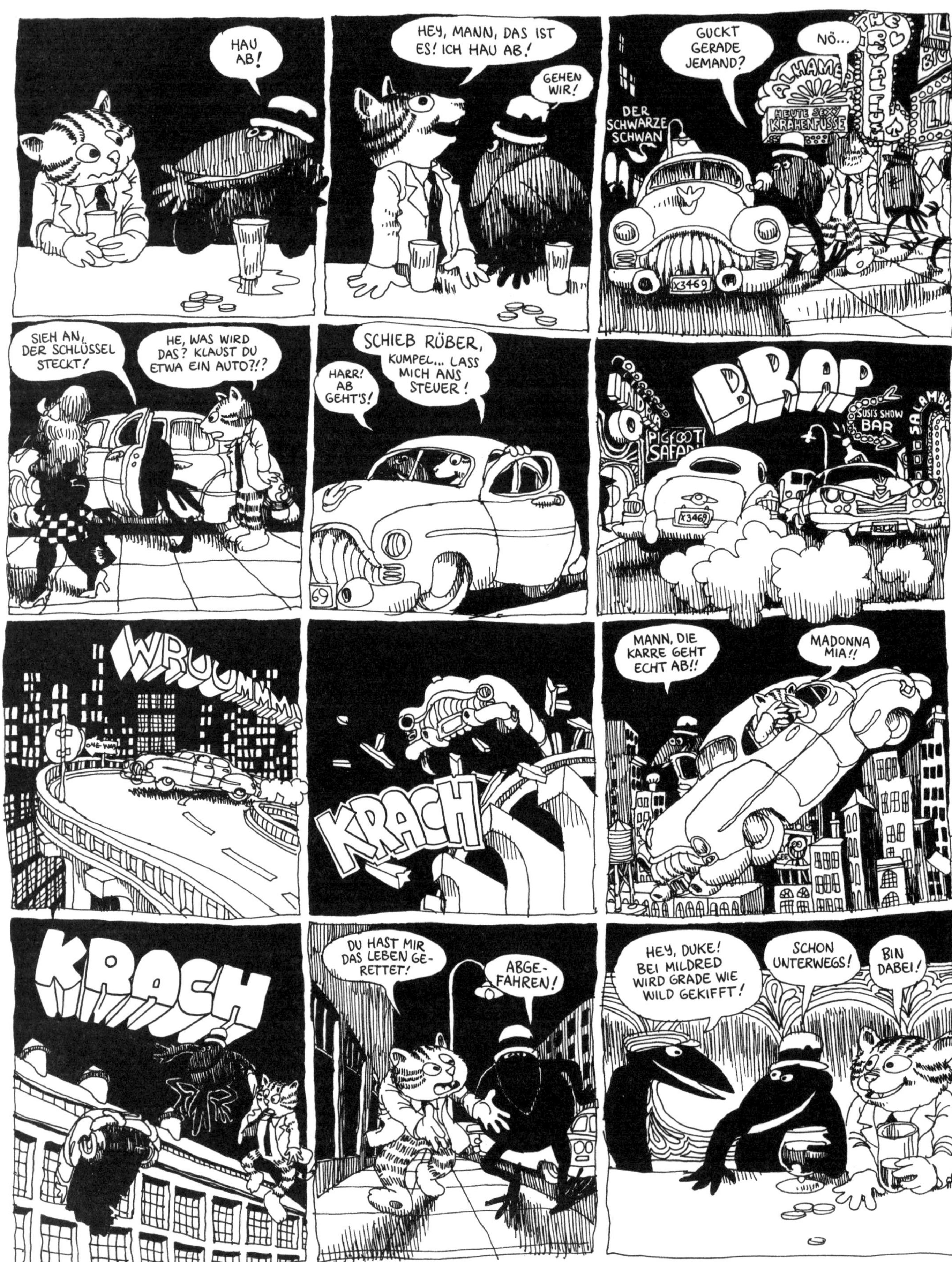
HAU AB!
HEY, MANN, DAS IST ES! ICH HAU AB!
GEHEN WIR!
GUCKT GERADE JEMAND?
NÖ...
DER SCHWARZE SCHWAN
HEUTE SEXY KRÄHENFÜSSE
X3469
SIEH AN, DER SCHLÜSSEL STECKT!
HE, WAS WIRD DAS? KLAUST DU ETWA EIN AUTO?!?
SCHIEB RÜBER, KUMPEL... LASS MICH ANS STEUER!
HARR! AB GEHT'S!
BRAP
SUSIS SHOW BAR
PIGFOOT SAFARI
WRUUMMM
KRACH
MANN, DIE KARRE GEHT ECHT AB!!
MADONNA MIA!!
KRACH
DU HAST MIR DAS LEBEN GERETTET!
ABGEFAHREN!
HEY, DUKE! BEI MILDRED WIRD GRADE WIE WILD GEKIFFT!
SCHON UNTERWEGS!
BIN DABEI!

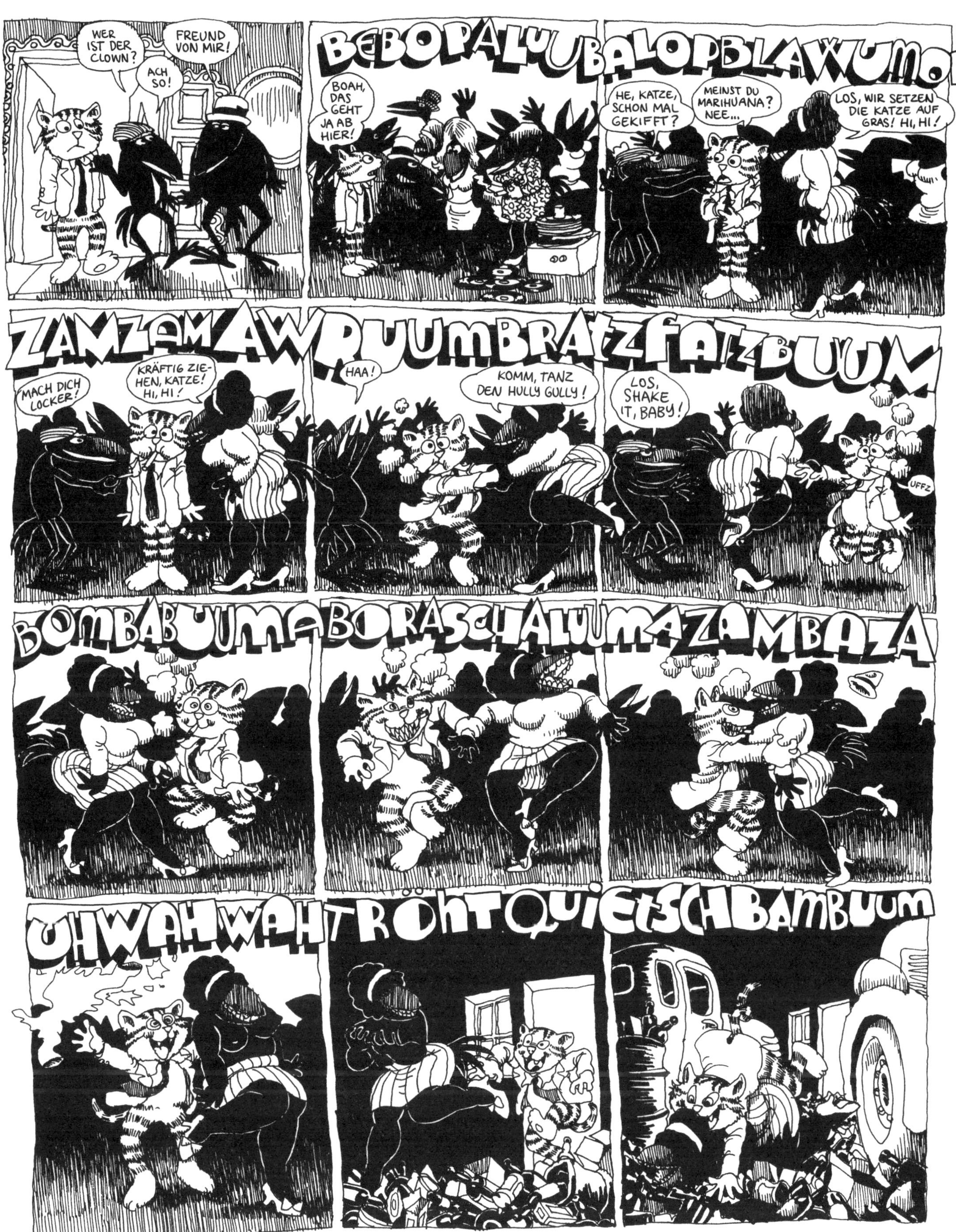
WER IST DER CLOWN?
FREUND VON MIR!
ACH SO!
BEBOPALUUBALOPBLAWUMOP
BOAH, DAS GEHT JA AB HIER!
HE, KATZE, SCHON MAL GEKIFFT?
MEINST DU MARIHUANA? NEE...
LOS, WIR SETZEN DIE KATZE AUF GRAS! HI, HI!
ZAMZAMAWRUUMBRATZFATZBUUM
MACH DICH LOCKER!
KRÄFTIG ZIEHEN, KATZE! HI, HI!
HAA!
KOMM, TANZ DEN HULLY GULLY!
LOS, SHAKE IT, BABY!
UFFZ
BOMBABUUMABORASCHALUUMAZAMBAZA
UHWAHWAHTRÖHTQUIETSCHBAMBUUM

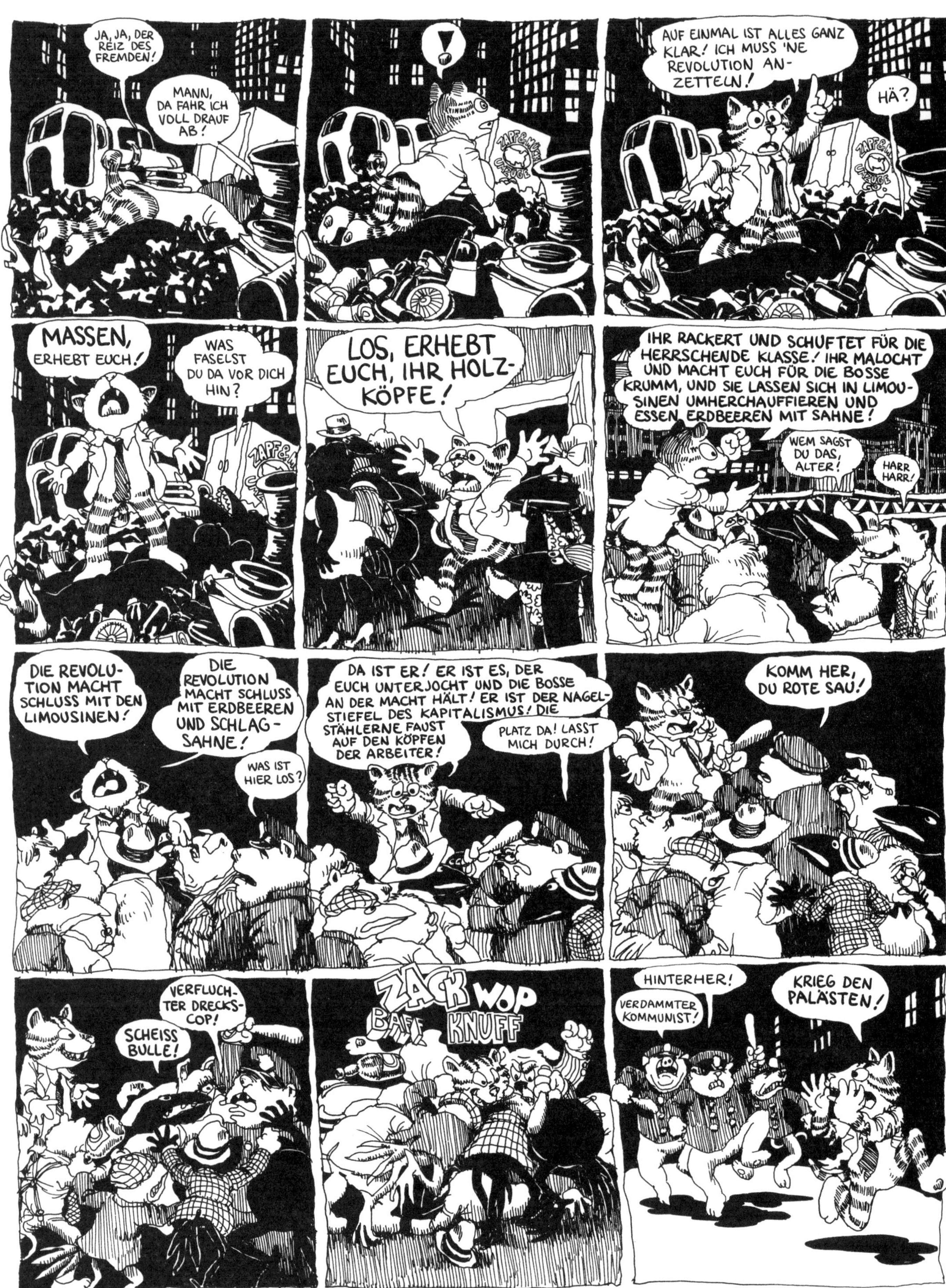
JA, JA, DER REIZ DES FREMDEN!
MANN, DA FAHR ICH VOLL DRAUF AB!
!
AUF EINMAL IST ALLES GANZ KLAR! ICH MUSS 'NE REVOLUTION AN-ZETTELN!
HÄ?
MASSEN, ERHEBT EUCH!
WAS FASELST DU DA VOR DICH HIN?
LOS, ERHEBT EUCH, IHR HOLZ-KÖPFE!
IHR RACKERT UND SCHUFTET FÜR DIE HERRSCHENDE KLASSE! IHR MALOCHT UND MACHT EUCH FÜR DIE BOSSE KRUMM, UND SIE LASSEN SICH IN LIMOU-SINEN UMHERCHAUFFIEREN UND ESSEN ERDBEEREN MIT SAHNE!
WEM SAGST DU DAS, ALTER!
HARR HARR!
DIE REVOLU-TION MACHT SCHLUSS MIT DEN LIMOUSINEN!
DIE REVOLUTION MACHT SCHLUSS MIT ERDBEEREN UND SCHLAG-SAHNE!
WAS IST HIER LOS?
DA IST ER! ER IST ES, DER EUCH UNTERJOCHT UND DIE BOSSE AN DER MACHT HÄLT! ER IST DER NAGEL-STIEFEL DES KAPITALISMUS! DIE STÄHLERNE FAUST AUF DEN KÖPFEN DER ARBEITER!
PLATZ DA! LASST MICH DURCH!
KOMM HER, DU ROTE SAU!
VERFLUCH-TER DRECKS-COP!
SCHEISS BULLE!
ZACK
WOP
BAFF
KNUFF
HINTERHER!
VERDAMMTER KOMMUNIST!
KRIEG DEN PALÄSTEN!

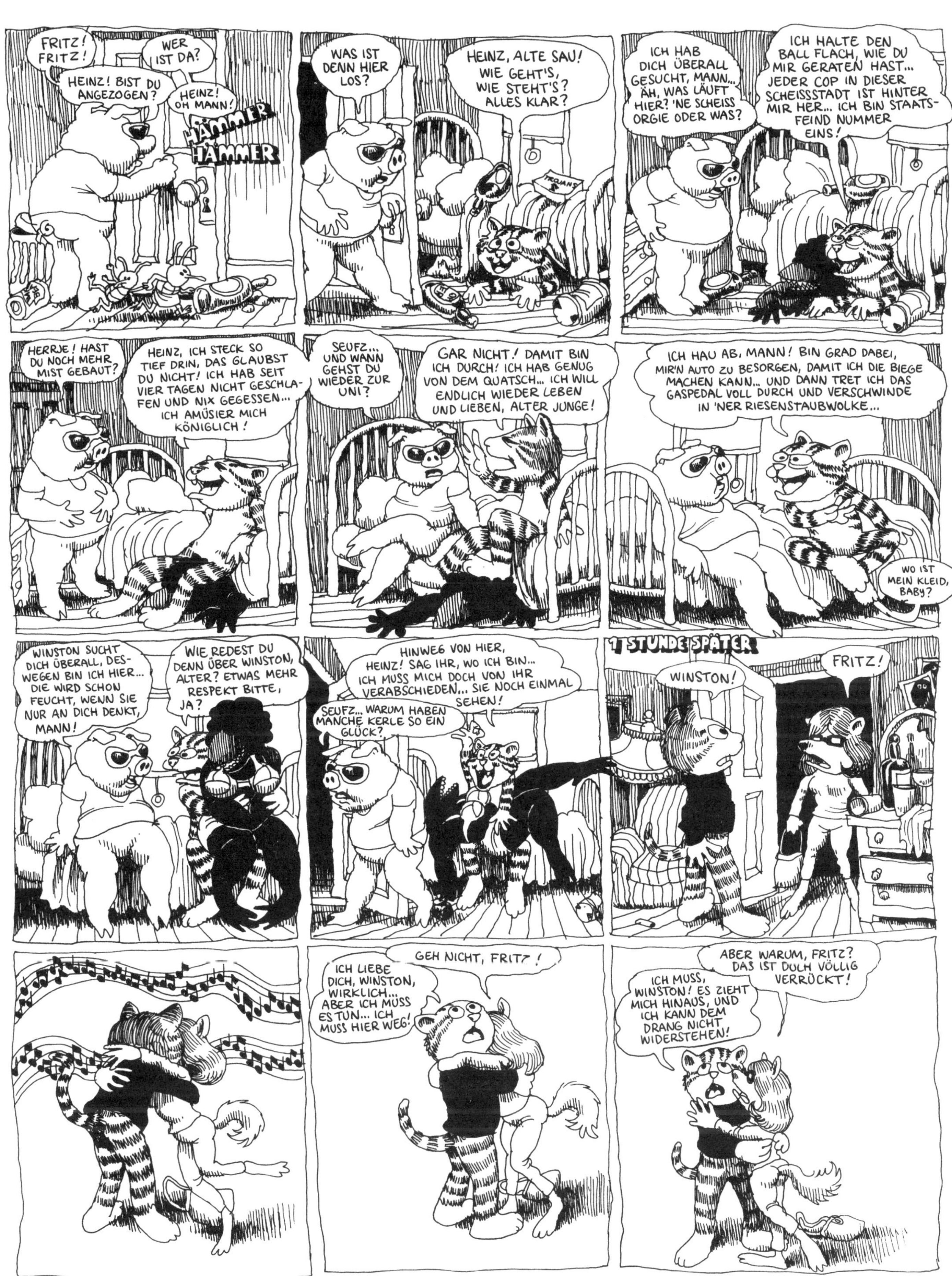
FRITZ! FRITZ!
WER IST DA?
HEINZ! BIST DU ANGEZOGEN?
HEINZ! OH MANN!
HÄMMER HÄMMER
WAS IST DENN HIER LOS?
HEINZ, ALTE SAU! WIE GEHT'S, WIE STEHT'S? ALLES KLAR?
TROJANS
ICH HAB DICH ÜBERALL GESUCHT, MANN... ÄH, WAS LÄUFT HIER? 'NE SCHEISS ORGIE ODER WAS?
ICH HALTE DEN BALL FLACH, WIE DU MIR GERATEN HAST... JEDER COP IN DIESER SCHEISSSTADT IST HINTER MIR HER... ICH BIN STAATS-FEIND NUMMER EINS!
HERRJE! HAST DU NOCH MEHR MIST GEBAUT?
HEINZ, ICH STECK SO TIEF DRIN, DAS GLAUBST DU NICHT! ICH HAB SEIT VIER TAGEN NICHT GESCHLA-FEN UND NIX GEGESSEN... ICH AMÜSIER MICH KÖNIGLICH!
SEUFZ... UND WANN GEHST DU WIEDER ZUR UNI?
GAR NICHT! DAMIT BIN ICH DURCH! ICH HAB GENUG VON DEM QUATSCH... ICH WILL ENDLICH WIEDER LEBEN UND LIEBEN, ALTER JUNGE!
ICH HAU AB, MANN! BIN GRAD DABEI, MIR'N AUTO ZU BESORGEN, DAMIT ICH DIE BIEGE MACHEN KANN... UND DANN TRET ICH DAS GASPEDAL VOLL DURCH UND VERSCHWINDE IN 'NER RIESENSTAUBWOLKE...
WO IST MEIN KLEID, BABY?
WINSTON SUCHT DICH ÜBERALL, DES-WEGEN BIN ICH HIER... DIE WIRD SCHON FEUCHT, WENN SIE NUR AN DICH DENKT, MANN!
WIE REDEST DU DENN ÜBER WINSTON, ALTER? ETWAS MEHR RESPEKT BITTE, JA?
HINWEG VON HIER, HEINZ! SAG IHR, WO ICH BIN... ICH MUSS MICH DOCH VON IHR VERABSCHIEDEN... SIE NOCH EINMAL SEHEN!
SEUFZ... WARUM HABEN MANCHE KERLE SO EIN GLÜCK?
1 STUNDE SPÄTER
WINSTON!
FRITZ!
GEH NICHT, FRITZ!
ICH LIEBE DICH, WINSTON, WIRKLICH... ABER ICH MUSS ES TUN... ICH MUSS HIER WEG!
ABER WARUM, FRITZ? DAS IST DOCH VÖLLIG VERRÜCKT!
ICH MUSS, WINSTON! ES ZIEHT MICH HINAUS, UND ICH KANN DEM DRANG NICHT WIDERSTEHEN!

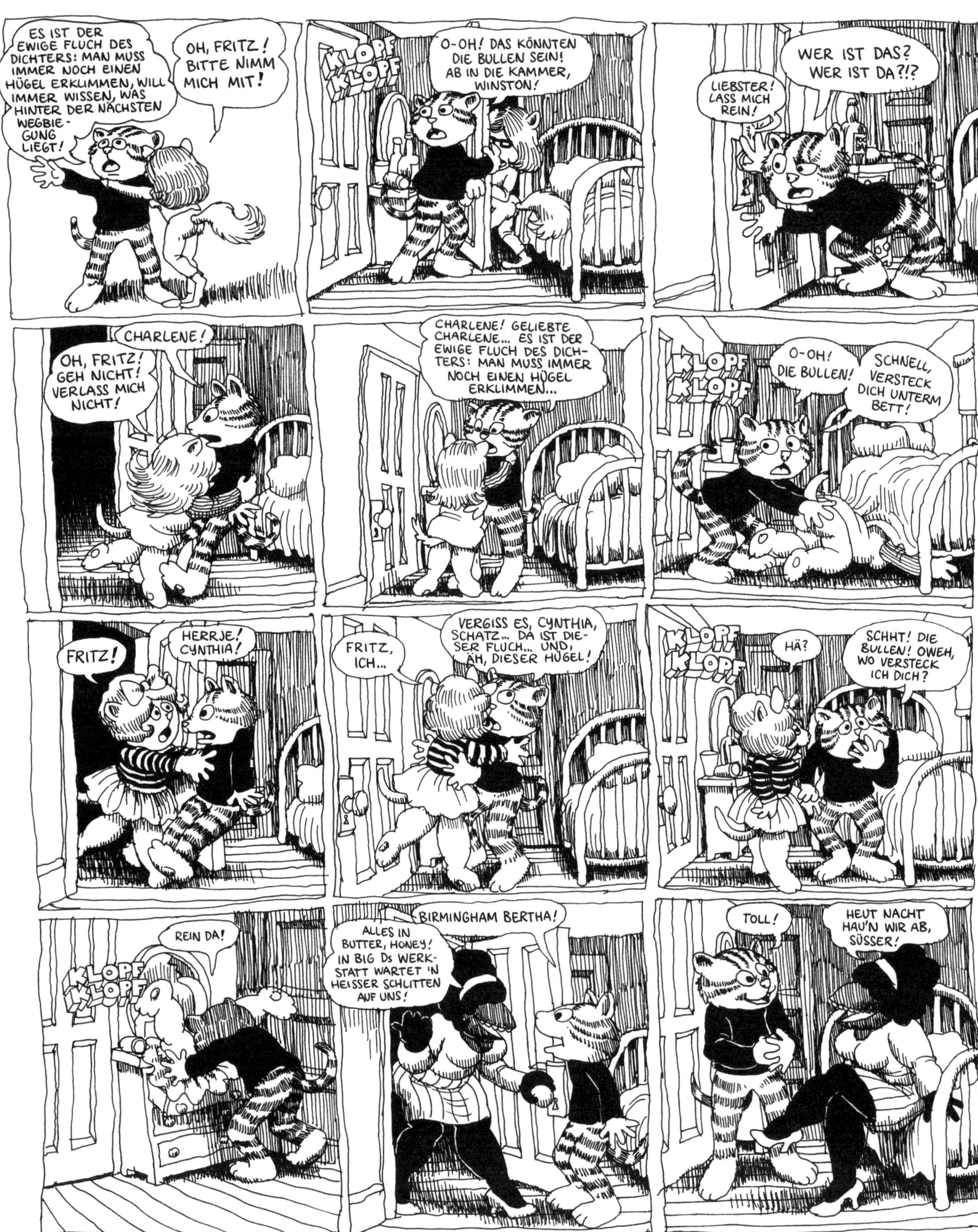
ES IST DER EWIGE FLUCH DES DICHTERS: MAN MUSS IMMER NOCH EINEN HÜGEL ERKLIMMEN, WILL IMMER WISSEN, WAS HINTER DER NÄCHSTEN WEGBIEGUNG LIEGT!
OH, FRITZ! BITTE NIMM MICH MIT!
KLOPF KLOPF
O-OH! DAS KÖNNTEN DIE BULLEN SEIN! AB IN DIE KAMMER, WINSTON!
LIEBSTER! LASS MICH REIN!
WER IST DAS? WER IST DA?!?
CHARLENE!
OH, FRITZ! GEH NICHT! VERLASS MICH NICHT!
CHARLENE! GELIEBTE CHARLENE... ES IST DER EWIGE FLUCH DES DICHTERS: MAN MUSS IMMER NOCH EINEN HÜGEL ERKLIMMEN...
KLOPF KLOPF
O-OH! DIE BULLEN!
SCHNELL, VERSTECK DICH UNTERM BETT!
FRITZ!
HERRJE! CYNTHIA!
FRITZ, ICH...
VERGISS ES, CYNTHIA, SCHATZ... DA IST DIESER FLUCH... UND, ÄH, DIESER HÜGEL!
KLOPF KLOPF
HÄ?
SCHHT! DIE BULLEN! OWEH, WO VERSTECK ICH DICH?
REIN DA!
KLOPF KLOPF
BIRMINGHAM BERTHA!
ALLES IN BUTTER, HONEY! IN BIG Ds WERKSTATT WARTET 'N HEISSER SCHLITTEN AUF UNS!
TOLL!
HEUT NACHT HAU'N WIR AB, SÜSSER!

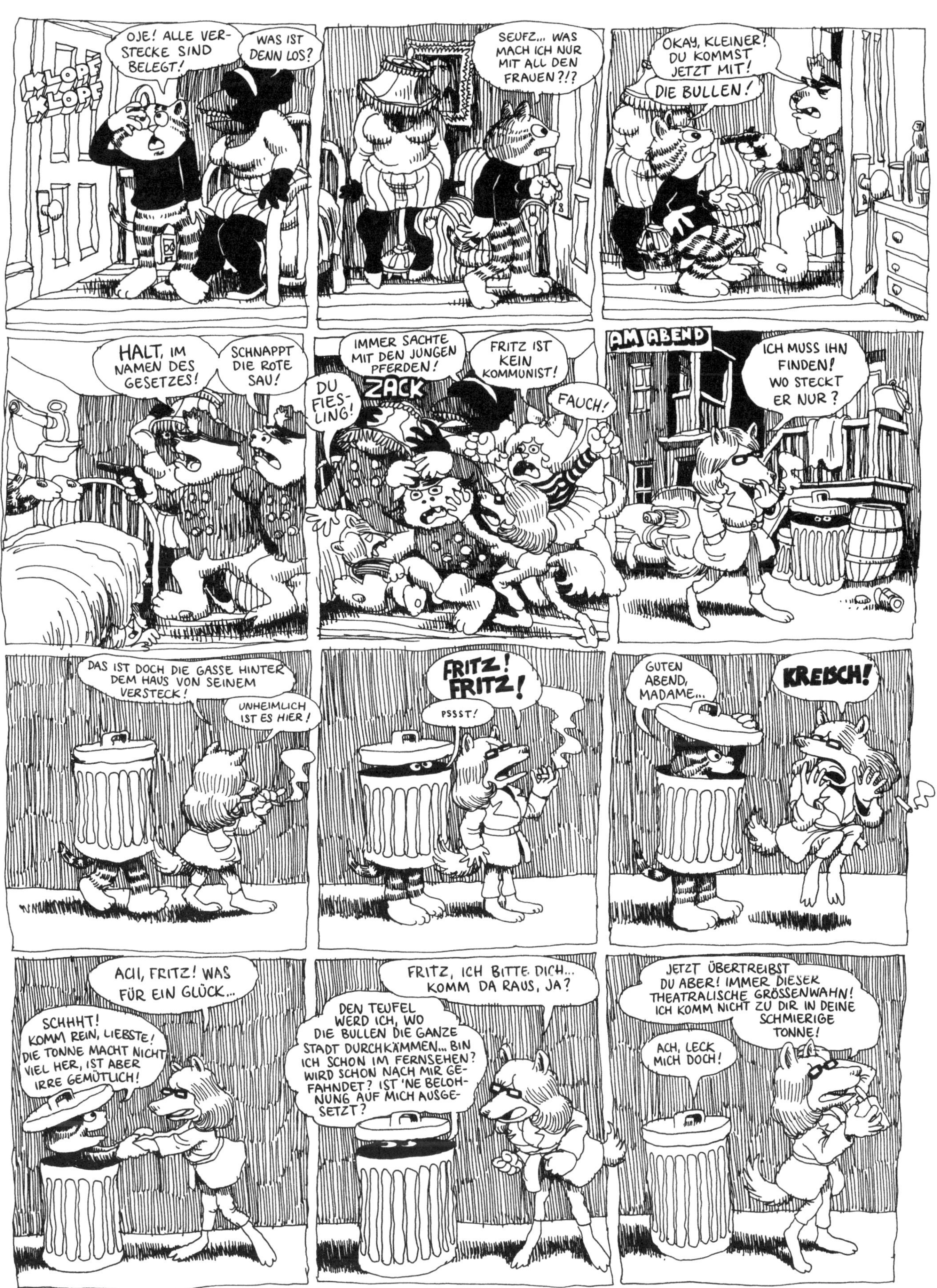
KLOPF KLOPF
OJE! ALLE VERSTECKE SIND BELEGT!
WAS IST DENN LOS?
SEUFZ... WAS MACH ICH NUR MIT ALL DEN FRAUEN?!?
OKAY, KLEINER! DU KOMMST JETZT MIT!
DIE BULLEN!
HALT, IM NAMEN DES GESETZES!
SCHNAPPT DIE ROTE SAU!
IMMER SACHTE MIT DEN JUNGEN PFERDEN!
FRITZ IST KEIN KOMMUNIST!
DU FIESLING!
ZACK
FAUCH!
AM ABEND
ICH MUSS IHN FINDEN! WO STECKT ER NUR?
DAS IST DOCH DIE GASSE HINTER DEM HAUS VON SEINEM VERSTECK!
UNHEIMLICH IST ES HIER!
FRITZ! FRITZ!
PSSST!
GUTEN ABEND, MADAME...
KREISCH!
ACH, FRITZ! WAS FÜR EIN GLÜCK...
SCHHHT! KOMM REIN, LIEBSTE! DIE TONNE MACHT NICHT VIEL HER, IST ABER IRRE GEMÜTLICH!
FRITZ, ICH BITTE DICH... KOMM DA RAUS, JA?
DEN TEUFEL WERD ICH, WO DIE BULLEN DIE GANZE STADT DURCHKÄMMEN... BIN ICH SCHON IM FERNSEHEN? WIRD SCHON NACH MIR GEFAHNDET? IST 'NE BELOHNUNG AUF MICH AUSGESETZT?
JETZT ÜBERTREIBST DU ABER! IMMER DIESER THEATRALISCHE GRÖSSENWAHN! ICH KOMM NICHT ZU DIR IN DEINE SCHMIERIGE TONNE!
ACH, LECK MICH DOCH!

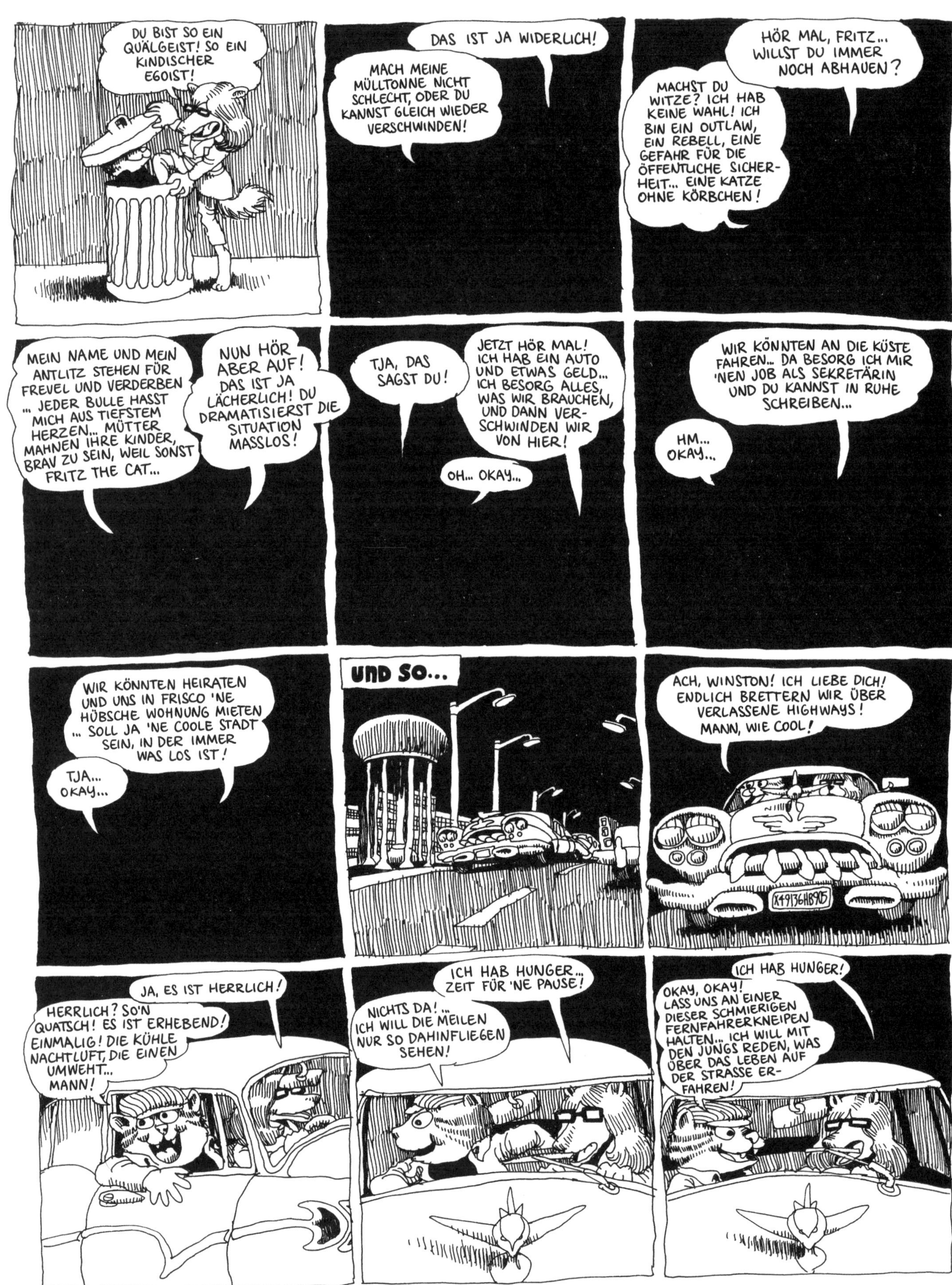
DU BIST SO EIN QUÄLGEIST! SO EIN KINDISCHER EGOIST!
DAS IST JA WIDERLICH!
MACH MEINE MÜLLTONNE NICHT SCHLECHT, ODER DU KANNST GLEICH WIEDER VERSCHWINDEN!
HÖR MAL, FRITZ... WILLST DU IMMER NOCH ABHAUEN?
MACHST DU WITZE? ICH HAB KEINE WAHL! ICH BIN EIN OUTLAW, EIN REBELL, EINE GEFAHR FÜR DIE ÖFFENTLICHE SICHERHEIT... EINE KATZE OHNE KÖRBCHEN!
MEIN NAME UND MEIN ANTLITZ STEHEN FÜR FREVEL UND VERDERBEN ... JEDER BULLE HASST MICH AUS TIEFSTEM HERZEN... MÜTTER MAHNEN IHRE KINDER, BRAV ZU SEIN, WEIL SONST FRITZ THE CAT...
NUN HÖR ABER AUF! DAS IST JA LÄCHERLICH! DU DRAMATISIERST DIE SITUATION MASSLOS!
TJA, DAS SAGST DU!
JETZT HÖR MAL! ICH HAB EIN AUTO UND ETWAS GELD... ICH BESORG ALLES, WAS WIR BRAUCHEN, UND DANN VERSCHWINDEN WIR VON HIER!
OH... OKAY...
WIR KÖNNTEN AN DIE KÜSTE FAHREN... DA BESORG ICH MIR 'NEN JOB ALS SEKRETÄRIN UND DU KANNST IN RUHE SCHREIBEN...
HM... OKAY...
WIR KÖNNTEN HEIRATEN UND UNS IN FRISCO 'NE HÜBSCHE WOHNUNG MIETEN ... SOLL JA 'NE COOLE STADT SEIN, IN DER IMMER WAS LOS IST!
TJA... OKAY...
UND SO...
ACH, WINSTON! ICH LIEBE DICH! ENDLICH BRETTERN WIR ÜBER VERLASSENE HIGHWAYS! MANN, WIE COOL!
X4913GHB905
JA, ES IST HERRLICH!
HERRLICH? SO'N QUATSCH! ES IST ERHEBEND! EINMALIG! DIE KÜHLE NACHTLUFT, DIE EINEN UMWEHT... MANN!
ICH HAB HUNGER... ZEIT FÜR 'NE PAUSE!
NICHTS DA! ... ICH WILL DIE MEILEN NUR SO DAHINFLIEGEN SEHEN!
ICH HAB HUNGER!
OKAY, OKAY! LASS UNS AN EINER DIESER SCHMIERIGEN FERNFAHRERKNEIPEN HALTEN... ICH WILL MIT DEN JUNGS REDEN, WAS ÜBER DAS LEBEN AUF DER STRASSE ERFAHREN!

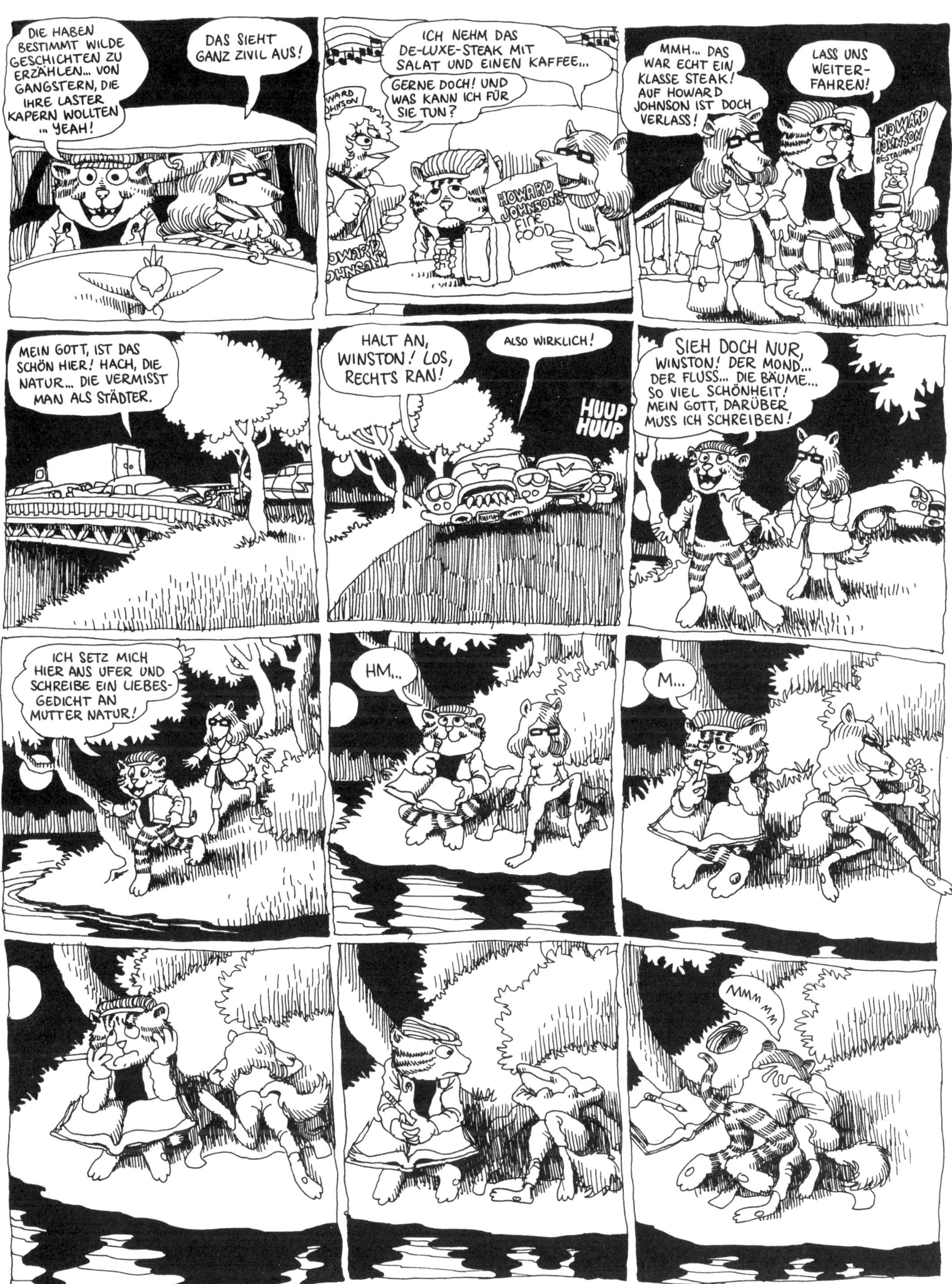

DIE HABEN BESTIMMT WILDE GESCHICHTEN ZU ERZÄHLEN... VON GANGSTERN, DIE IHRE LASTER KAPERN WOLLTEN ... YEAH!
DAS SIEHT GANZ ZIVIL AUS!
ICH NEHM DAS DE-LUXE-STEAK MIT SALAT UND EINEN KAFFEE...
GERNE DOCH! UND WAS KANN ICH FÜR SIE TUN?
HOWARD JOHNSON'S FINE FOOD
MMH... DAS WAR ECHT EIN KLASSE STEAK! AUF HOWARD JOHNSON IST DOCH VERLASS!
LASS UNS WEITER-FAHREN!
HOWARD JOHNSON RESTAURANT
MEIN GOTT, IST DAS SCHÖN HIER! HACH, DIE NATUR... DIE VERMISST MAN ALS STÄDTER.
HALT AN, WINSTON! LOS, RECHTS RAN!
ALSO WIRKLICH!
HUUP HUUP
SIEH DOCH NUR, WINSTON! DER MOND... DER FLUSS... DIE BÄUME... SO VIEL SCHÖNHEIT! MEIN GOTT, DARÜBER MUSS ICH SCHREIBEN!
ICH SETZ MICH HIER ANS UFER UND SCHREIBE EIN LIEBES-GEDICHT AN MUTTER NATUR!
HM...
M...
MMM MM

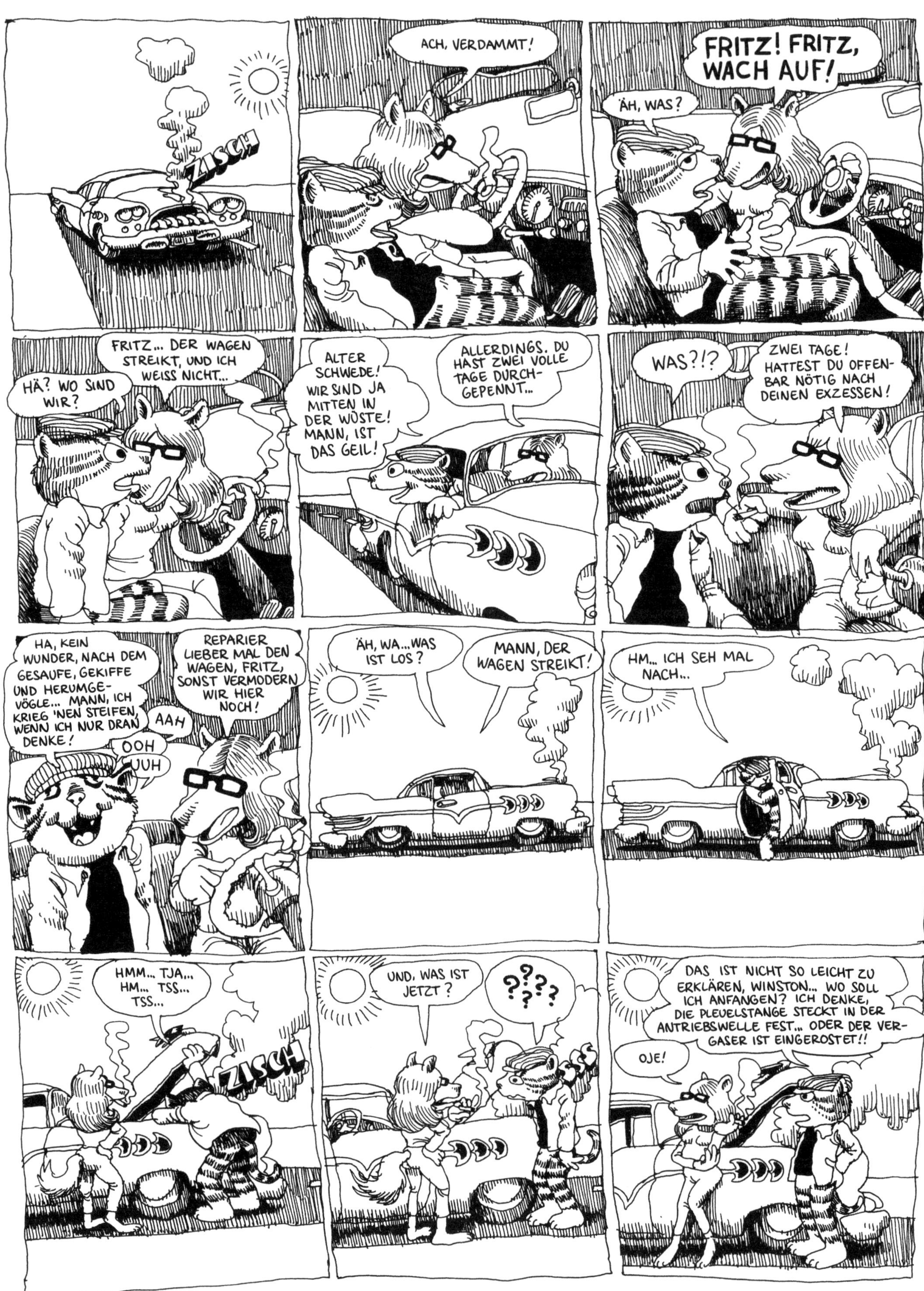
ZISCH
ACH, VERDAMMT!
FRITZ! FRITZ, WACH AUF!
ÄH, WAS?
HÄ? WO SIND WIR?
FRITZ... DER WAGEN STREIKT, UND ICH WEISS NICHT...
ALTER SCHWEDE! WIR SIND JA MITTEN IN DER WÜSTE! MANN, IST DAS GEIL!
ALLERDINGS. DU HAST ZWEI VOLLE TAGE DURCHGEPENNT...
WAS?!?
ZWEI TAGE! HATTEST DU OFFENBAR NÖTIG NACH DEINEN EXZESSEN!
HA, KEIN WUNDER, NACH DEM GESAUFE, GEKIFFE UND HERUMGEVÖGLE... MANN, ICH KRIEG 'NEN STEIFEN, WENN ICH NUR DRAN DENKE!
AAH
OOH
UUH
REPARIER LIEBER MAL DEN WAGEN, FRITZ, SONST VERMODERN WIR HIER NOCH!
ÄH, WA... WAS IST LOS?
MANN, DER WAGEN STREIKT!
HM... ICH SEH MAL NACH...
HMM... TJA... HM... TSS... TSS...
ZISCH
UND, WAS IST JETZT?
???? ?
SSS
DAS IST NICHT SO LEICHT ZU ERKLÄREN, WINSTON... WO SOLL ICH ANFANGEN? ICH DENKE, DIE PLEUELSTANGE STECKT IN DER ANTRIEBSWELLE FEST... ODER DER VERGASER IST EINGEROSTET!!
OJE!

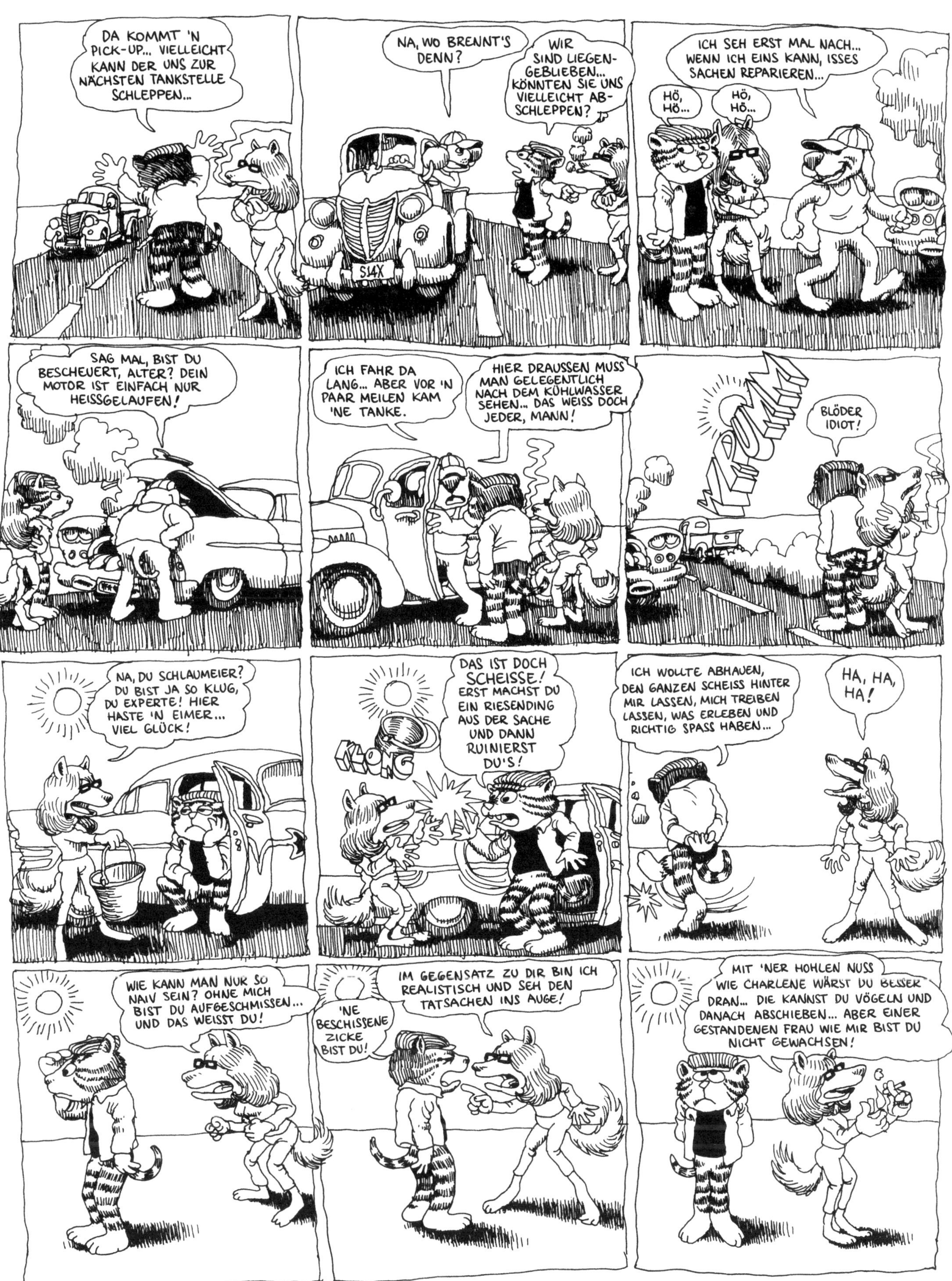
DA KOMMT 'N PICK-UP... VIELLEICHT KANN DER UNS ZUR NÄCHSTEN TANKSTELLE SCHLEPPEN...
NA, WO BRENNT'S DENN?
WIR SIND LIEGENGEBLIEBEN... KÖNNTEN SIE UNS VIELLEICHT ABSCHLEPPEN?
S14X
ICH SEH ERST MAL NACH... WENN ICH EINS KANN, ISSES SACHEN REPARIEREN...
HÖ, HÖ...
HÖ, HÖ...
SAG MAL, BIST DU BESCHEUERT, ALTER? DEIN MOTOR IST EINFACH NUR HEISSGELAUFEN!
ICH FAHR DA LANG... ABER VOR 'N PAAR MEILEN KAM 'NE TANKE.
HIER DRAUSSEN MUSS MAN GELEGENTLICH NACH DEM KÜHLWASSER SEHEN... DAS WEISS DOCH JEDER, MANN!
BLÖDER IDIOT!
NA, DU SCHLAUMEIER? DU BIST JA SO KLUG, DU EXPERTE! HIER HASTE 'N EIMER... VIEL GLÜCK!
KLONG
DAS IST DOCH SCHEISSE! ERST MACHST DU EIN RIESENDING AUS DER SACHE UND DANN RUINIERST DU'S!
ICH WOLLTE ABHAUEN, DEN GANZEN SCHEISS HINTER MIR LASSEN, MICH TREIBEN LASSEN, WAS ERLEBEN UND RICHTIG SPASS HABEN...
HA, HA, HA!
WIE KANN MAN NUR SO NAIV SEIN? OHNE MICH BIST DU AUFGESCHMISSEN... UND DAS WEISST DU!
IM GEGENSATZ ZU DIR BIN ICH REALISTISCH UND SEH DEN TATSACHEN INS AUGE!
'NE BESCHISSENE ZICKE BIST DU!
MIT 'NER HOHLEN NUSS WIE CHARLENE WÄRST DU BESSER DRAN... DIE KANNST DU VÖGELN UND DANACH ABSCHIEBEN... ABER EINER GESTANDENEN FRAU WIE MIR BIST DU NICHT GEWACHSEN!

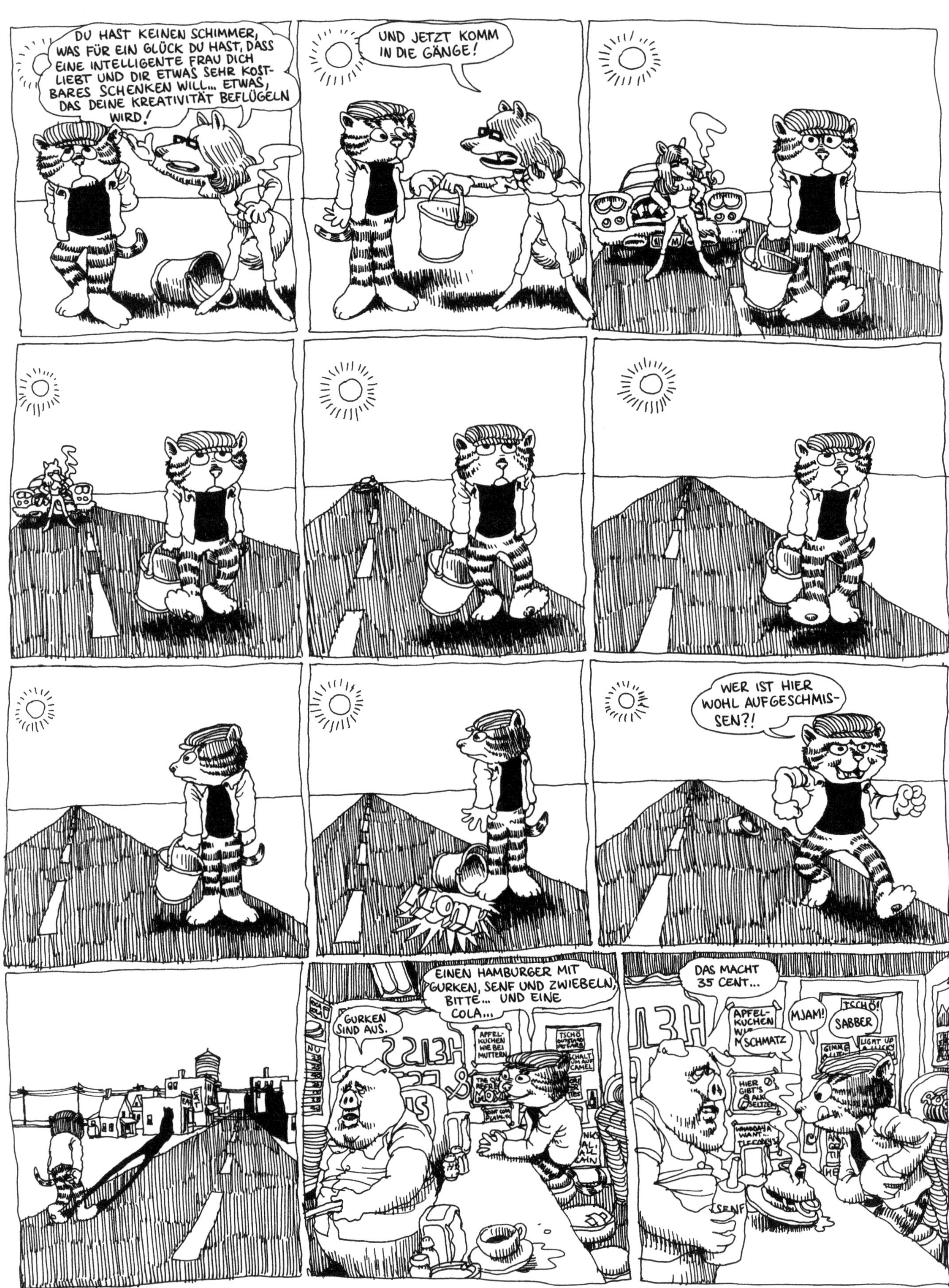
DU HAST KEINEN SCHIMMER, WAS FÜR EIN GLÜCK DU HAST, DASS EINE INTELLIGENTE FRAU DICH LIEBT UND DIR ETWAS SEHR KOSTBARES SCHENKEN WILL... ETWAS, DAS DEINE KREATIVITÄT BEFLÜGELN WIRD!
UND JETZT KOMM IN DIE GÄNGE!
WER IST HIER WOHL AUFGESCHMISSEN?!
EINEN HAMBURGER MIT GURKEN, SENF UND ZWIEBELN, BITTE... UND EINE COLA...
GURKEN SIND AUS.
APFELKUCHEN WIE BEI MUTTERN
SCHALT UM AUF CAMEL
DAS MACHT 35 CENT...
MJAM!
SABBER
SCHMATZ
TSCHÖ!
HIER GIBT'S ALKA SELTZER
SENF

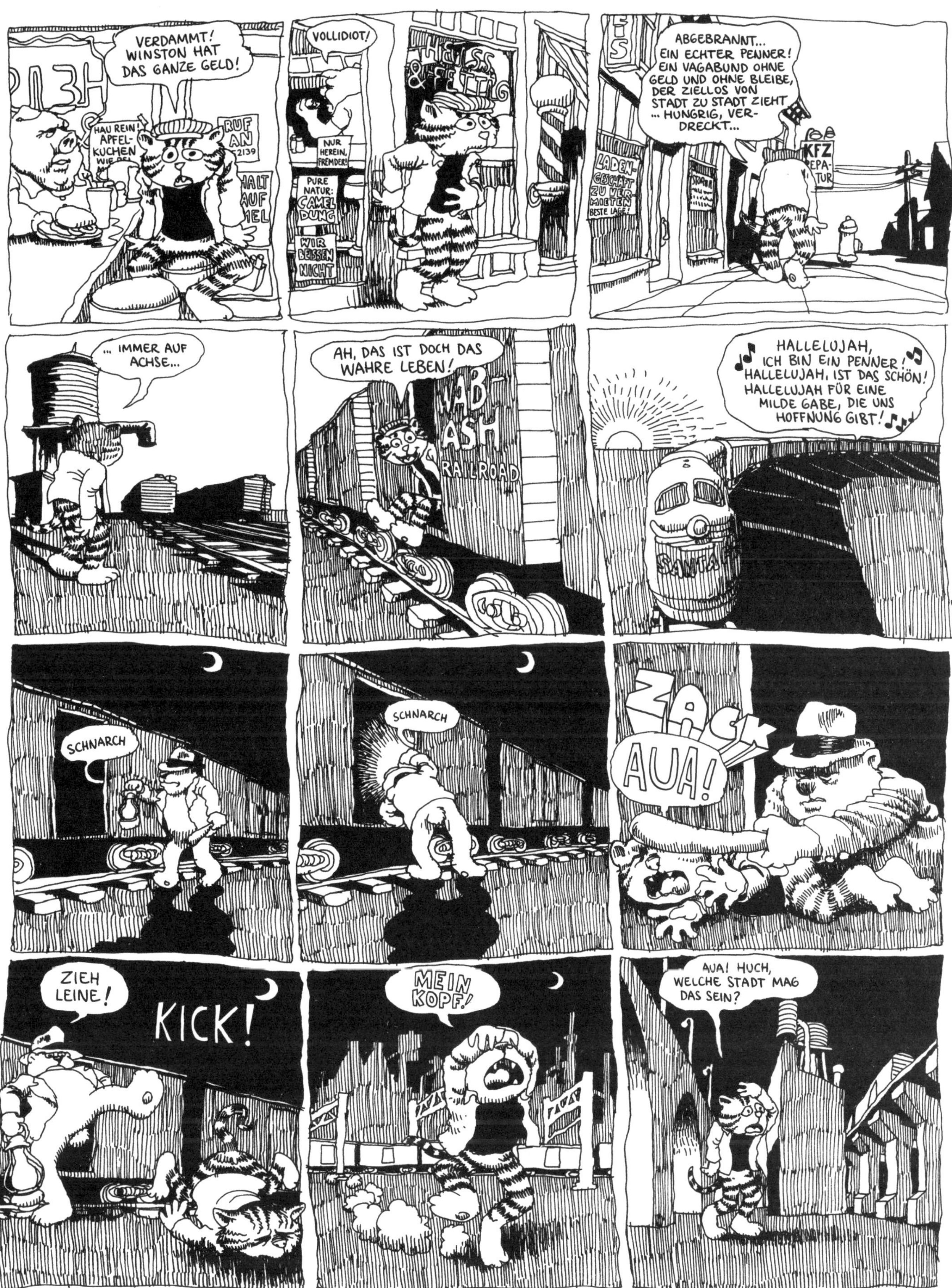
VERDAMMT! WINSTON HAT DAS GANZE GELD!
HAU REIN! APFEL-KUCHEN
RUF AN 2139
VOLLIDIOT!
NUR HEREIN, FREMDER!
PURE NATUR: CAMEL DUNG
WIR BEISSEN NICHT
ABGEBRANNT... EIN ECHTER PENNER! EIN VAGABUND OHNE GELD UND OHNE BLEIBE, DER ZIELLOS VON STADT ZU STADT ZIEHT ... HUNGRIG, VERDRECKT...
LADEN-GESCHÄFT ZU VERMIETEN BESTE LAGE!
KFZ REPARATUR
... IMMER AUF ACHSE...
AH, DAS IST DOCH DAS WAHRE LEBEN!
WABASH RAILROAD
HALLELUJAH, ICH BIN EIN PENNER! HALLELUJAH, IST DAS SCHÖN! HALLELUJAH FÜR EINE MILDE GABE, DIE UNS HOFFNUNG GIBT!
SCHNARCH
SCHNARCH
ZACK
AUA!
ZIEH LEINE!
KICK!
MEIN KOPF!
AUA! HUCH, WELCHE STADT MAG DAS SEIN?

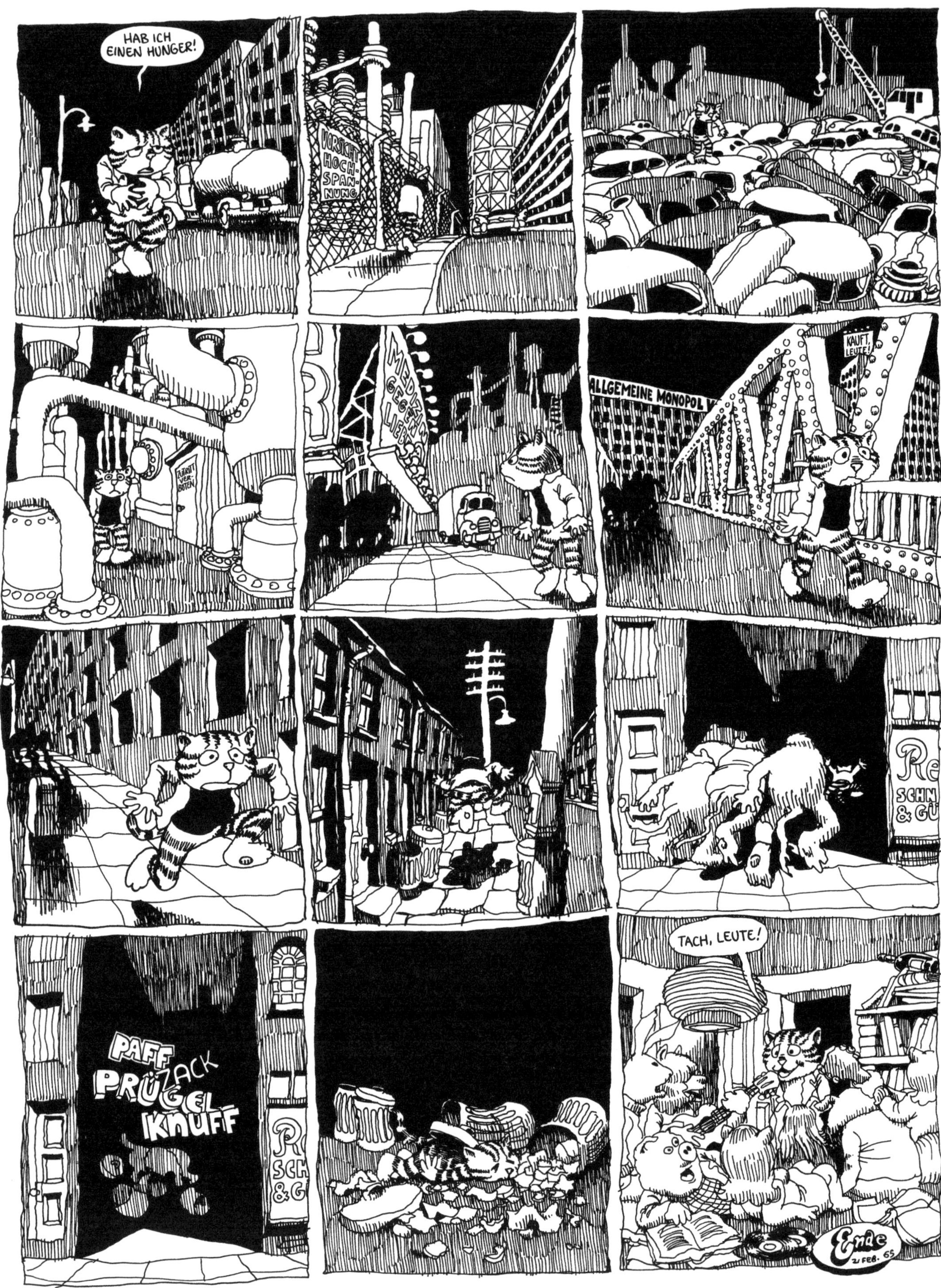
HAB ICH EINEN HUNGER!
VORSICHT HOCH-SPAN-NUNG
ZUTRITT VERBOTEN
ALLGEMEINE MONOPOL
KAUFT, LEUTE!
PAFF
ZACK
PRÜGEL
KNUFF
TACH, LEUTE!
Ende
21 FEB. 65

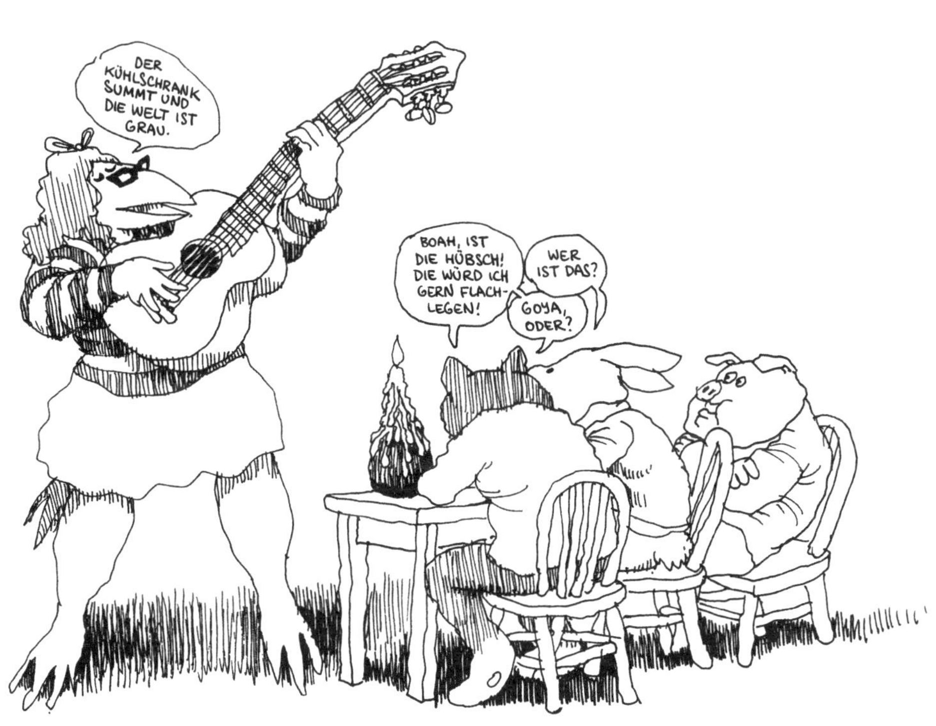
DER KÜHLSCHRANK SUMMT UND DIE WELT IST GRAU.
BOAH, IST DIE HÜBSCH! DIE WÜRD ICH GERN FLACH-LEGEN!
WER IST DAS?
GOYA, ODER?

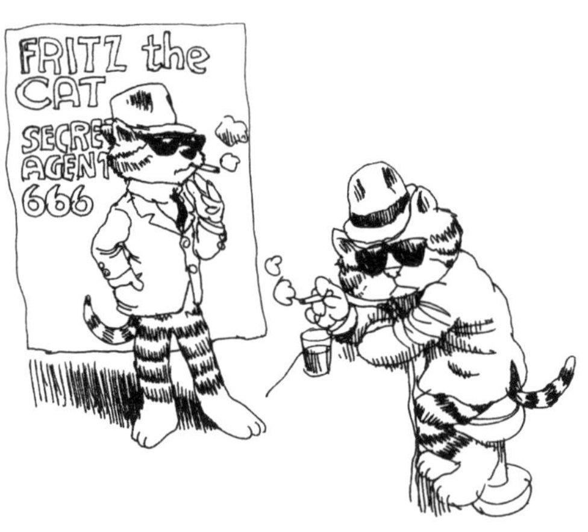
FRITZ the CAT
SECRE
AGENT
666

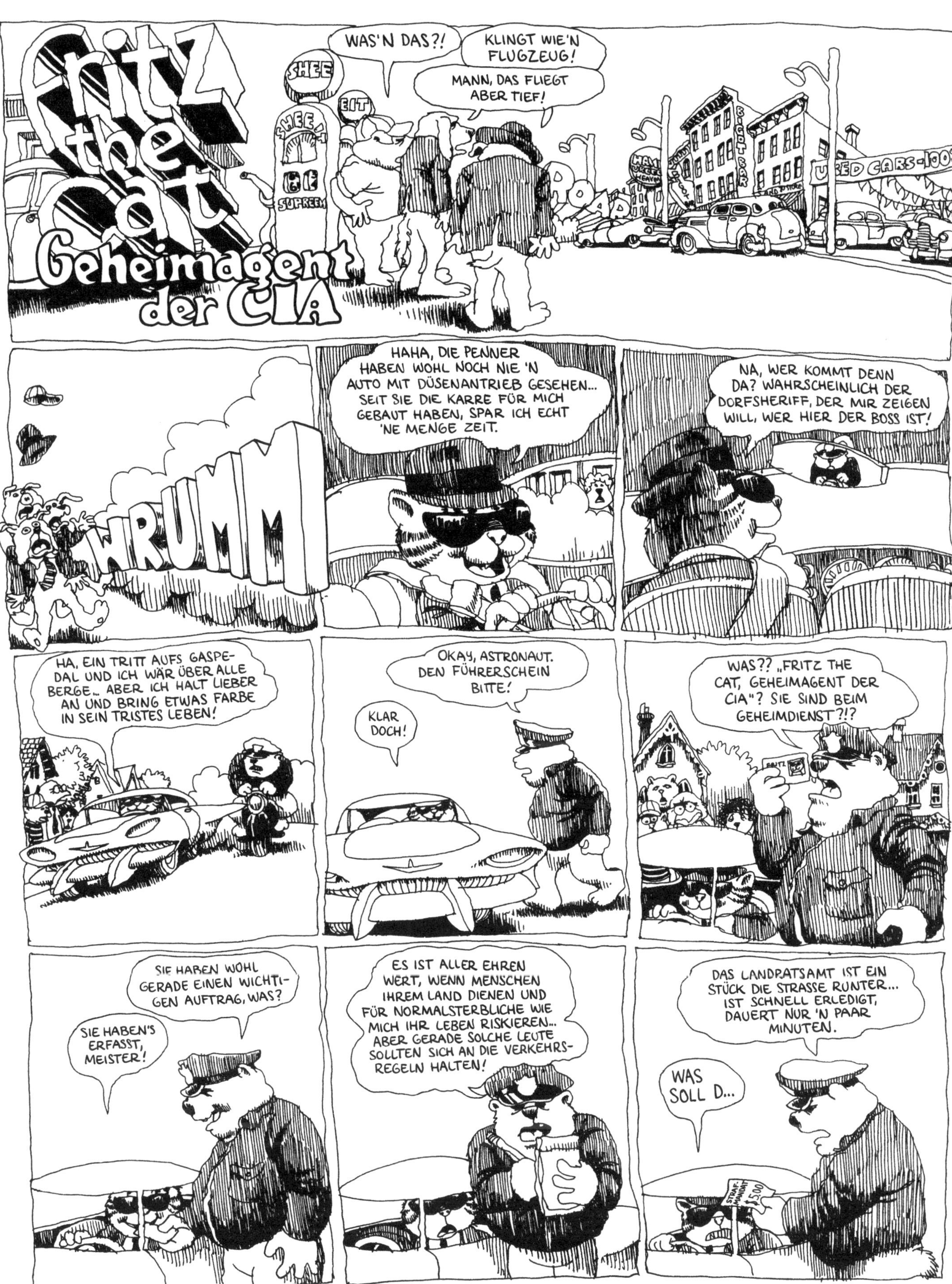
Fritz the Cat
Geheimagent der CIA
WAS'N DAS?!
KLINGT WIE'N FLUGZEUG!
MANN, DAS FLIEGT ABER TIEF!
WRUMM
HAHA, DIE PENNER HABEN WOHL NOCH NIE 'N AUTO MIT DÜSENANTRIEB GESEHEN... SEIT SIE DIE KARRE FÜR MICH GEBAUT HABEN, SPAR ICH ECHT 'NE MENGE ZEIT.
NA, WER KOMMT DENN DA? WAHRSCHEINLICH DER DORFSHERIFF, DER MIR ZEIGEN WILL, WER HIER DER BOSS IST!
HA, EIN TRITT AUFS GASPEDAL UND ICH WÄR ÜBER ALLE BERGE... ABER ICH HALT LIEBER AN UND BRING ETWAS FARBE IN SEIN TRISTES LEBEN!
OKAY, ASTRONAUT. DEN FÜHRERSCHEIN BITTE!
KLAR DOCH!
WAS?? „FRITZ THE CAT, GEHEIMAGENT DER CIA"? SIE SIND BEIM GEHEIMDIENST?!?
SIE HABEN WOHL GERADE EINEN WICHTIGEN AUFTRAG, WAS?
SIE HABEN'S ERFASST, MEISTER!
ES IST ALLER EHREN WERT, WENN MENSCHEN IHREM LAND DIENEN UND FÜR NORMALSTERBLICHE WIE MICH IHR LEBEN RISKIEREN... ABER GERADE SOLCHE LEUTE SOLLTEN SICH AN DIE VERKEHRSREGELN HALTEN!
DAS LANDRATSAMT IST EIN STÜCK DIE STRASSE RUNTER... IST SCHNELL ERLEDIGT, DAUERT NUR 'N PAAR MINUTEN.
WAS SOLL D...
STRAFMANDAT $5.00

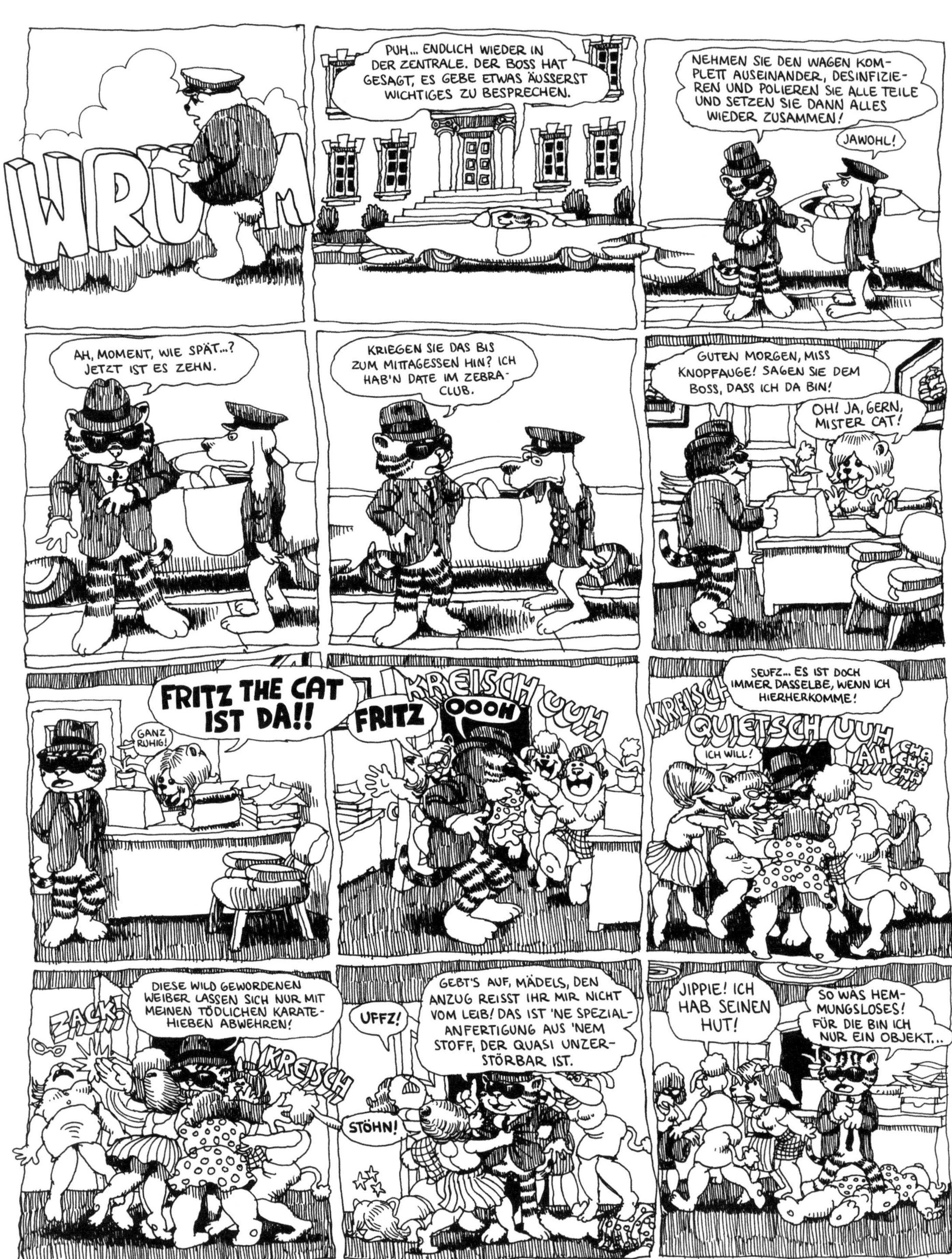
WRUM
PUH... ENDLICH WIEDER IN DER ZENTRALE. DER BOSS HAT GESAGT, ES GEBE ETWAS ÄUSSERST WICHTIGES ZU BESPRECHEN.
NEHMEN SIE DEN WAGEN KOMPLETT AUSEINANDER, DESINFIZIEREN UND POLIEREN SIE ALLE TEILE UND SETZEN SIE DANN ALLES WIEDER ZUSAMMEN!
JAWOHL!
AH, MOMENT, WIE SPÄT...? JETZT IST ES ZEHN.
KRIEGEN SIE DAS BIS ZUM MITTAGESSEN HIN? ICH HAB'N DATE IM ZEBRA-CLUB.
GUTEN MORGEN, MISS KNOPFAUGE! SAGEN SIE DEM BOSS, DASS ICH DA BIN!
OH! JA, GERN, MISTER CAT!
FRITZ THE CAT IST DA!!
GANZ RUHIG!
KREISCH
FRITZ
OOOH
UUH
SEUFZ... ES IST DOCH IMMER DASSELBE, WENN ICH HIERHERKOMME!
KREISCH
QUIETSCH
UUH
AH
ICH WILL!
DIESE WILD GEWORDENEN WEIBER LASSEN SICH NUR MIT MEINEN TÖDLICHEN KARATE-HIEBEN ABWEHREN!
ZACK!
KREISCH
GEBT'S AUF, MÄDELS, DEN ANZUG REISST IHR MIR NICHT VOM LEIB! DAS IST 'NE SPEZIALANFERTIGUNG AUS 'NEM STOFF, DER QUASI UNZERSTÖRBAR IST.
UFFZ!
STÖHN!
JIPPIE! ICH HAB SEINEN HUT!
SO WAS HEMMUNGSLOSES! FÜR DIE BIN ICH NUR EIN OBJEKT...

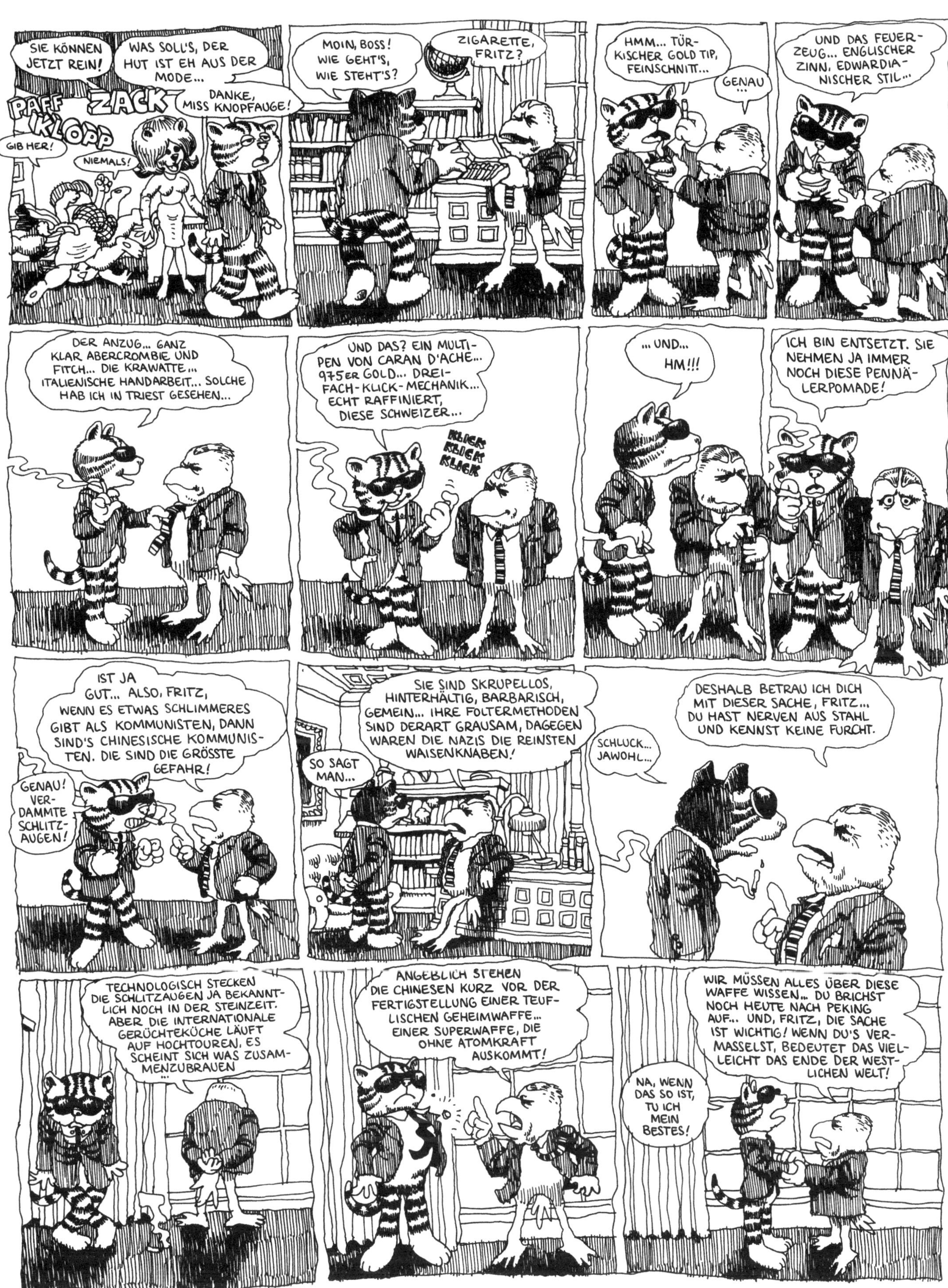
SIE KÖNNEN JETZT REIN!
WAS SOLL'S, DER HUT IST EH AUS DER MODE...
PAFF
ZACK
KLOPP
DANKE, MISS KNOPFAUGE!
GIB HER!
NIEMALS!
MOIN, BOSS! WIE GEHT'S, WIE STEHT'S?
ZIGARETTE, FRITZ?
HMM... TÜRKISCHER GOLD TIP, FEINSCHNITT...
GENAU ...
UND DAS FEUERZEUG... ENGLISCHER ZINN, EDWARDIANISCHER STIL...
DER ANZUG... GANZ KLAR ABERCROMBIE UND FITCH... DIE KRAWATTE... ITALIENISCHE HANDARBEIT... SOLCHE HAB ICH IN TRIEST GESEHEN...
UND DAS? EIN MULTIPEN VON CARAN D'ACHE... 975ER GOLD... DREIFACH-KLICK-MECHANIK... ECHT RAFFINIERT, DIESE SCHWEIZER...
KLICK KLICK KLICK
... UND... HM!!!
ICH BIN ENTSETZT. SIE NEHMEN JA IMMER NOCH DIESE PENNÄLERPOMADE!
IST JA GUT... ALSO, FRITZ, WENN ES ETWAS SCHLIMMERES GIBT ALS KOMMUNISTEN, DANN SIND'S CHINESISCHE KOMMUNISTEN. DIE SIND DIE GRÖSSTE GEFAHR!
GENAU! VERDAMMTE SCHLITZAUGEN!
SIE SIND SKRUPELLOS, HINTERHÄLTIG, BARBARISCH, GEMEIN... IHRE FOLTERMETHODEN SIND DERART GRAUSAM, DAGEGEN WAREN DIE NAZIS DIE REINSTEN WAISENKNABEN!
SO SAGT MAN...
SCHLUCK... JAWOHL...
DESHALB BETRAU ICH DICH MIT DIESER SACHE, FRITZ... DU HAST NERVEN AUS STAHL UND KENNST KEINE FURCHT.
TECHNOLOGISCH STECKEN DIE SCHLITZAUGEN JA BEKANNTLICH NOCH IN DER STEINZEIT. ABER DIE INTERNATIONALE GERÜCHTEKÜCHE LÄUFT AUF HOCHTOUREN. ES SCHEINT SICH WAS ZUSAMMENZUBRAUEN ...
ANGEBLICH STEHEN DIE CHINESEN KURZ VOR DER FERTIGSTELLUNG EINER TEUFLISCHEN GEHEIMWAFFE... EINER SUPERWAFFE, DIE OHNE ATOMKRAFT AUSKOMMT!
NA, WENN DAS SO IST, TU ICH MEIN BESTES!
WIR MÜSSEN ALLES ÜBER DIESE WAFFE WISSEN... DU BRICHST NOCH HEUTE NACH PEKING AUF... UND, FRITZ, DIE SACHE IST WICHTIG! WENN DU'S VERMASSELST, BEDEUTET DAS VIELLEICHT DAS ENDE DER WESTLICHEN WELT!

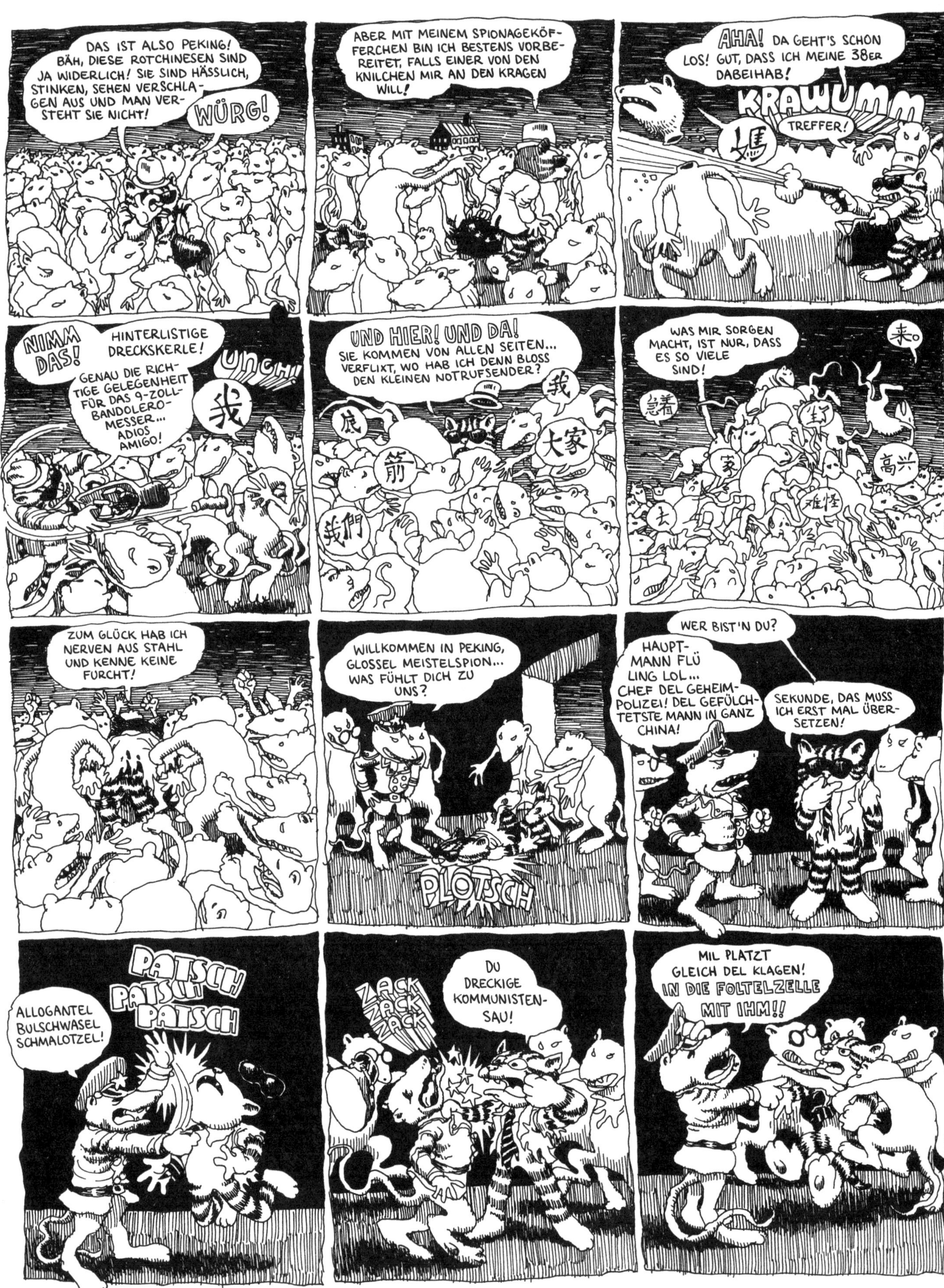
DAS IST ALSO PEKING! BÄH, DIESE ROTCHINESEN SIND JA WIDERLICH! SIE SIND HÄSSLICH, STINKEN, SEHEN VERSCHLAGEN AUS UND MAN VERSTEHT SIE NICHT!
WÜRG!
ABER MIT MEINEM SPIONAGEKÖFFERCHEN BIN ICH BESTENS VORBEREITET, FALLS EINER VON DEN KNILCHEN MIR AN DEN KRAGEN WILL!
AHA! DA GEHT'S SCHON LOS! GUT, DASS ICH MEINE 38ER DABEIHAB!
KRAWUMM
媽
TREFFER!
NIMM DAS!
HINTERLISTIGE DRECKSKERLE!
GENAU DIE RICHTIGE GELEGENHEIT FÜR DAS 9-ZOLL-BANDOLERO-MESSER... ADIOS AMIGO!
UNGH!
我
UND HIER! UND DA!
SIE KOMMEN VON ALLEN SEITEN... VERFLIXT, WO HAB ICH DENN BLOSS DEN KLEINEN NOTRUFSENDER?
我
大家
箭
我們
WAS MIR SORGEN MACHT, IST NUR, DASS ES SO VIELE SIND!
来。
家
高兴
难怪
去
ZUM GLÜCK HAB ICH NERVEN AUS STAHL UND KENNE KEINE FURCHT!
WILLKOMMEN IN PEKING, GLOSSEL MEISTELSPION... WAS FÜHLT DICH ZU UNS?
PLOTSCH
WER BIST'N DU?
HAUPTMANN FLÜ LING LOL... CHEF DEL GEHEIMPOLIZEI! DEL GEFÜLCHTETSTE MANN IN GANZ CHINA!
SEKUNDE, DAS MUSS ICH ERST MAL ÜBERSETZEN!
PATSCH PATSCH PATSCH
ALLOGANTEL BULSCHWASEL SCHMALOTZEL!
ZACK ZACK ZACK
DU DRECKIGE KOMMUNISTENSAU!
MIL PLATZT GLEICH DEL KLAGEN! IN DIE FOLTELZELLE MIT IHM!!

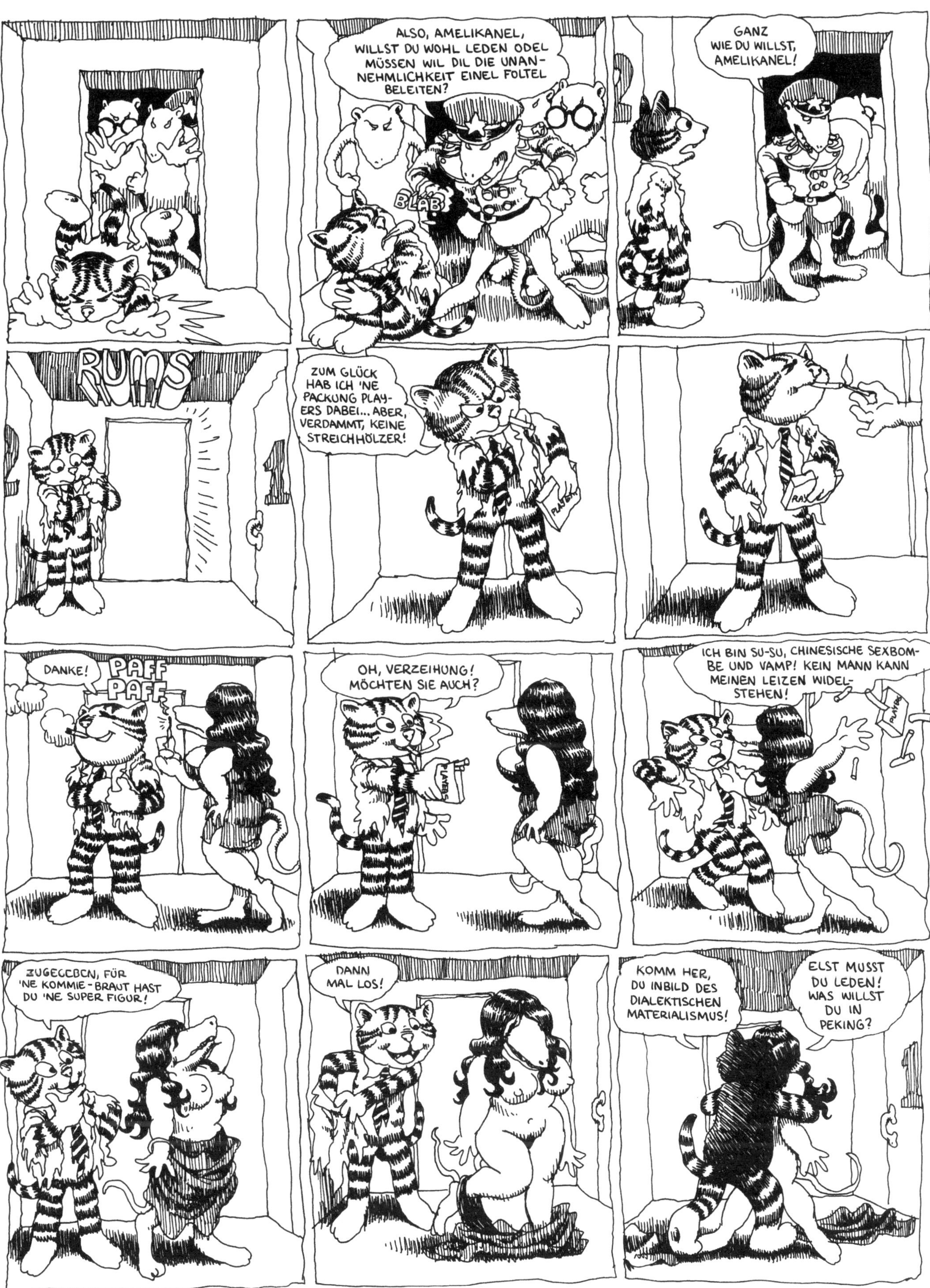
ALSO, AMELIKANEL, WILLST DU WOHL LEDEN ODEL MÜSSEN WIL DIL DIE UNANNEHMLICHKEIT EINEL FOLTEL BELEITEN?
BLAB
GANZ WIE DU WILLST, AMELIKANEL!
RUMS
ZUM GLÜCK HAB ICH 'NE PACKUNG PLAYERS DABEI... ABER, VERDAMMT, KEINE STREICHHÖLZER!
DANKE!
PAFF PAFF
OH, VERZEIHUNG! MÖCHTEN SIE AUCH?
ICH BIN SU-SU, CHINESISCHE SEXBOMBE UND VAMP! KEIN MANN KANN MEINEN LEIZEN WIDELSTEHEN!
ZUGEGEBEN, FÜR 'NE KOMMIE-BRAUT HAST DU 'NE SUPER FIGUR!
DANN MAL LOS!
KOMM HER, DU INBILD DES DIALEKTISCHEN MATERIALISMUS!
ELST MUSST DU LEDEN! WAS WILLST DU IN PEKING?

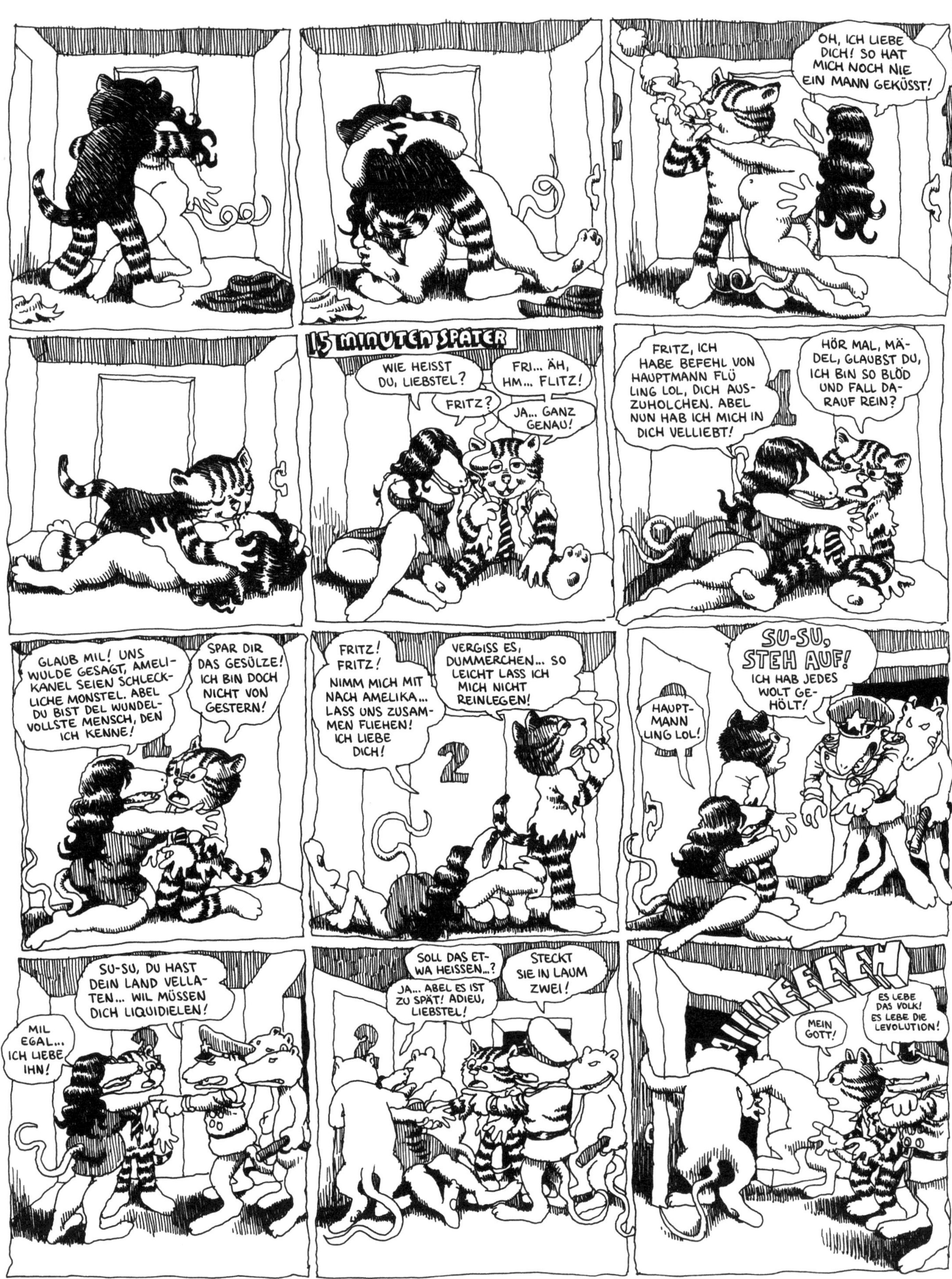

OH, ICH LIEBE DICH! SO HAT MICH NOCH NIE EIN MANN GEKÜSST!
15 MINUTEN SPÄTER
WIE HEISST DU, LIEBSTEL?
FRI... ÄH, HM... FLITZ!
FRITZ?
JA... GANZ GENAU!
FRITZ, ICH HABE BEFEHL VON HAUPTMANN FLÜ LING LOL, DICH AUSZUHOLCHEN. ABEL NUN HAB ICH MICH IN DICH VELLIEBT!
HÖR MAL, MÄDEL, GLAUBST DU, ICH BIN SO BLÖD UND FALL DARAUF REIN?
GLAUB MIL! UNS WULDE GESAGT, AMELIKANEL SEIEN SCHLECKLICHE MONSTEL. ABEL DU BIST DEL WUNDELVOLLSTE MENSCH, DEN ICH KENNE!
SPAR DIR DAS GESÜLZE! ICH BIN DOCH NICHT VON GESTERN!
FRITZ! FRITZ!
NIMM MICH MIT NACH AMELIKA... LASS UNS ZUSAMMEN FLIEHEN! ICH LIEBE DICH!
VERGISS ES, DUMMERCHEN... SO LEICHT LASS ICH MICH NICHT REINLEGEN!
HAUPTMANN LING LOL!
SU-SU, STEH AUF! ICH HAB JEDES WOLT GEHÖLT!
SU-SU, DU HAST DEIN LAND VELLATEN... WIL MÜSSEN DICH LIQUIDIELEN!
MIL EGAL... ICH LIEBE IHN!
SOLL DAS ETWA HEISSEN...?
JA... ABEL ES IST ZU SPÄT! ADIEU, LIEBSTEL!
STECKT SIE IN LAUM ZWEI!
IIIHHEEEEH
MEIN GOTT!
ES LEBE DAS VOLK! ES LEBE DIE LEVOLUTION!

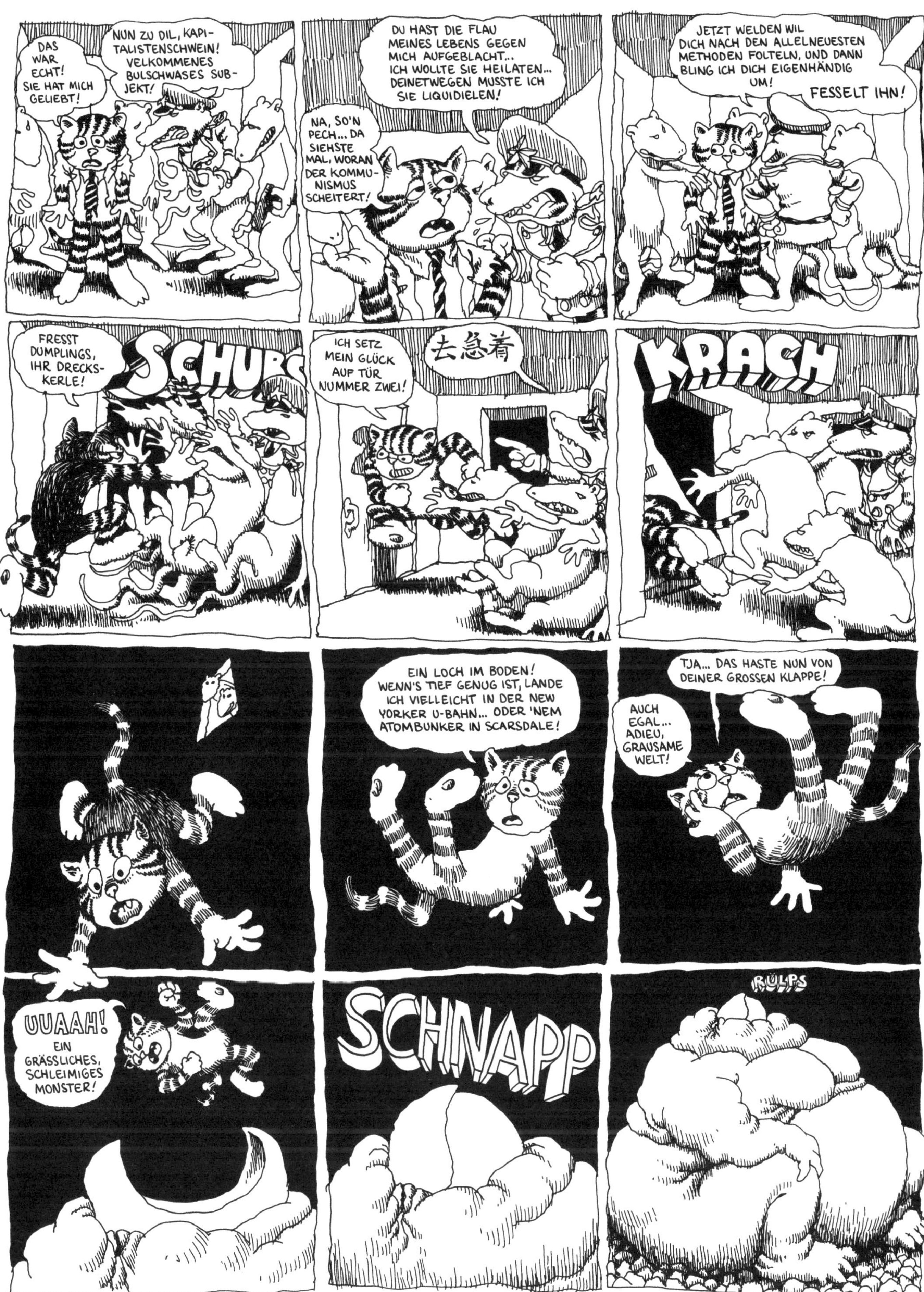
DAS WAR ECHT! SIE HAT MICH GELIEBT!
NUN ZU DIL, KAPITALISTENSCHWEIN! VELKOMMENES BULSCHWASES SUBJEKT!
DU HAST DIE FLAU MEINES LEBENS GEGEN MICH AUFGEBLACHT... ICH WOLLTE SIE HEILATEN... DEINETWEGEN MUSSTE ICH SIE LIQUIDIELEN!
NA, SO'N PECH... DA SIEHSTE MAL, WORAN DER KOMMUNISMUS SCHEITERT!
JETZT WELDEN WIL DICH NACH DEN ALLELNEUESTEN METHODEN FOLTELN, UND DANN BLING ICH DICH EIGENHÄNDIG UM!
FESSELT IHN!
FRESST DUMPLINGS, IHR DRECKSKERLE!
SCHUBS
ICH SETZ MEIN GLÜCK AUF TÜR NUMMER ZWEI!
去急着
KRACH
EIN LOCH IM BODEN! WENN'S TIEF GENUG IST, LANDE ICH VIELLEICHT IN DER NEW YORKER U-BAHN... ODER 'NEM ATOMBUNKER IN SCARSDALE!
TJA... DAS HASTE NUN VON DEINER GROSSEN KLAPPE!
AUCH EGAL... ADIEU, GRAUSAME WELT!
UUAAH! EIN GRÄSSLICHES, SCHLEIMIGES MONSTER!
SCHNAPP
RÜLPS

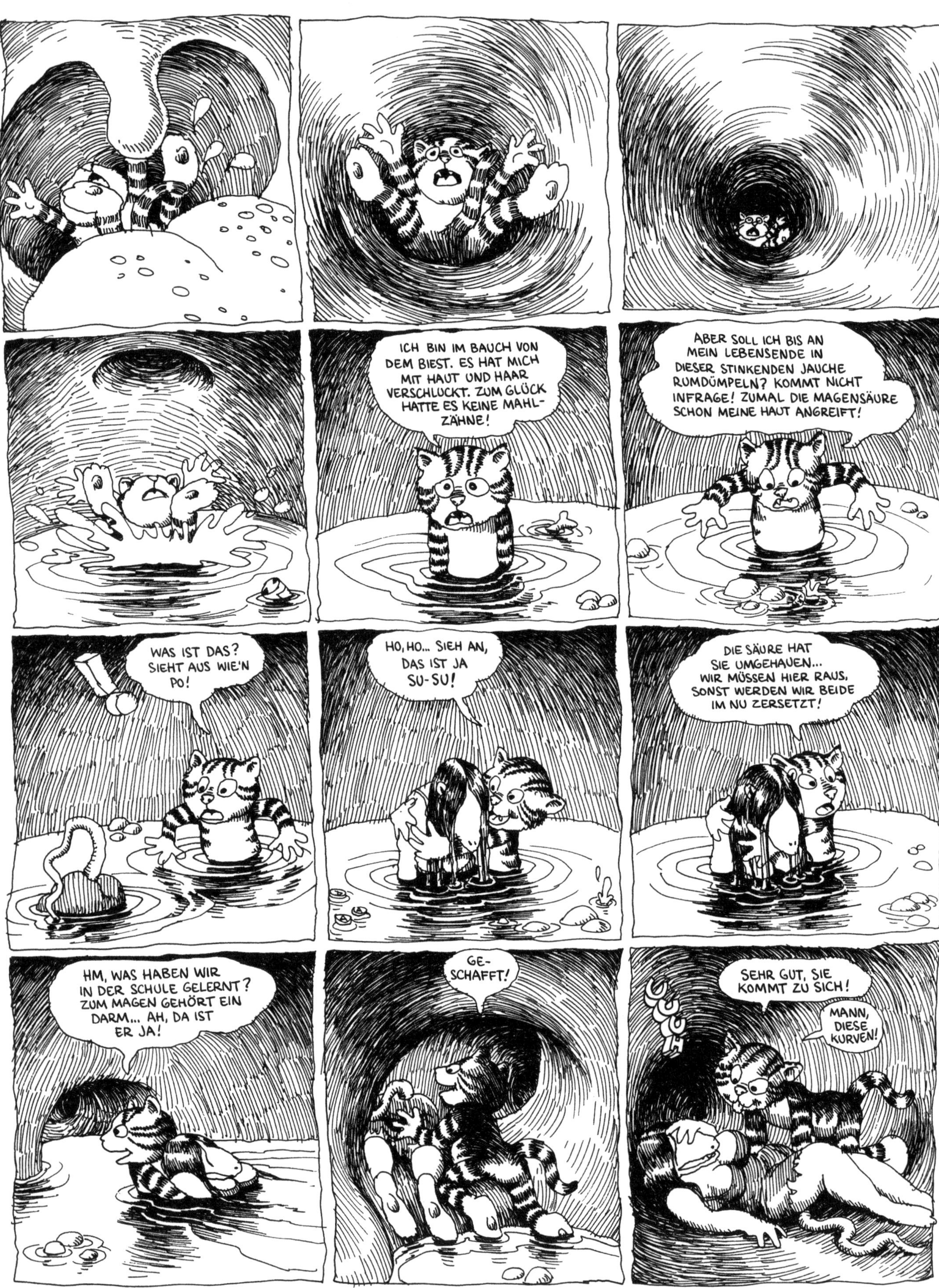
ICH BIN IM BAUCH VON DEM BIEST. ES HAT MICH MIT HAUT UND HAAR VERSCHLUCKT. ZUM GLÜCK HATTE ES KEINE MAHL-ZÄHNE!
ABER SOLL ICH BIS AN MEIN LEBENSENDE IN DIESER STINKENDEN JAUCHE RUMDÜMPELN? KOMMT NICHT INFRAGE! ZUMAL DIE MAGENSÄURE SCHON MEINE HAUT ANGREIFT!
WAS IST DAS? SIEHT AUS WIE'N PO!
HO, HO... SIEH AN, DAS IST JA SU-SU!
DIE SÄURE HAT SIE UMGEHAUEN... WIR MÜSSEN HIER RAUS, SONST WERDEN WIR BEIDE IM NU ZERSETZT!
HM, WAS HABEN WIR IN DER SCHULE GELERNT? ZUM MAGEN GEHÖRT EIN DARM... AH, DA IST ER JA!
GE-SCHAFFT!
SEHR GUT, SIE KOMMT ZU SICH!
MANN, DIESE KURVEN!

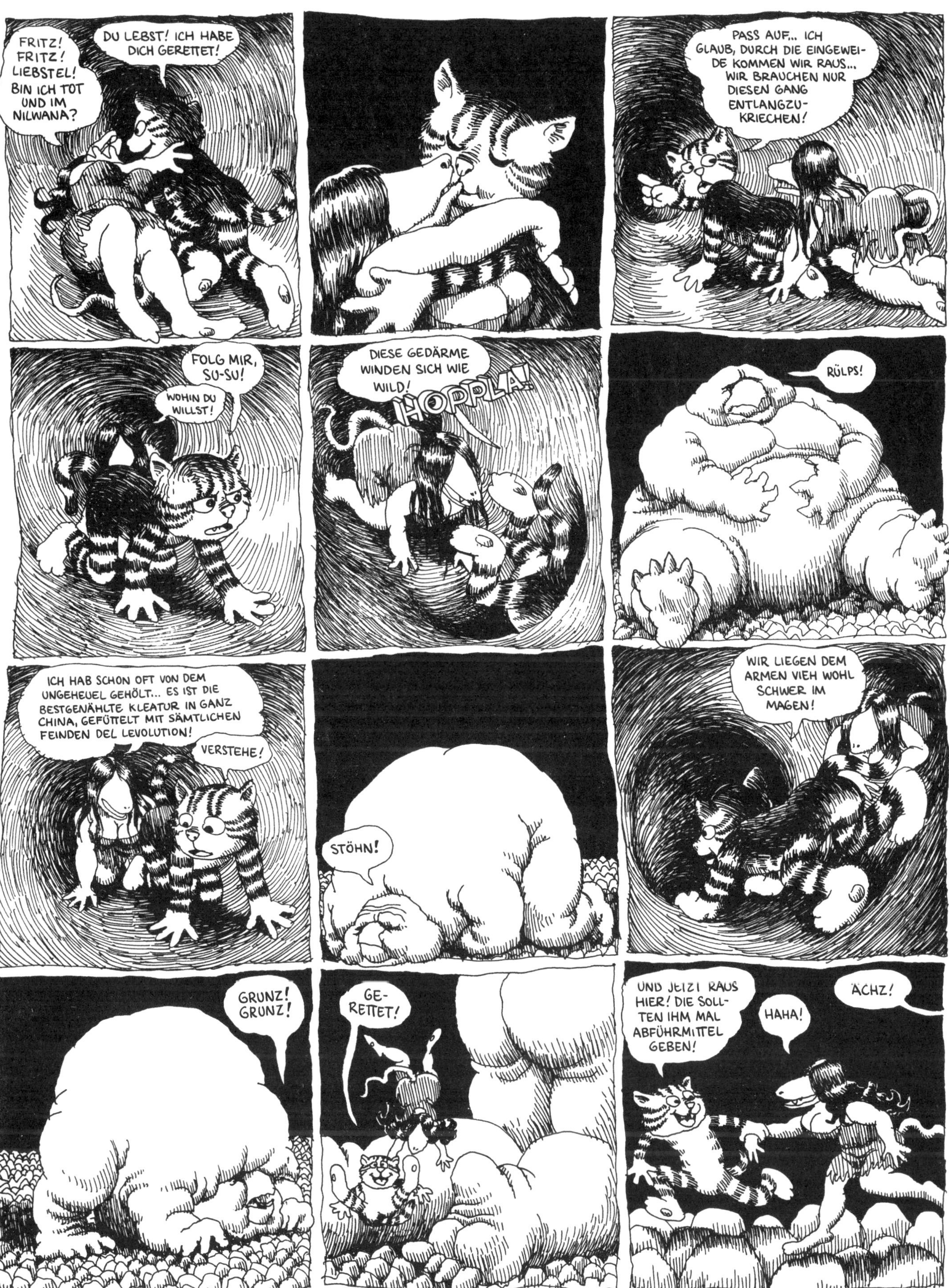
FRITZ! FRITZ! LIEBSTEL! BIN ICH TOT UND IM NILWANA?
DU LEBST! ICH HABE DICH GERETTET!
PASS AUF... ICH GLAUB, DURCH DIE EINGEWEIDE KOMMEN WIR RAUS... WIR BRAUCHEN NUR DIESEN GANG ENTLANGZUKRIECHEN!
FOLG MIR, SU-SU!
WOHIN DU WILLST!
DIESE GEDÄRME WINDEN SICH WIE WILD!
HOPPLA!
RÜLPS!
ICH HAB SCHON OFT VON DEM UNGEHEUEL GEHÖLT... ES IST DIE BESTGENÄHLTE KLEATUR IN GANZ CHINA, GEFÜTTELT MIT SÄMTLICHEN FEINDEN DEL LEVOLUTION!
VERSTEHE!
STÖHN!
WIR LIEGEN DEM ARMEN VIEH WOHL SCHWER IM MAGEN!
GRUNZ! GRUNZ!
GE-RETTET!
UND JETZT RAUS HIER! DIE SOLLTEN IHM MAL ABFÜHRMITTEL GEBEN!
HAHA!
ÄCHZ!

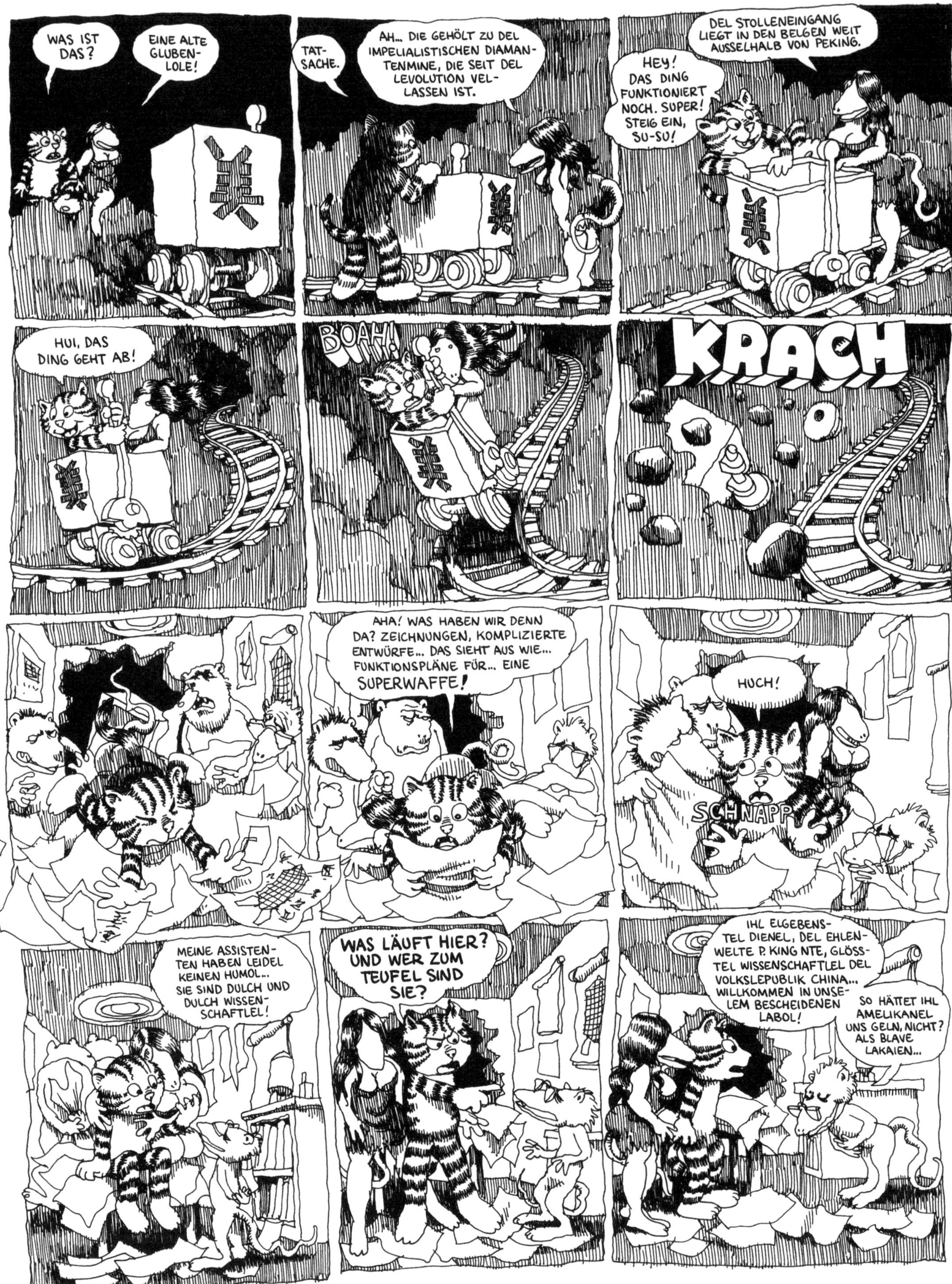
WAS IST DAS?
EINE ALTE GLUBENLOLE!
TATSACHE.
AH... DIE GEHÖLT ZU DEL IMPELIALISTISCHEN DIAMANTENMINE, DIE SEIT DEL LEVOLUTION VELLASSEN IST.
DEL STOLLENEINGANG LIEGT IN DEN BELGEN WEIT AUSSELHALB VON PEKING.
HEY! DAS DING FUNKTIONIERT NOCH. SUPER! STEIG EIN, SU-SU!
HUI, DAS DING GEHT AB!
BOAH!
KRACH
AHA! WAS HABEN WIR DENN DA? ZEICHNUNGEN, KOMPLIZIERTE ENTWÜRFE... DAS SIEHT AUS WIE... FUNKTIONSPLÄNE FÜR... EINE SUPERWAFFE!
HUCH!
SCHNAPP
MEINE ASSISTENTEN HABEN LEIDEL KEINEN HUMOL... SIE SIND DULCH UND DULCH WISSENSCHAFTLEL!
WAS LÄUFT HIER? UND WER ZUM TEUFEL SIND SIE?
IHL ELGEBENSTEL DIENEL, DEL EHLENWELTE P. KING NTE, GLÖSSTEL WISSENSCHAFTLEL DEL VOLKSLEPUBLIK CHINA... WILLKOMMEN IN UNSELEM BESCHEIDENEN LABOL!
SO HÄTTET IHL AMELIKANEL UNS GELN, NICHT? ALS BLAVE LAKAIEN...

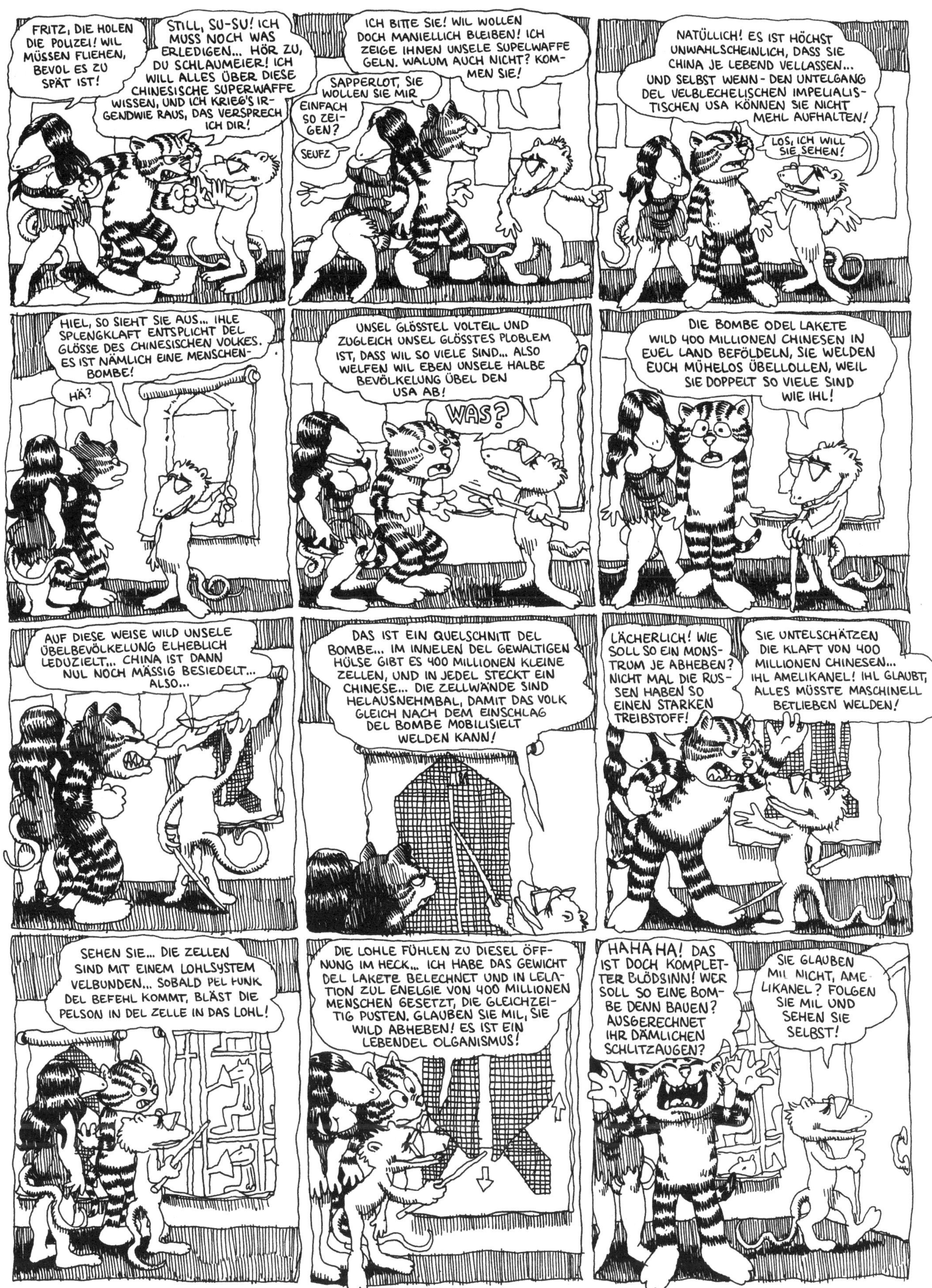
FRITZ, DIE HOLEN DIE POLIZEI! WIL MÜSSEN FLIEHEN, BEVOL ES ZU SPÄT IST!
STILL, SU-SU! ICH MUSS NOCH WAS ERLEDIGEN... HÖR ZU, DU SCHLAUMEIER! ICH WILL ALLES ÜBER DIESE CHINESISCHE SUPERWAFFE WISSEN, UND ICH KRIEG'S IRGENDWIE RAUS, DAS VERSPRECH ICH DIR!
ICH BITTE SIE! WIL WOLLEN DOCH MANIELLICH BLEIBEN! ICH ZEIGE IHNEN UNSELE SUPELWAFFE GELN. WALUM AUCH NICHT? KOMMEN SIE!
SAPPERLOT, SIE WOLLEN SIE MIR EINFACH SO ZEIGEN?
SEUFZ
NATÜLLICH! ES IST HÖCHST UNWAHLSCHEINLICH, DASS SIE CHINA JE LEBEND VELLASSEN... UND SELBST WENN - DEN UNTELGANG DEL VELBLECHELISCHEN IMPELIALISTISCHEN USA KÖNNEN SIE NICHT MEHL AUFHALTEN!
LOS, ICH WILL SIE SEHEN!
HIEL, SO SIEHT SIE AUS... IHLE SPLENGKLAFT ENTSPLICHT DEL GLÖSSE DES CHINESISCHEN VOLKES. ES IST NÄMLICH EINE MENSCHENBOMBE!
HÄ?
UNSEL GLÖSSTEL VOLTEIL UND ZUGLEICH UNSEL GLÖSSTES PLOBLEM IST, DASS WIL SO VIELE SIND... ALSO WELFEN WIL EBEN UNSELE HALBE BEVÖLKELUNG ÜBEL DEN USA AB!
WAS?
DIE BOMBE ODEL LAKETE WILD 400 MILLIONEN CHINESEN IN EUEL LAND BEFÖLDELN, SIE WELDEN EUCH MÜHELOS ÜBELLOLLEN, WEIL SIE DOPPELT SO VIELE SIND WIE IHL!
AUF DIESE WEISE WILD UNSELE ÜBELBEVÖLKELUNG ELHEBLICH LEDUZIELT... CHINA IST DANN NUL NOCH MÄSSIG BESIEDELT... ALSO...
DAS IST EIN QUELSCHNITT DEL BOMBE... IM INNELEN DEL GEWALTIGEN HÜLSE GIBT ES 400 MILLIONEN KLEINE ZELLEN, UND IN JEDEL STECKT EIN CHINESE... DIE ZELLWÄNDE SIND HELAUSNEHMBAL, DAMIT DAS VOLK GLEICH NACH DEM EINSCHLAG DEL BOMBE MOBILISIELT WELDEN KANN!
LÄCHERLICH! WIE SOLL SO EIN MONSTRUM JE ABHEBEN? NICHT MAL DIE RUSSEN HABEN SO EINEN STARKEN TREIBSTOFF!
SIE UNTELSCHÄTZEN DIE KLAFT VON 400 MILLIONEN CHINESEN... IHL AMELIKANEL! IHL GLAUBT, ALLES MÜSSTE MASCHINELL BETLIEBEN WELDEN!
SEHEN SIE... DIE ZELLEN SIND MIT EINEM LOHLSYSTEM VELBUNDEN... SOBALD PEL FUNK DEL BEFEHL KOMMT, BLÄST DIE PELSON IN DEL ZELLE IN DAS LOHL!
DIE LOHLE FÜHLEN ZU DIESEL ÖFFNUNG IM HECK... ICH HABE DAS GEWICHT DEL LAKETE BELECHNET UND IN LELATION ZUL ENELGIE VON 400 MILLIONEN MENSCHEN GESETZT, DIE GLEICHZEITIG PUSTEN. GLAUBEN SIE MIL, SIE WILD ABHEBEN! ES IST EIN LEBENDEL OLGANISMUS!
HAHAHA! DAS IST DOCH KOMPLETTER BLÖDSINN! WER SOLL SO EINE BOMBE DENN BAUEN? AUSGERECHNET IHR DÄMLICHEN SCHLITZAUGEN?
SIE GLAUBEN MIL NICHT, AMELIKANEL? FOLGEN SIE MIL UND SEHEN SIE SELBST!

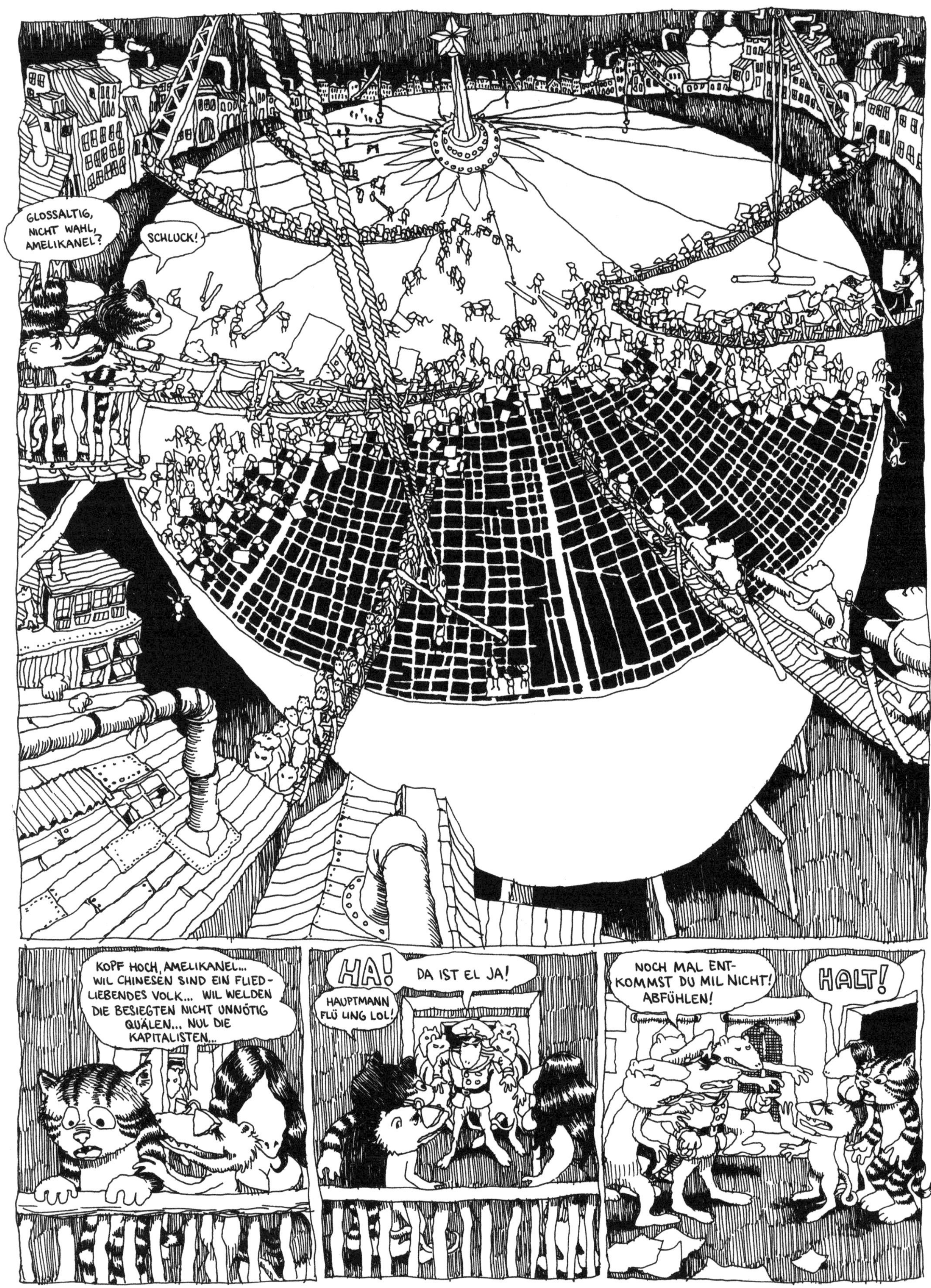
GLOSSALTIG, NICHT WAHL, AMELIKANEL?
SCHLUCK!
KOPF HOCH, AMELIKANEL... WIL CHINESEN SIND EIN FLIED-LIEBENDES VOLK... WIL WELDEN DIE BESIEGTEN NICHT UNNÖTIG QUÄLEN... NUL DIE KAPITALISTEN...
HA!
DA IST EL JA!
HAUPTMANN FLÜ LING LOL!
NOCH MAL ENT-KOMMST DU MIL NICHT! ABFÜHLEN!
HALT!

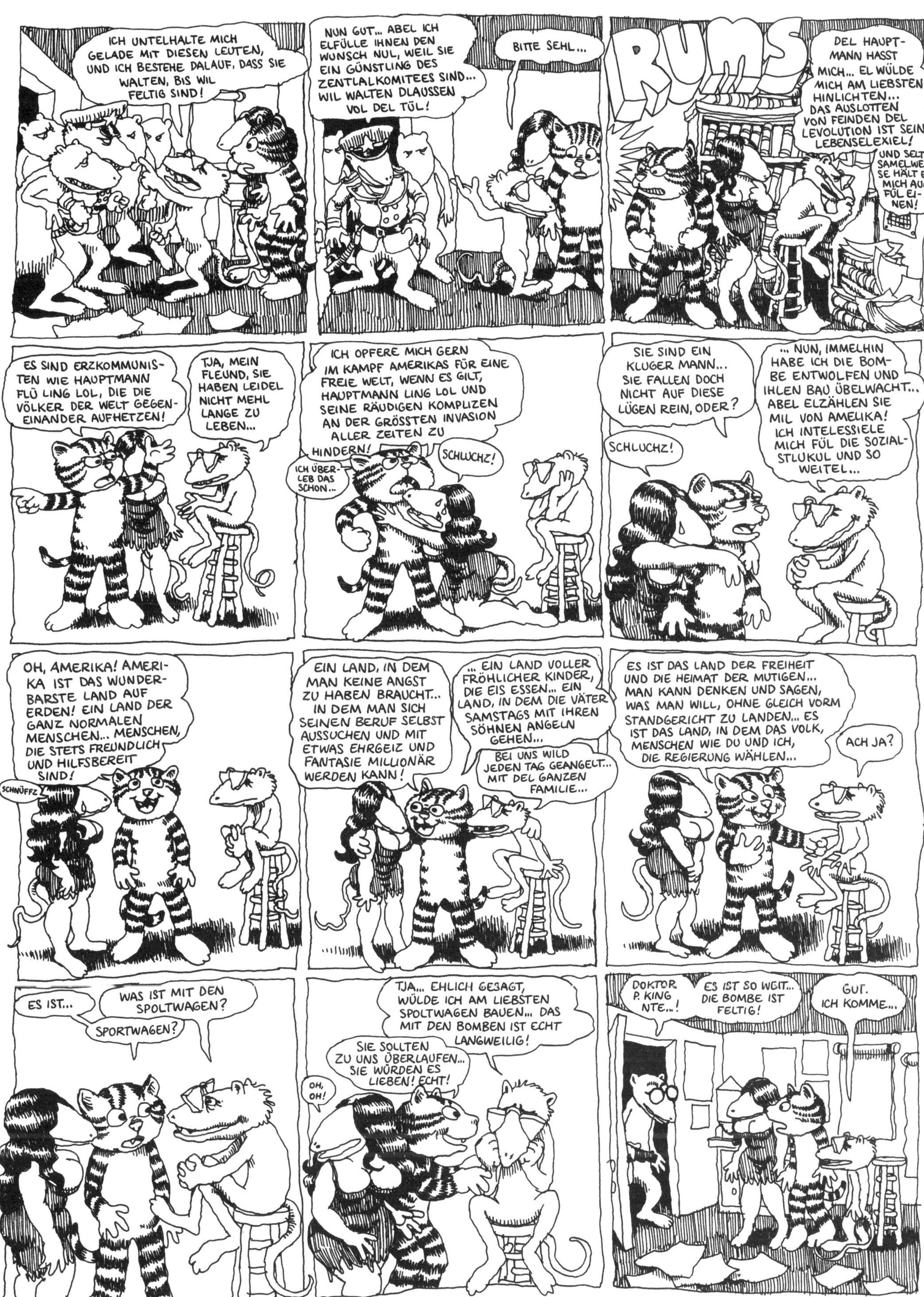
ICH UNTELHALTE MICH GELADE MIT DIESEN LEUTEN, UND ICH BESTEHE DALAUF, DASS SIE WALTEN, BIS WIL FELTIG SIND!
NUN GUT... ABEL ICH ELFÜLLE IHNEN DEN WUNSCH NUL, WEIL SIE EIN GÜNSTLING DES ZENTLALKOMITEES SIND... WIL WALTEN DLAUSSEN VOL DEL TÜL!
BITTE SEHL...
RUMS
DEL HAUPTMANN HASST MICH... EL WÜLDE MICH AM LIEBSTEN HINLICHTEN... DAS AUSLOTTEN VON FEINDEN DEL LEVOLUTION IST SEIN LEBENSELEXIEL!
UND SELTSAMELWEISE HÄLT EL MICH AUCH FÜL EINEN!
ES SIND ERZKOMMUNISTEN WIE HAUPTMANN FLÜ LING LOL, DIE DIE VÖLKER DER WELT GEGENEINANDER AUFHETZEN!
TJA, MEIN FLEUND, SIE HABEN LEIDEL NICHT MEHL LANGE ZU LEBEN...
ICH OPFERE MICH GERN IM KAMPF AMERIKAS FÜR EINE FREIE WELT, WENN ES GILT, HAUPTMANN LING LOL UND SEINE RÄUDIGEN KOMPLIZEN AN DER GRÖSSTEN INVASION ALLER ZEITEN ZU HINDERN!
ICH ÜBERLEB DAS SCHON...
SCHLUCHZ!
SIE SIND EIN KLUGER MANN... SIE FALLEN DOCH NICHT AUF DIESE LÜGEN REIN, ODER?
SCHLUCHZ!
... NUN, IMMELHIN HABE ICH DIE BOMBE ENTWOLFEN UND IHLEN BAU ÜBELWACHT... ABEL ELZÄHLEN SIE MIL VON AMELIKA! ICH INTELESSIELE MICH FÜL DIE SOZIALSTLUKUL UND SO WEITEL...
OH, AMERIKA! AMERIKA IST DAS WUNDERBARSTE LAND AUF ERDEN! EIN LAND DER GANZ NORMALEN MENSCHEN... MENSCHEN, DIE STETS FREUNDLICH UND HILFSBEREIT SIND!
SCHNÜFFZ
EIN LAND, IN DEM MAN KEINE ANGST ZU HABEN BRAUCHT... IN DEM MAN SICH SEINEN BERUF SELBST AUSSUCHEN UND MIT ETWAS EHRGEIZ UND FANTASIE MILLIONÄR WERDEN KANN!
... EIN LAND VOLLER FRÖHLICHER KINDER, DIE EIS ESSEN... EIN LAND, IN DEM DIE VÄTER SAMSTAGS MIT IHREN SÖHNEN ANGELN GEHEN...
BEI UNS WILD JEDEN TAG GEANGELT... MIT DEL GANZEN FAMILIE...
ES IST DAS LAND DER FREIHEIT UND DIE HEIMAT DER MUTIGEN... MAN KANN DENKEN UND SAGEN, WAS MAN WILL, OHNE GLEICH VORM STANDGERICHT ZU LANDEN... ES IST DAS LAND, IN DEM DAS VOLK, MENSCHEN WIE DU UND ICH, DIE REGIERUNG WÄHLEN...
ACH JA?
ES IST...
WAS IST MIT DEN SPOLTWAGEN?
SPORTWAGEN?
TJA... EHLICH GESAGT, WÜLDE ICH AM LIEBSTEN SPOLTWAGEN BAUEN... DAS MIT DEN BOMBEN IST ECHT LANGWEILIG!
SIE SOLLTEN ZU UNS ÜBERLAUFEN... SIE WÜRDEN ES LIEBEN! ECHT!
OH, OH!
DOKTOR P. KING NTE...!
ES IST SO WEIT... DIE BOMBE IST FELTIG!
GUT. ICH KOMME...

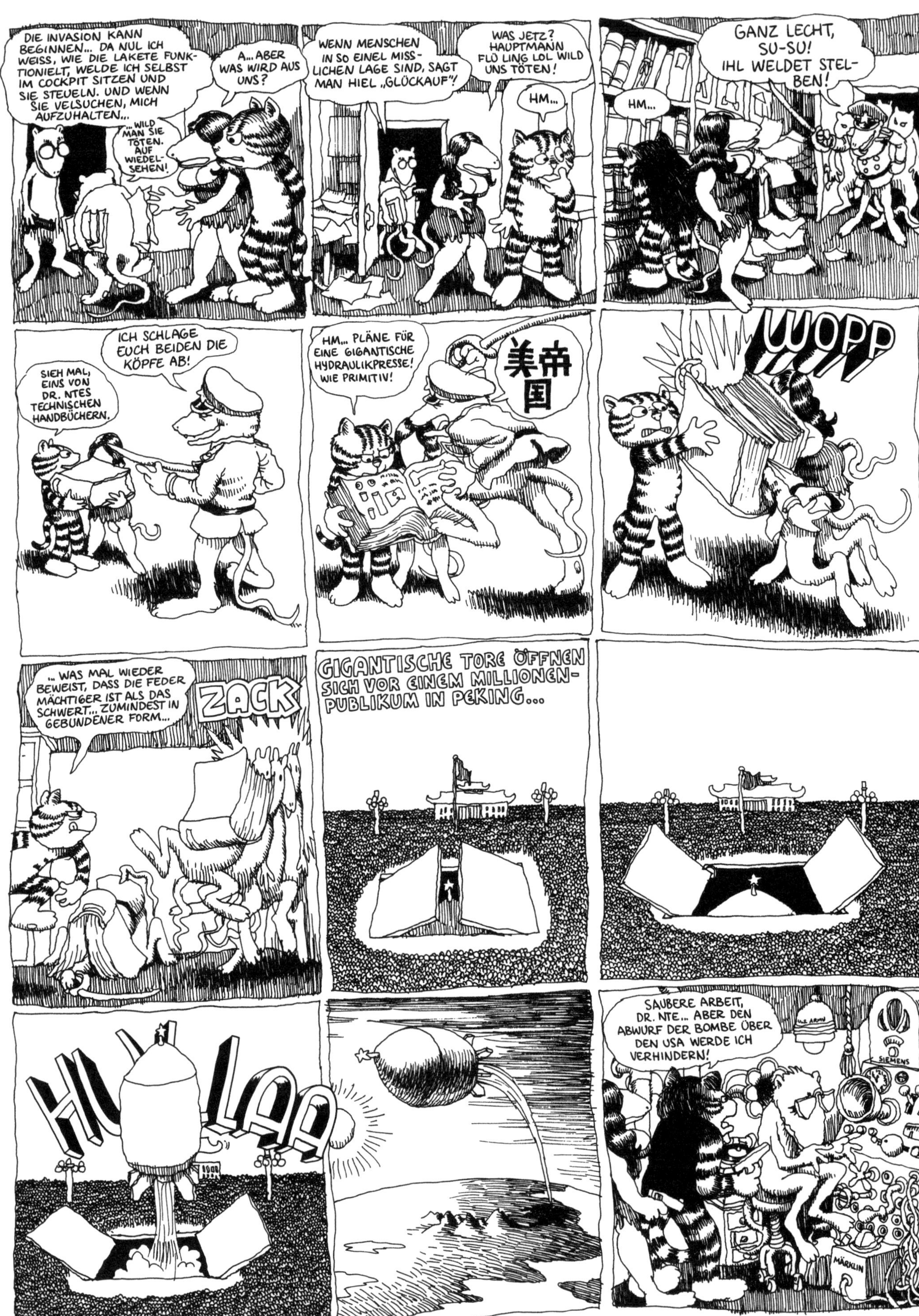

DIE INVASION KANN BEGINNEN... DA NUL ICH WEISS, WIE DIE LAKETE FUNKTIONIELT, WELDE ICH SELBST IM COCKPIT SITZEN UND SIE STEUELN. UND WENN SIE VELSUCHEN, MICH AUFZUHALTEN...
A... ABER WAS WIRD AUS UNS?
...WILD MAN SIE TÖTEN. AUF WIEDELSEHEN!
WENN MENSCHEN IN SO EINEL MISSLICHEN LAGE SIND, SAGT MAN HIEL „GLÜCKAUF"!
WAS JETZ? HAUPTMANN FLÜ LING LOL WILD UNS TÖTEN!
HM...
HM...
GANZ LECHT, SU-SU! IHL WELDET STELBEN!
SIEH MAL, EINS VON DR. NTES TECHNISCHEN HANDBÜCHERN.
ICH SCHLAGE EUCH BEIDEN DIE KÖPFE AB!
HM... PLÄNE FÜR EINE GIGANTISCHE HYDRAULIKPRESSE! WIE PRIMITIV!
美帝国
WOPP
... WAS MAL WIEDER BEWEIST, DASS DIE FEDER MÄCHTIGER IST ALS DAS SCHWERT... ZUMINDEST IN GEBUNDENER FORM...
ZACK
GIGANTISCHE TORE ÖFFNEN SICH VOR EINEM MILLIONENPUBLIKUM IN PEKING...
HUI
LAA
SAUBERE ARBEIT, DR. NTE... ABER DEN ABWURF DER BOMBE ÜBER DEN USA WERDE ICH VERHINDERN!
U.S. ARMY
SIEMENS
MÄRKLIN

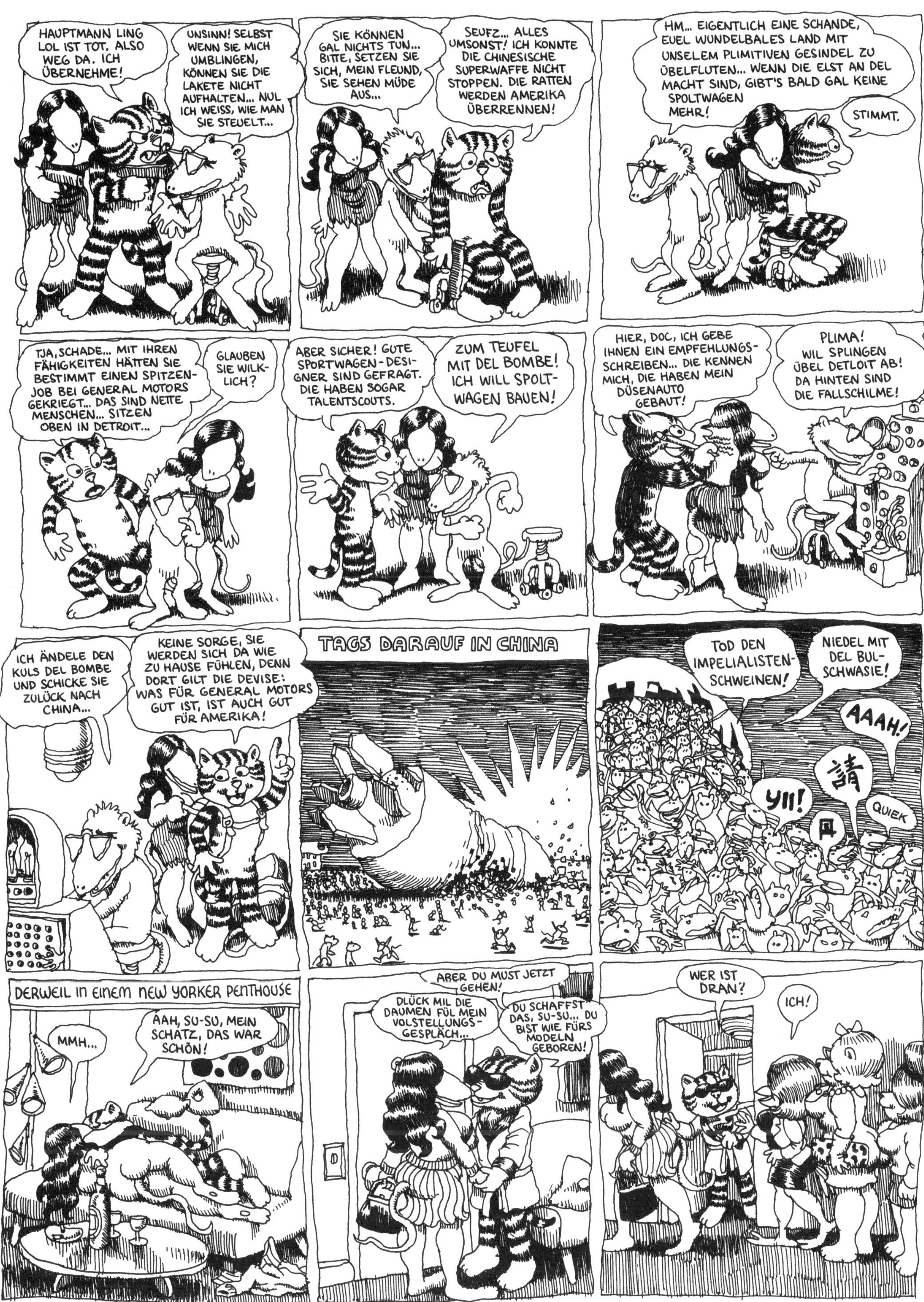
HAUPTMANN LING LOL IST TOT. ALSO WEG DA. ICH ÜBERNEHME!
UNSINN! SELBST WENN SIE MICH UMBLINGEN, KÖNNEN SIE DIE LAKETE NICHT AUFHALTEN... NUL ICH WEISS, WIE MAN SIE STEUELT...
SIE KÖNNEN GAL NICHTS TUN... BITTE, SETZEN SIE SICH, MEIN FLEUND, SIE SEHEN MÜDE AUS...
SEUFZ... ALLES UMSONST! ICH KONNTE DIE CHINESISCHE SUPERWAFFE NICHT STOPPEN. DIE RATTEN WERDEN AMERIKA ÜBERRENNEN!
HM... EIGENTLICH EINE SCHANDE, EUEL WUNDELBALES LAND MIT UNSELEM PLIMITIVEN GESINDEL ZU ÜBELFLUTEN... WENN DIE ELST AN DEL MACHT SIND, GIBT'S BALD GAL KEINE SPOLTWAGEN MEHR!
STIMMT.
TJA, SCHADE... MIT IHREN FÄHIGKEITEN HÄTTEN SIE BESTIMMT EINEN SPITZEN-JOB BEI GENERAL MOTORS GEKRIEGT... DAS SIND NETTE MENSCHEN... SITZEN OBEN IN DETROIT...
GLAUBEN SIE WILKLICH?
ABER SICHER! GUTE SPORTWAGEN-DESIGNER SIND GEFRAGT. DIE HABEN SOGAR TALENTSCOUTS.
ZUM TEUFEL MIT DEL BOMBE! ICH WILL SPOLTWAGEN BAUEN!
HIER, DOC, ICH GEBE IHNEN EIN EMPFEHLUNGS-SCHREIBEN... DIE KENNEN MICH, DIE HABEN MEIN DÜSENAUTO GEBAUT!
PLIMA! WIL SPLINGEN ÜBEL DETLOIT AB! DA HINTEN SIND DIE FALLSCHILME!
ICH ÄNDELE DEN KULS DEL BOMBE UND SCHICKE SIE ZULÜCK NACH CHINA...
KEINE SORGE, SIE WERDEN SICH DA WIE ZU HAUSE FÜHLEN, DENN DORT GILT DIE DEVISE: WAS FÜR GENERAL MOTORS GUT IST, IST AUCH GUT FÜR AMERIKA!
TAGS DARAUF IN CHINA
TOD DEN IMPELIALISTEN-SCHWEINEN!
NIEDEL MIT DEL BUL-SCHWASIE!
AAAH!
請
YII!
QUIEK
DERWEIL IN EINEM NEW YORKER PENTHOUSE
MMH...
AAH, SU-SU, MEIN SCHATZ, DAS WAR SCHÖN!
ABER DU MUST JETZT GEHEN!
DLÜCK MIL DIE DAUMEN FÜL MEIN VOLSTELLUNGS-GESPLÄCH...
DU SCHAFFST DAS, SU-SU... DU BIST WIE FÜRS MODELN GEBOREN!
WER IST DRAN?
ICH!
ENDE

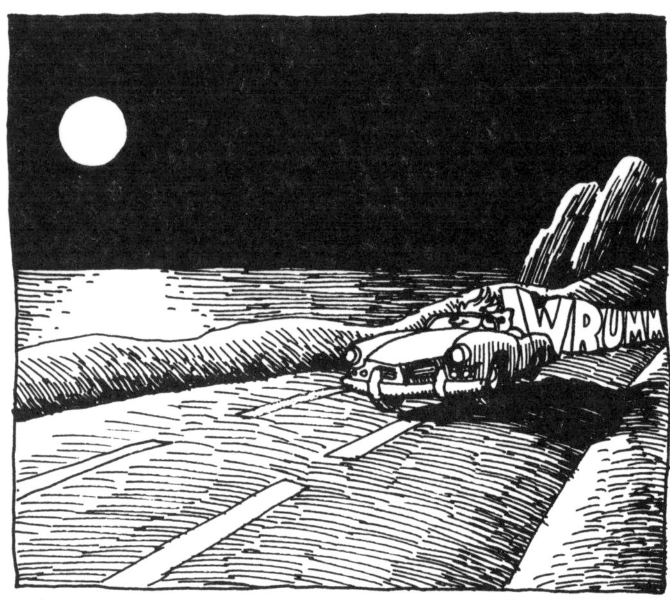
WRUMM

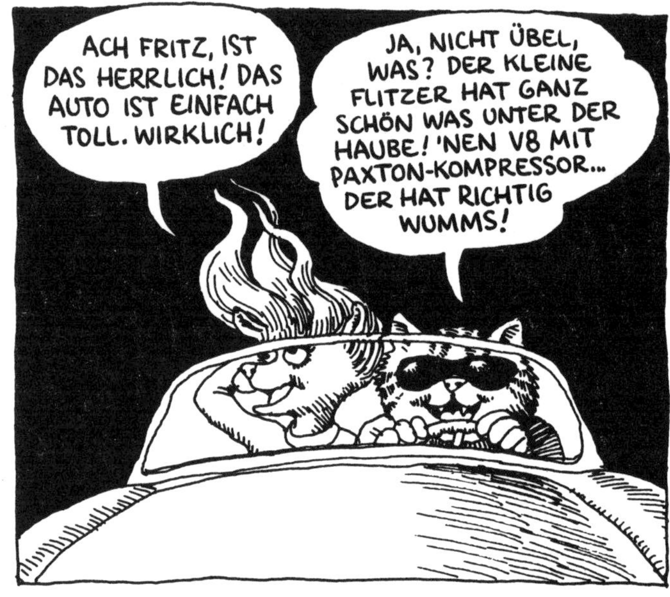
ACH FRITZ, IST DAS HERRLICH! DAS AUTO IST EINFACH TOLL. WIRKLICH!
JA, NICHT ÜBEL, WAS? DER KLEINE FLITZER HAT GANZ SCHÖN WAS UNTER DER HAUBE! 'NEN V8 MIT PAXTON-KOMPRESSOR... DER HAT RICHTIG WUMMS!

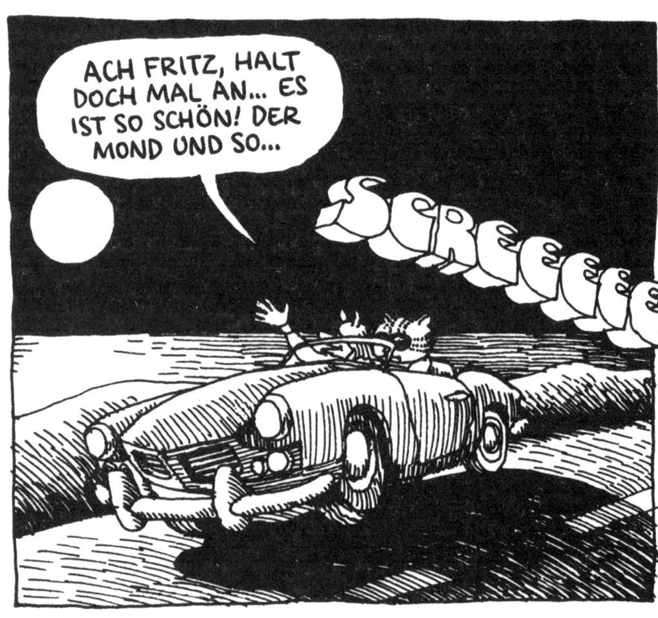
ACH FRITZ, HALT DOCH MAL AN... ES IST SO SCHÖN! DER MOND UND SO...
SCREEEEE

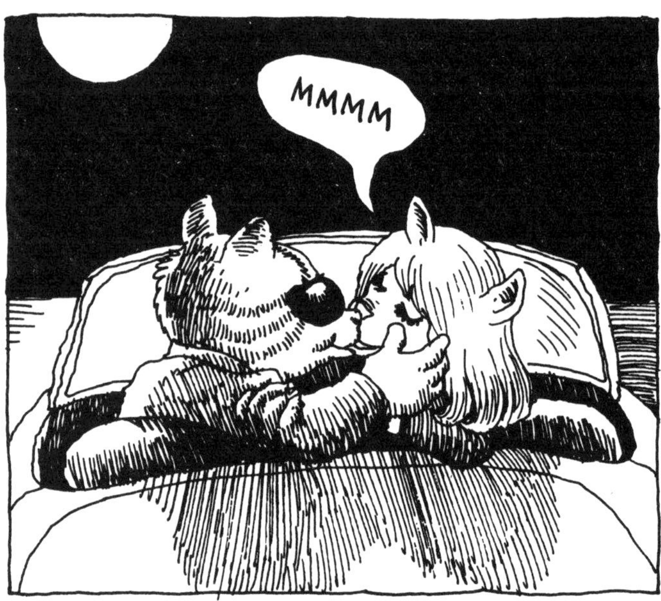
MMMM

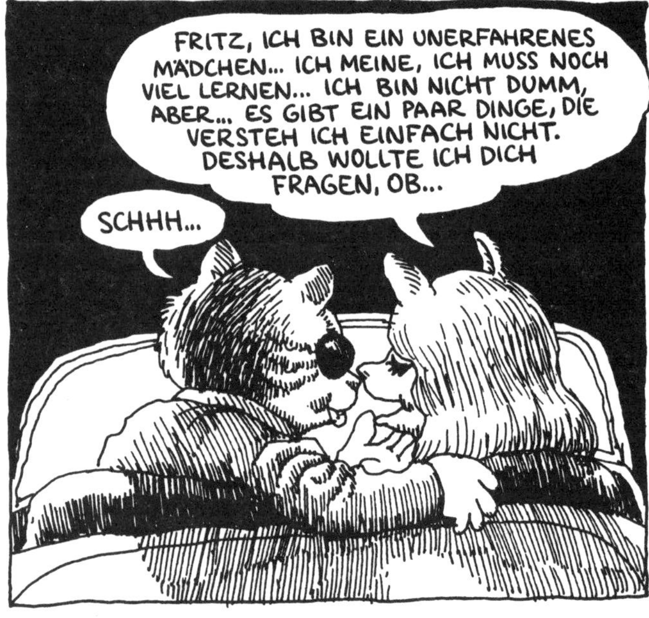
FRITZ, ICH BIN EIN UNERFAHRENES MÄDCHEN... ICH MEINE, ICH MUSS NOCH VIEL LERNEN... ICH BIN NICHT DUMM, ABER... ES GIBT EIN PAAR DINGE, DIE VERSTEH ICH EINFACH NICHT. DESHALB WOLLTE ICH DICH FRAGEN, OB...
SCHHH...

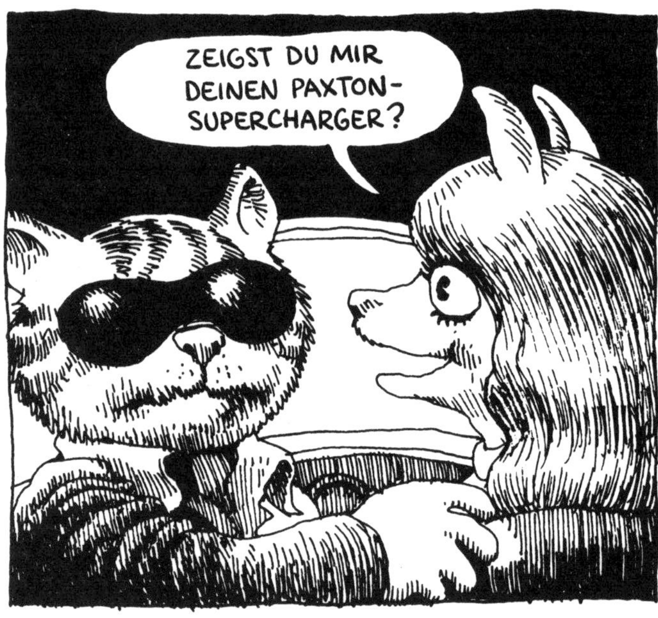
ZEIGST DU MIR DEINEN PAXTON-SUPERCHARGER?

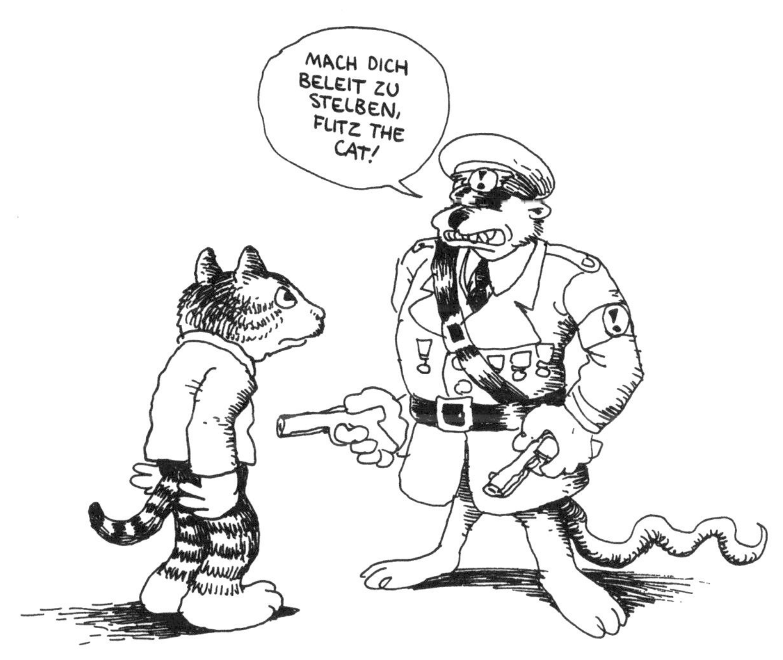
MACH DICH BELEIT ZU STELBEN, FLITZ THE CAT!

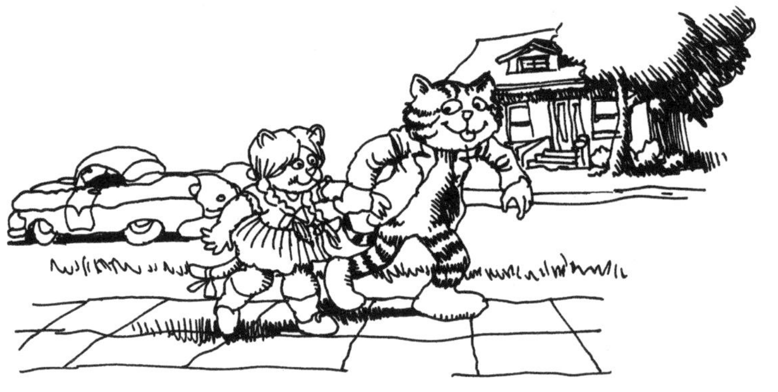

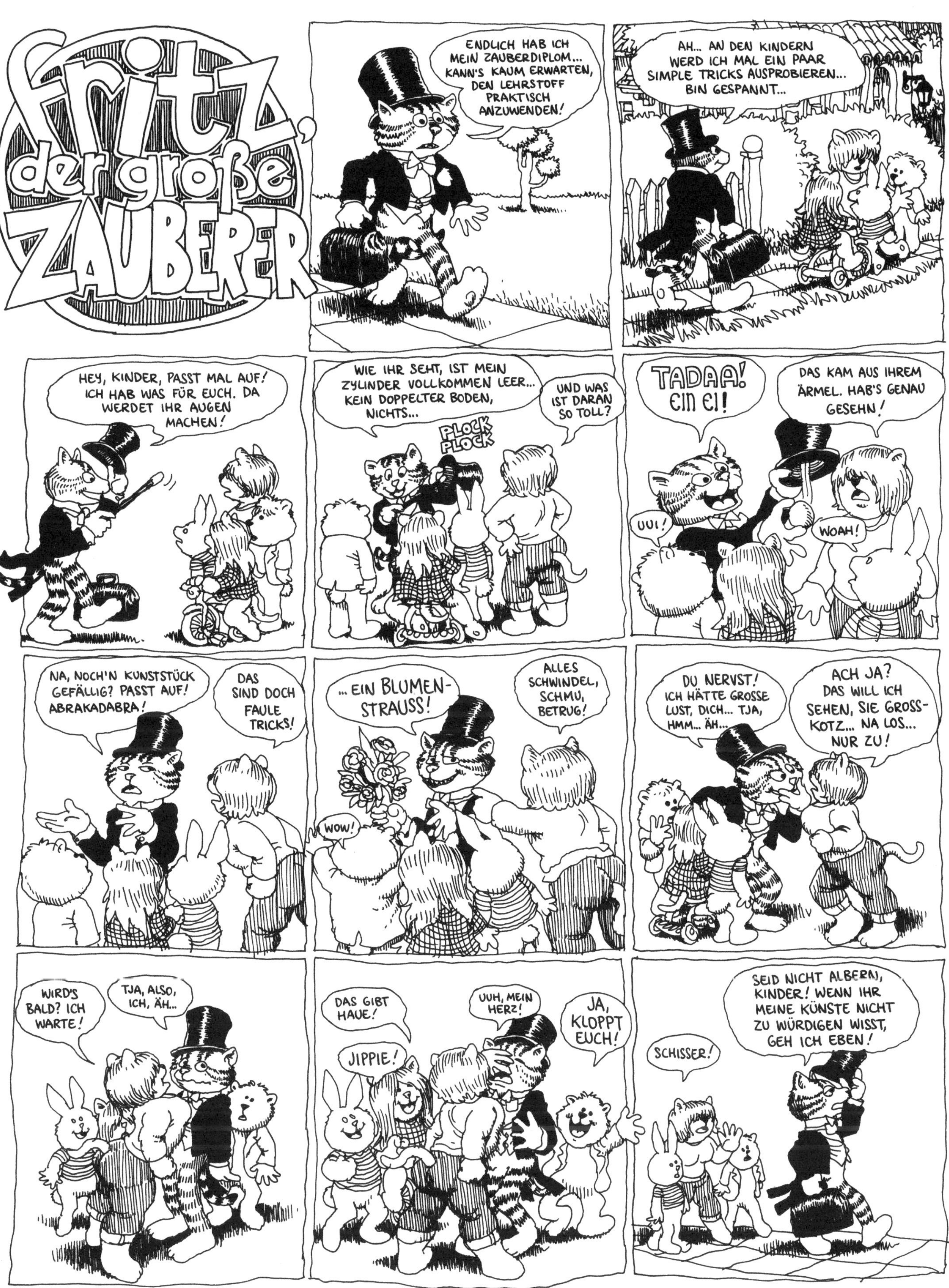

Fritz, der große Zauberer
ENDLICH HAB ICH MEIN ZAUBERDIPLOM... KANN'S KAUM ERWARTEN, DEN LEHRSTOFF PRAKTISCH ANZUWENDEN!
AH... AN DEN KINDERN WERD ICH MAL EIN PAAR SIMPLE TRICKS AUSPROBIEREN... BIN GESPANNT...
HEY, KINDER, PASST MAL AUF! ICH HAB WAS FÜR EUCH. DA WERDET IHR AUGEN MACHEN!
WIE IHR SEHT, IST MEIN ZYLINDER VOLLKOMMEN LEER... KEIN DOPPELTER BODEN, NICHTS...
UND WAS IST DARAN SO TOLL?
PLOCK PLOCK
TADAA! EIN EI!
DAS KAM AUS IHREM ÄRMEL. HAB'S GENAU GESEHN!
UUI!
WOAH!
NA, NOCH'N KUNSTSTÜCK GEFÄLLIG? PASST AUF! ABRAKADABRA!
DAS SIND DOCH FAULE TRICKS!
... EIN BLUMENSTRAUSS!
ALLES SCHWINDEL, SCHMU, BETRUG!
WOW!
DU NERVST! ICH HÄTTE GROSSE LUST, DICH... TJA, HMM... ÄH...
ACH JA? DAS WILL ICH SEHEN, SIE GROSSKOTZ... NA LOS... NUR ZU!
WIRD'S BALD? ICH WARTE!
TJA, ALSO, ICH, ÄH...
DAS GIBT HAUE!
UUH, MEIN HERZ!
JA, KLOPPT EUCH!
JIPPIE!
SCHISSER!
SEID NICHT ALBERN, KINDER! WENN IHR MEINE KÜNSTE NICHT ZU WÜRDIGEN WISST, GEH ICH EBEN!

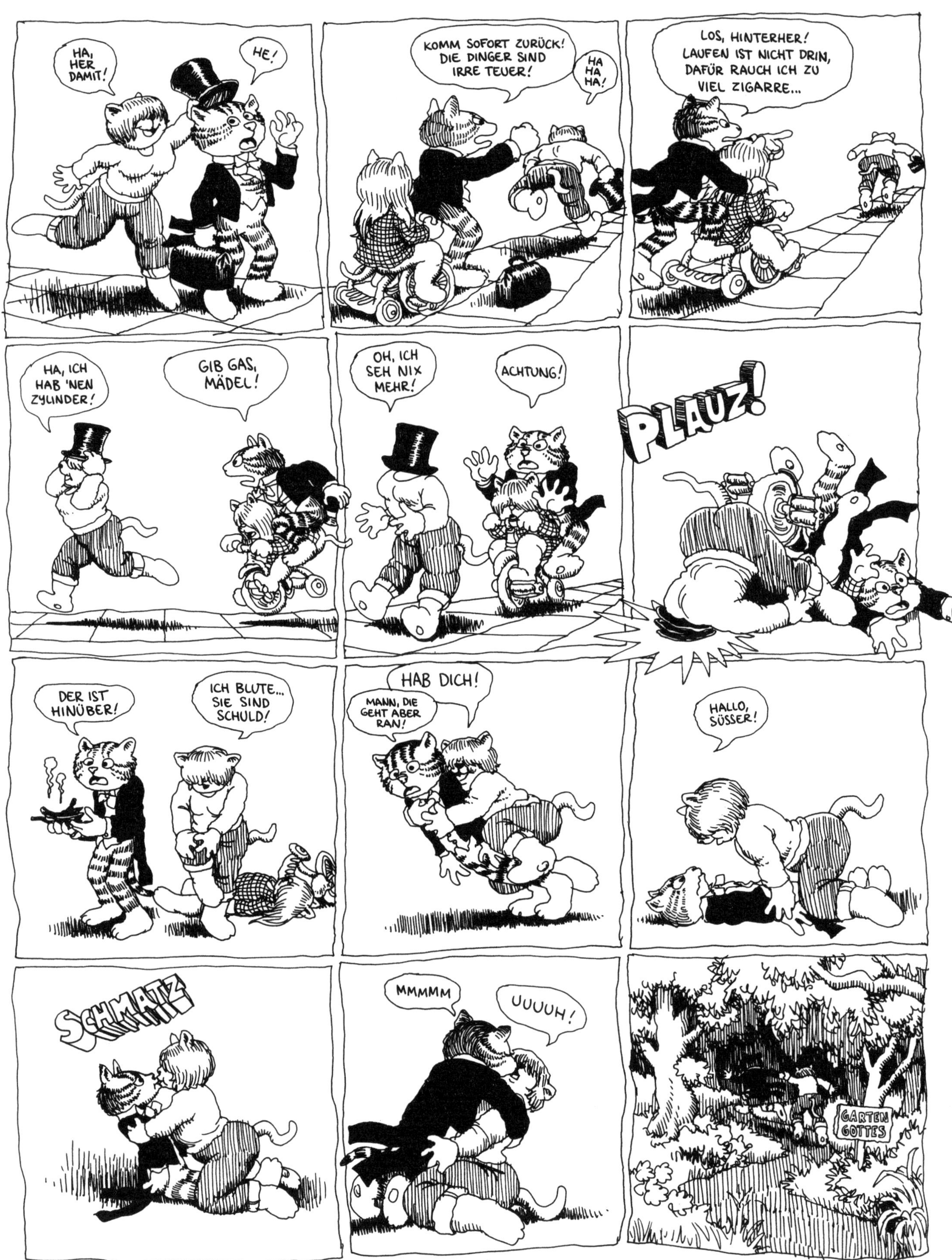
HA, HER DAMIT!
HE!
KOMM SOFORT ZURÜCK! DIE DINGER SIND IRRE TEUER!
HA HA HA!
LOS, HINTERHER! LAUFEN IST NICHT DRIN, DAFÜR RAUCH ICH ZU VIEL ZIGARRE...
HA, ICH HAB 'NEN ZYLINDER!
GIB GAS, MÄDEL!
OH, ICH SEH NIX MEHR!
ACHTUNG!
PLAUZ!
DER IST HINÜBER!
ICH BLUTE... SIE SIND SCHULD!
HAB DICH!
MANN, DIE GEHT ABER RAN!
HALLO, SÜSSER!
SCHMATZ
MMMMM
UUUUH!
GARTEN GOTTES

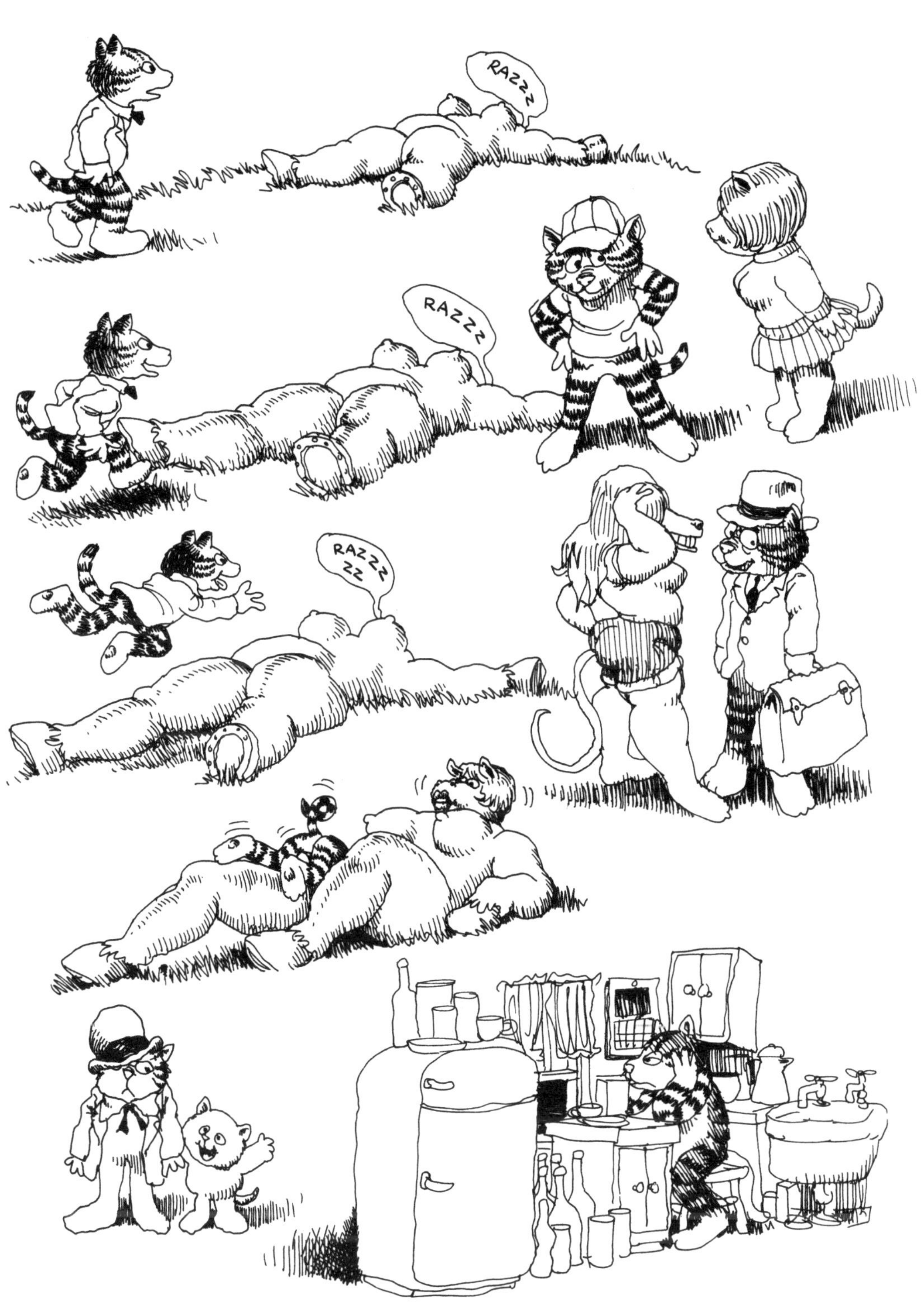
RAZZZ
RAZZZ
RAZZZ
ZZ

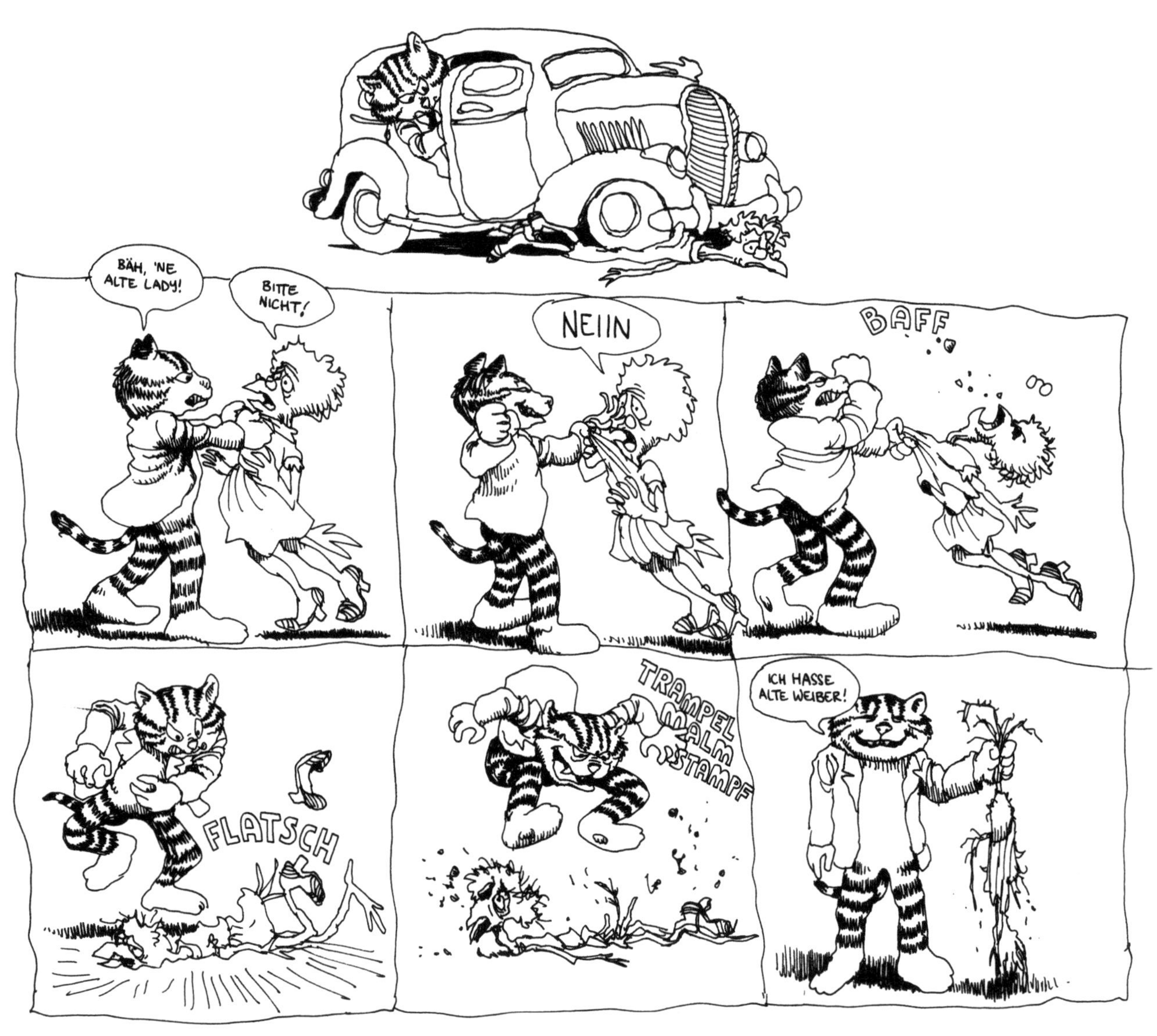
BÄH, 'NE ALTE LADY!
BITTE NICHT!
NEIIN
BAFF
FLATSCH
TRAMPEL
MALM
STAMPF
ICH HASSE ALTE WEIBER!

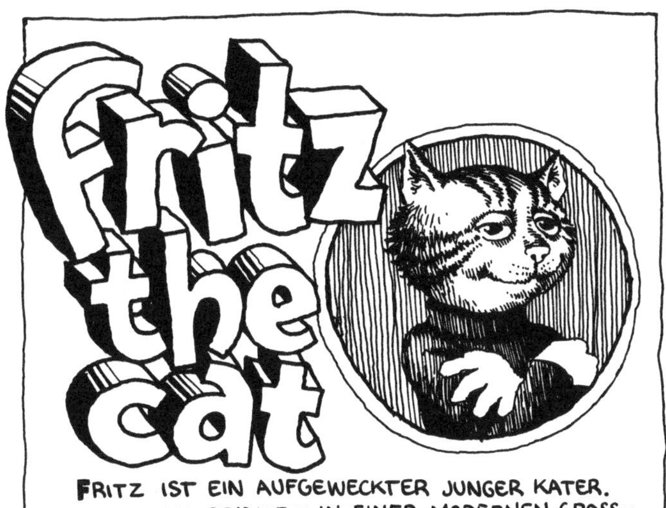
Fritz the cat
FRITZ IST EIN AUFGEWECKTER JUNGER KATER. ER LEBT UND STUDIERT IN EINER MODERNEN GROSS-STADT, DEREN EINWOHNER - TIERE WIE ER - GANZ ÄHNLICHE SORGEN UND NÖTE HABEN WIE WIR MENSCHEN...

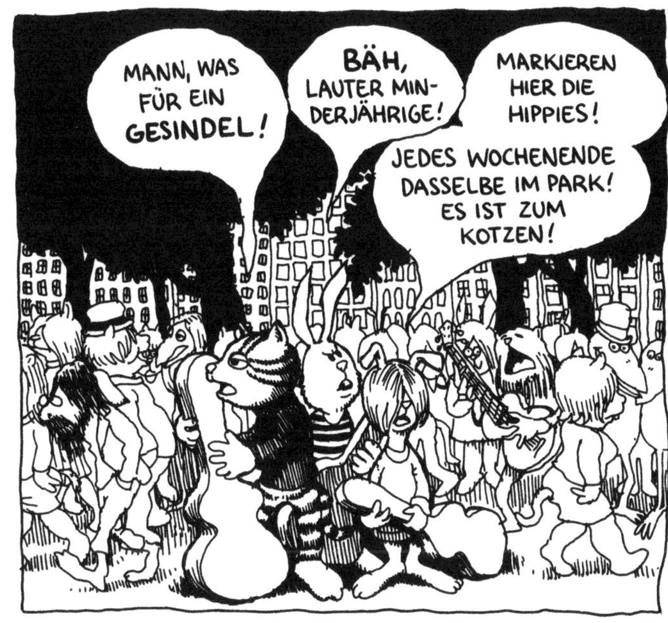
MANN, WAS FÜR EIN GESINDEL!
BÄH, LAUTER MINDERJÄHRIGE!
MARKIEREN HIER DIE HIPPIES!
JEDES WOCHENENDE DASSELBE IM PARK! ES IST ZUM KOTZEN!

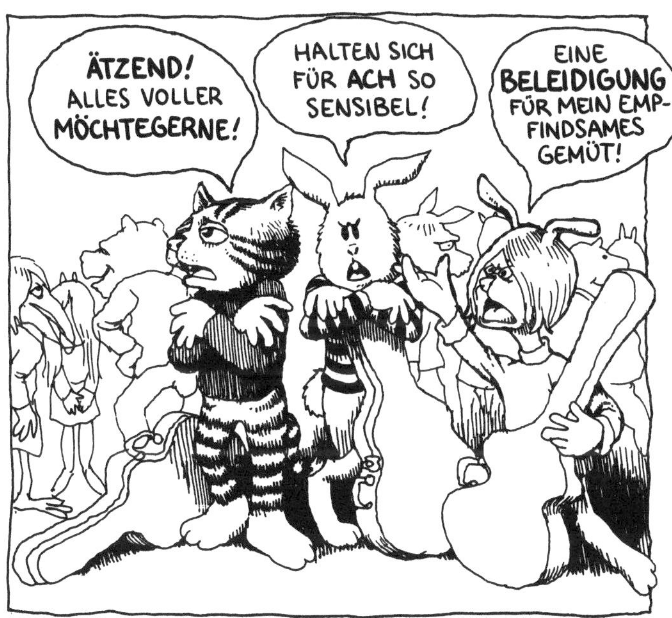
ÄTZEND! ALLES VOLLER MÖCHTEGERNE!
HALTEN SICH FÜR ACH SO SENSIBEL!
EINE BELEIDIGUNG FÜR MEIN EMPFINDSAMES GEMÜT!

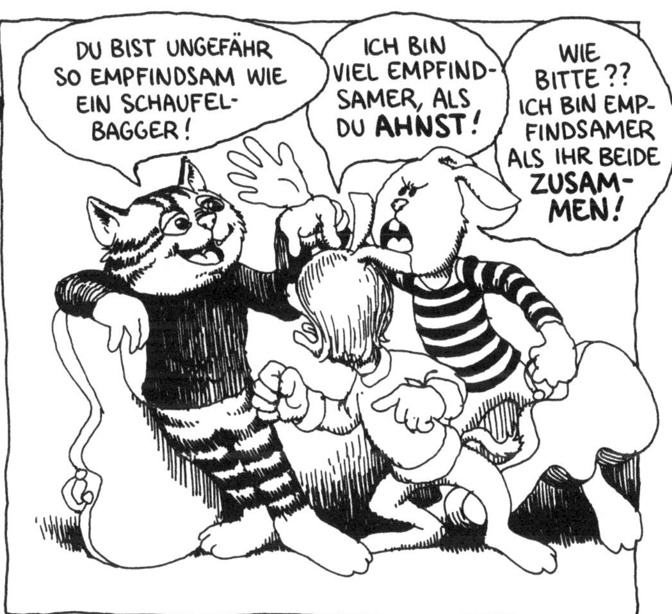
DU BIST UNGEFÄHR SO EMPFINDSAM WIE EIN SCHAUFELBAGGER!
ICH BIN VIEL EMPFINDSAMER, ALS DU AHNST!
WIE BITTE?? ICH BIN EMPFINDSAMER ALS IHR BEIDE ZUSAMMEN!

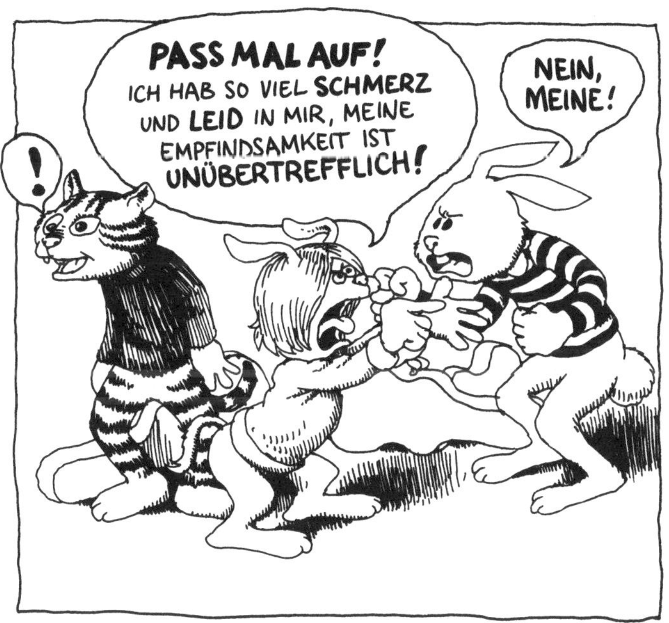
PASS MAL AUF! ICH HAB SO VIEL SCHMERZ UND LEID IN MIR, MEINE EMPFINDSAMKEIT IST UNÜBERTREFFLICH!
NEIN, MEINE!
!

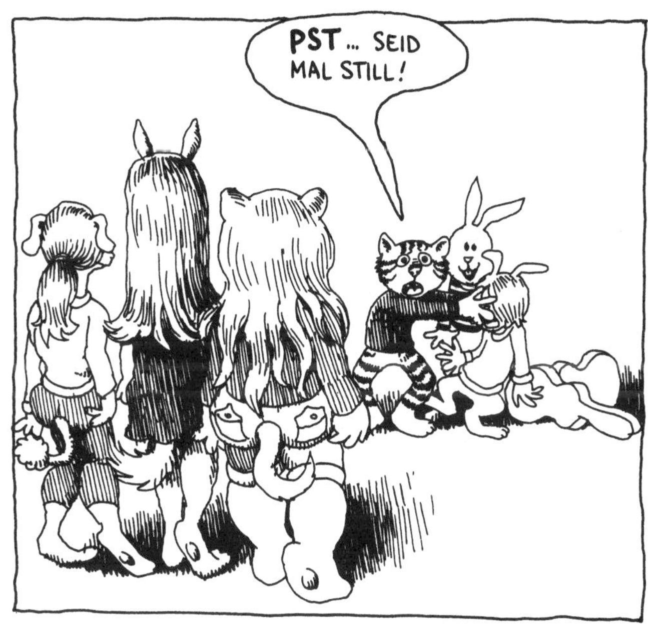
PST... SEID MAL STILL!

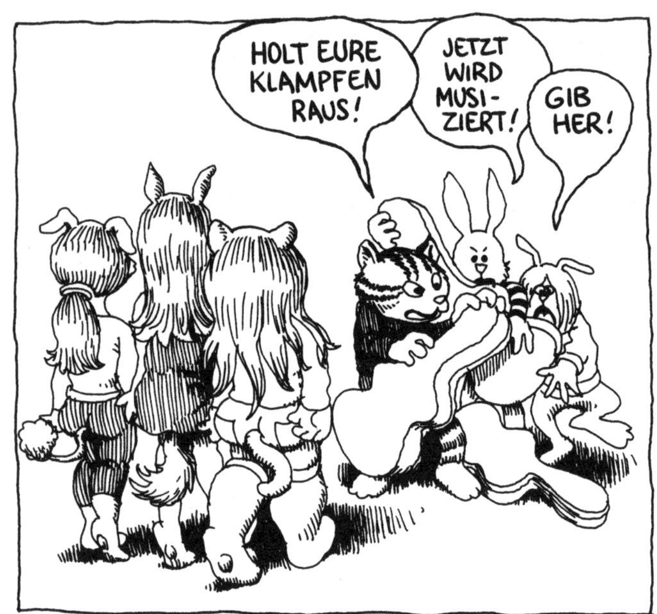
HOLT EURE KLAMPFEN RAUS!
JETZT WIRD MUSI-ZIERT!
GIB HER!

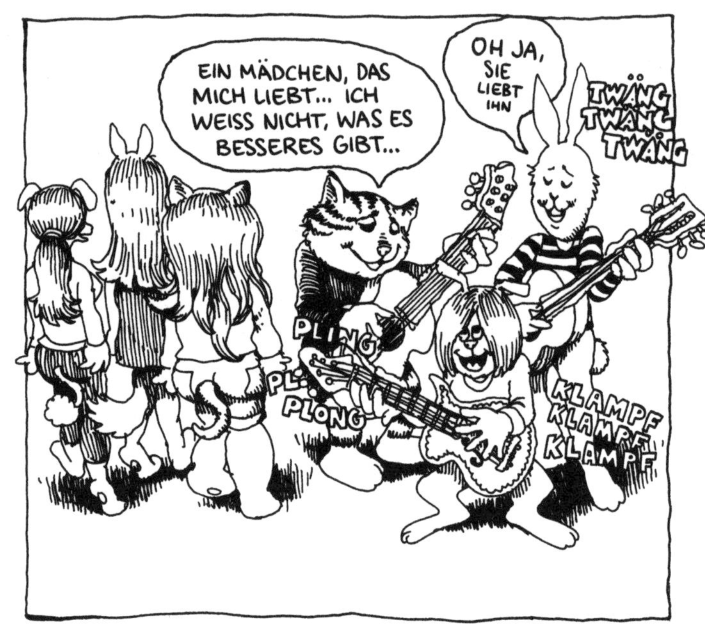
EIN MÄDCHEN, DAS MICH LIEBT... ICH WEISS NICHT, WAS ES BESSERES GIBT...
OH JA, SIE LIEBT IHN
TWÄNG TWÄNG TWÄNG
PLING
PL PLONG
KLAMPF KLAMPF KLAMPF

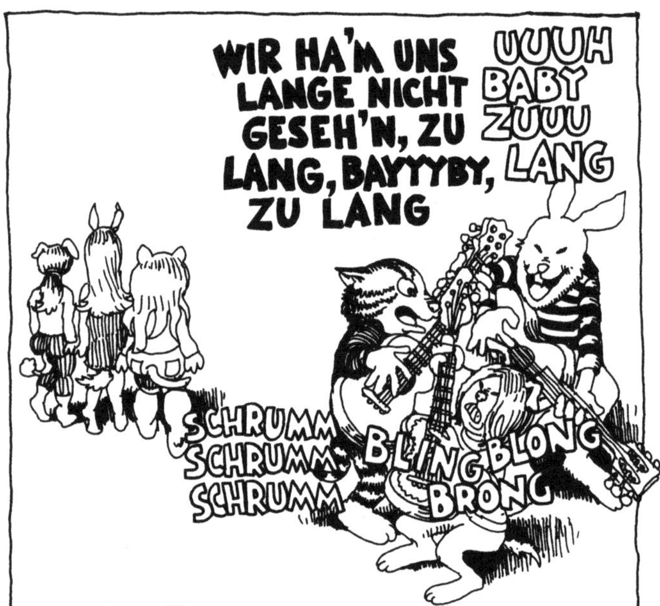
WIR HA'M UNS LANGE NICHT GESEH'N, ZU LANG, BAYYYBY, ZU LANG
UUUH BABY ZUUU LANG
SCHRUMM SCHRUMM SCHRUMM
BLING BLONG BRONG

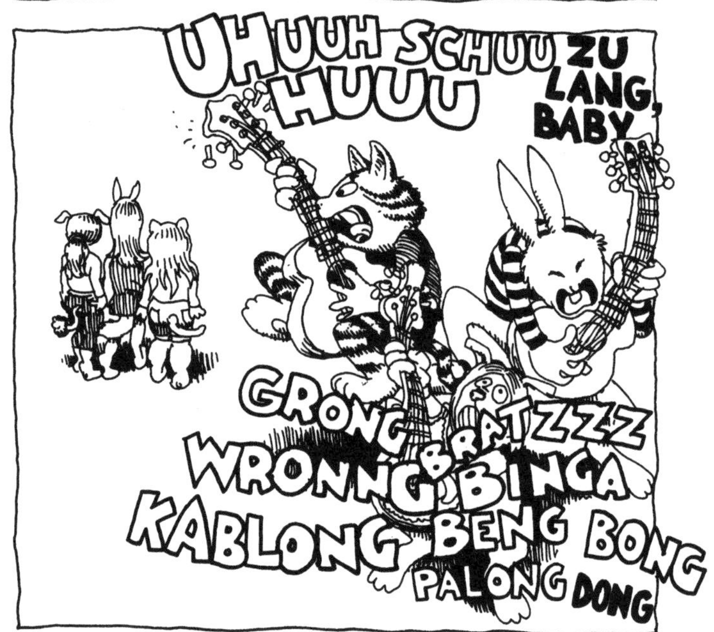
UHUUH SCHUU HUUU
ZU LANG, BABY
GRONG BRATZZZZ
WRONNG BINGA
KABLONG BENG BONG
PALONG DONG

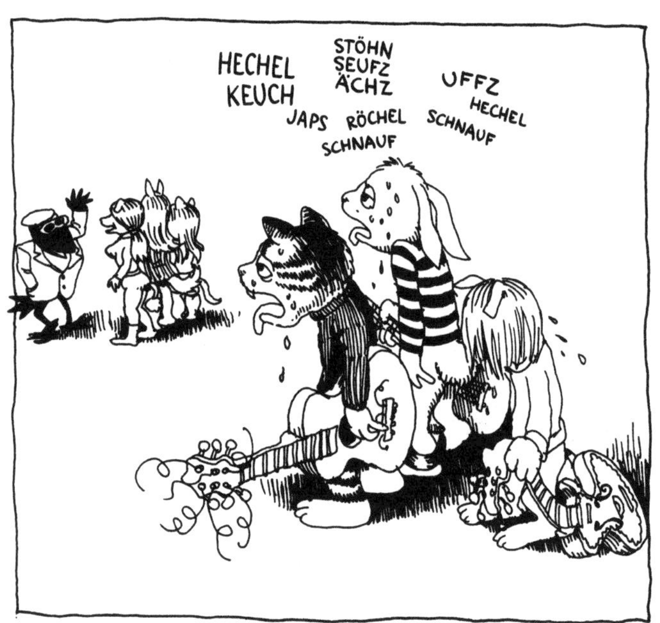
HECHEL KEUCH
STÖHN SEUFZ ÄCHZ
UFFZ HECHEL
JAPS RÖCHEL SCHNAUF
SCHNAUF

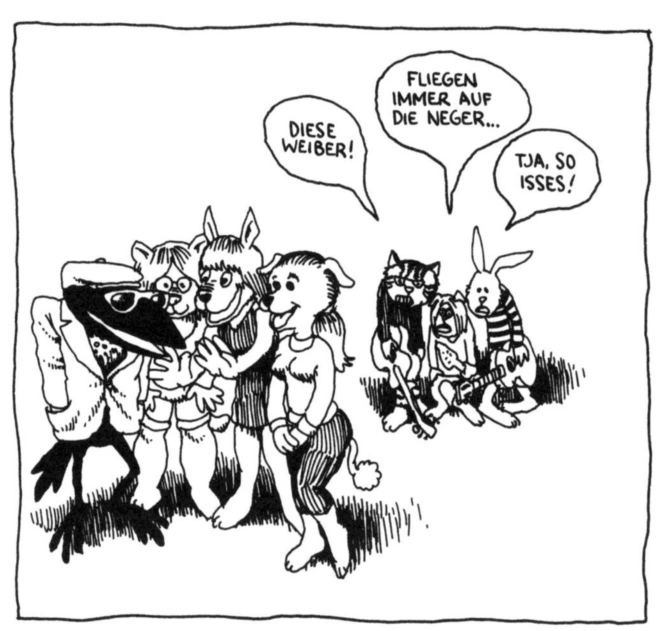
DIESE WEIBER!
FLIEGEN IMMER AUF DIE NEGER...
TJA, SO ISSES!

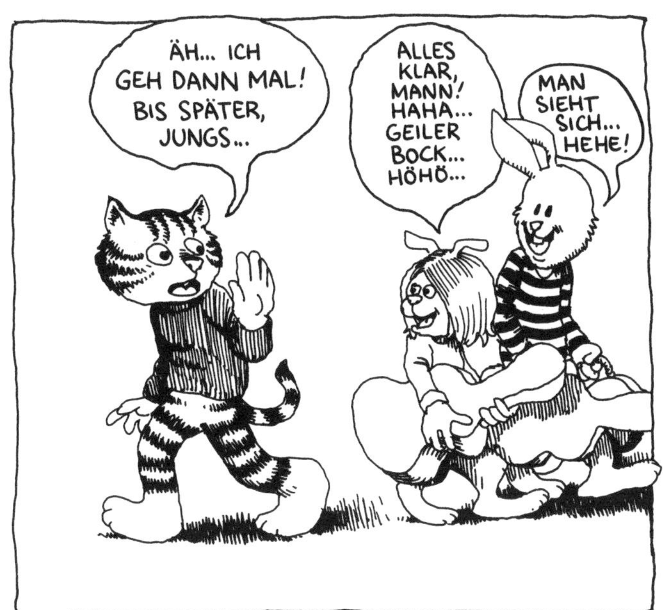
ÄH... ICH GEH DANN MAL! BIS SPÄTER, JUNGS...
ALLES KLAR, MANN! HAHA... GEILER BOCK... HÖHÖ...
MAN SIEHT SICH... HEHE!

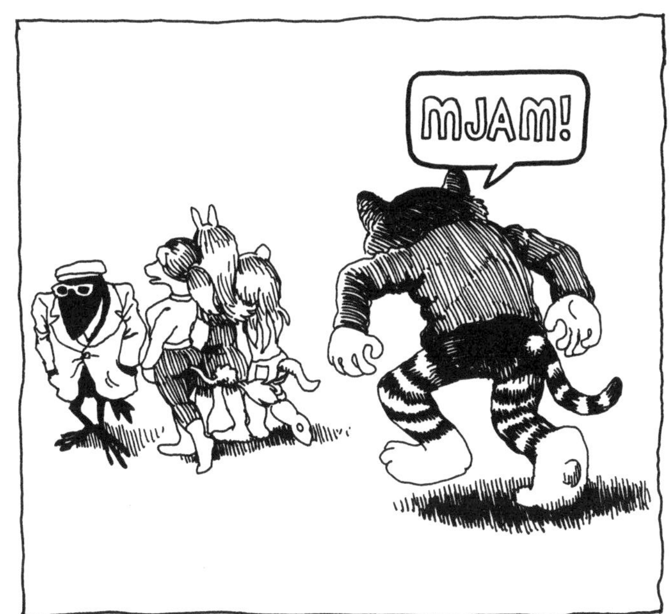
MJAM!

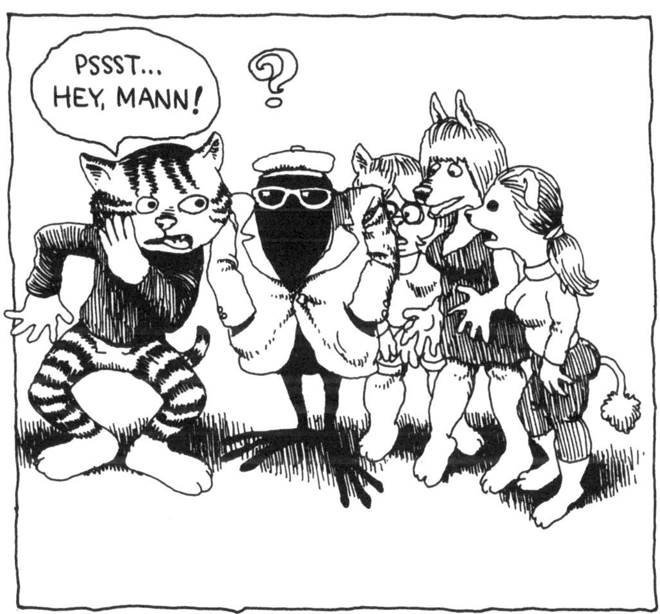
PSSST... HEY, MANN!
?

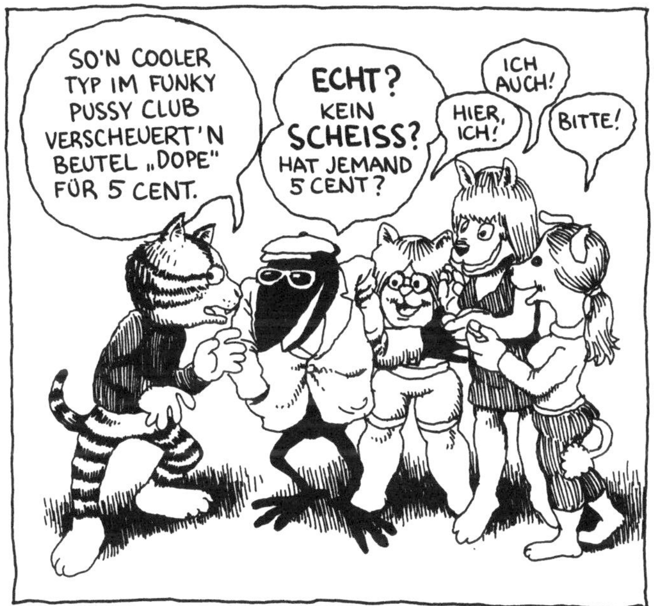
SO'N COOLER TYP IM FUNKY PUSSY CLUB VERSCHEUERT'N BEUTEL „DOPE" FÜR 5 CENT.
ECHT? KEIN SCHEISS? HAT JEMAND 5 CENT?
HIER, ICH!
ICH AUCH!
BITTE!

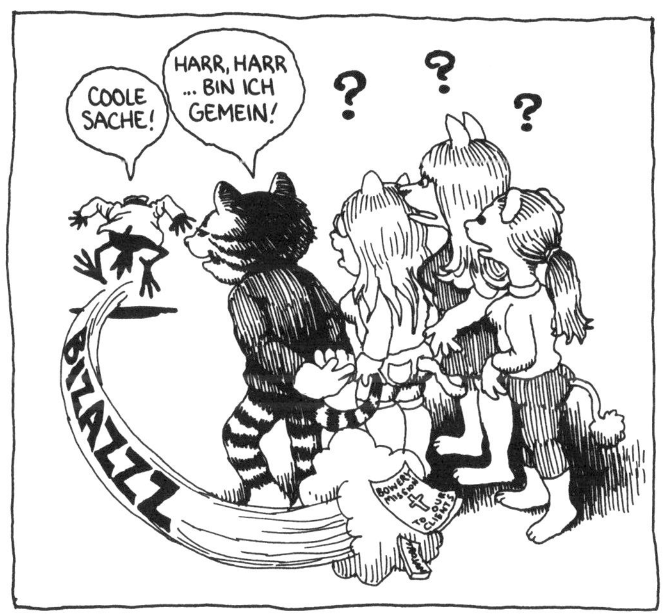
COOLE SACHE!
HARR, HARR ... BIN ICH GEMEIN!
? ? ?
BZZAZZZ

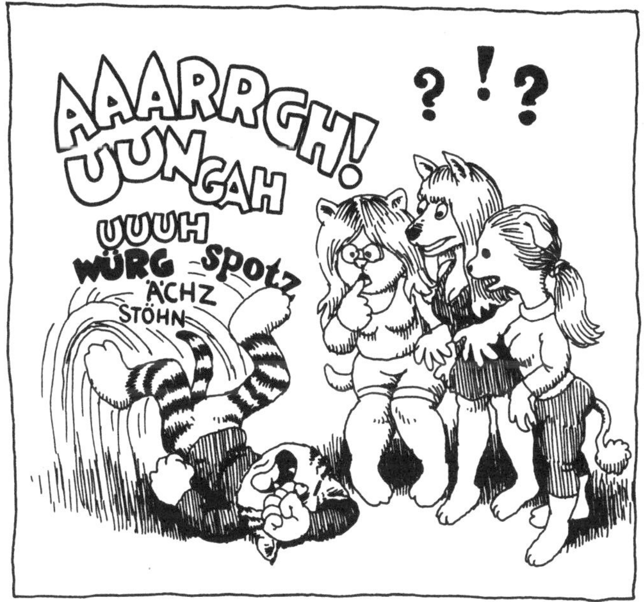
AAARRGH! UUNGAH
UUUH
WÜRG spotz
ÄCHZ
STÖHN
? ! ?

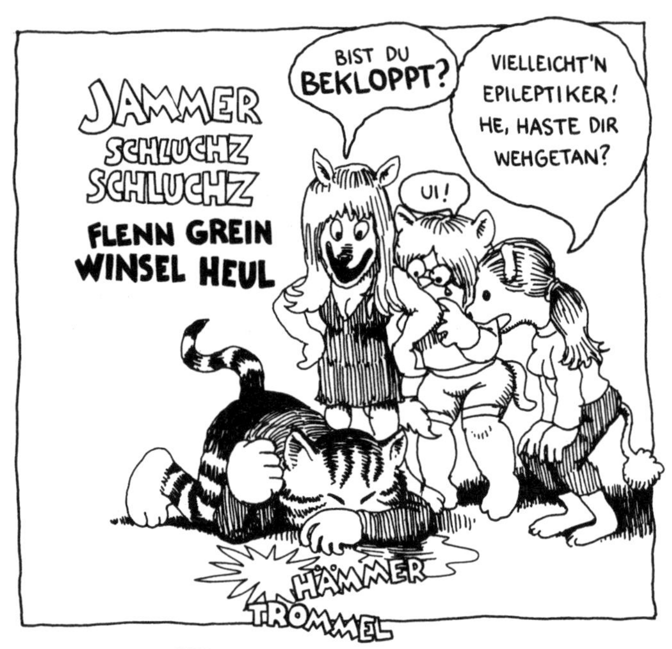
JAMMER
SCHLUCHZ
SCHLUCHZ
FLENN GREIN
WINSEL HEUL
BIST DU BEKLOPPT?
UI!
VIELLEICHT'N EPILEPTIKER! HE, HASTE DIR WEHGETAN?
HÄMMER
TROMMEL

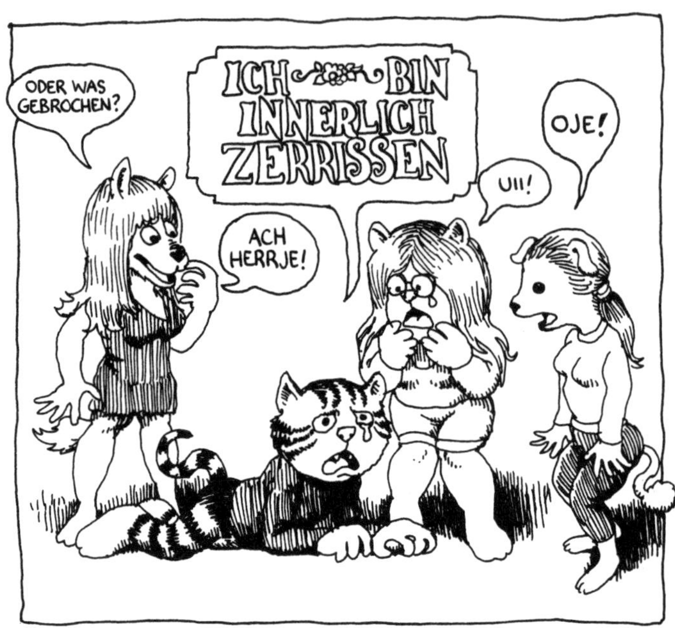
ODER WAS GEBROCHEN?
ICH BIN INNERLICH ZERRISSEN
ACH HERRJE!
UII!
OJE!

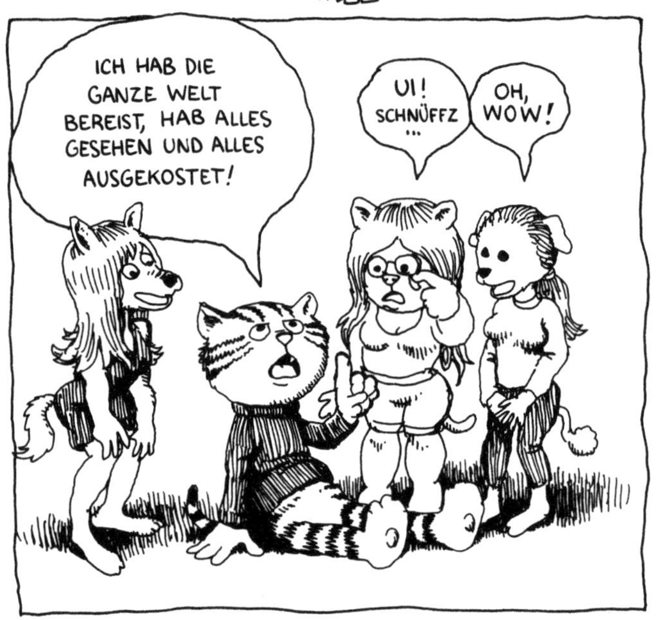
ICH HAB DIE GANZE WELT BEREIST, HAB ALLES GESEHEN UND ALLES AUSGEKOSTET!
UI! SCHNÜFFZ ...
OH, WOW!

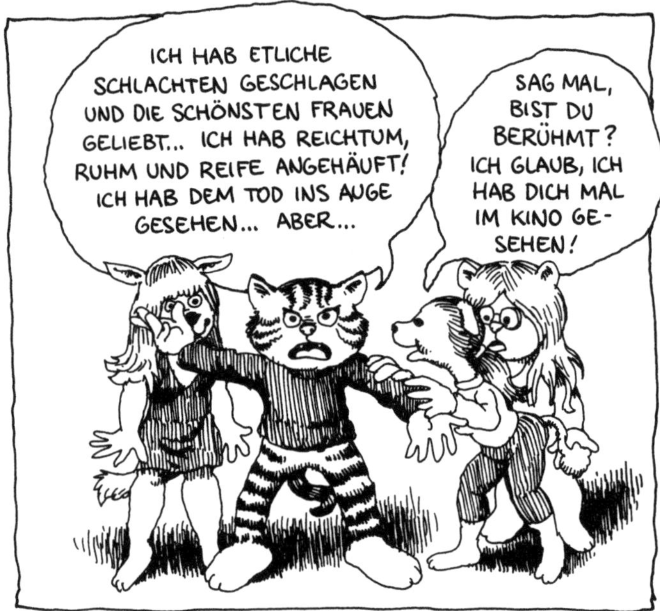
ICH HAB ETLICHE SCHLACHTEN GESCHLAGEN UND DIE SCHÖNSTEN FRAUEN GELIEBT... ICH HAB REICHTUM, RUHM UND REIFE ANGEHÄUFT! ICH HAB DEM TOD INS AUGE GESEHEN... ABER...
SAG MAL, BIST DU BERÜHMT? ICH GLAUB, ICH HAB DICH MAL IM KINO GESEHEN!

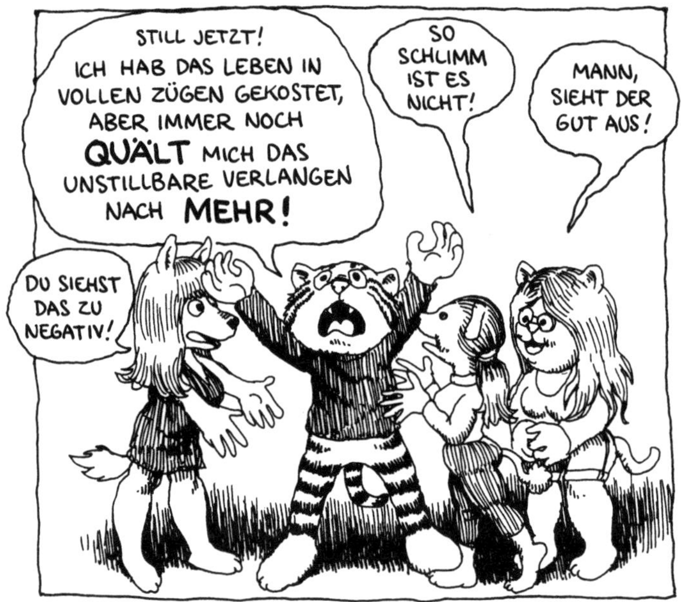
STILL JETZT! ICH HAB DAS LEBEN IN VOLLEN ZÜGEN GEKOSTET, ABER IMMER NOCH QUÄLT MICH DAS UNSTILLBARE VERLANGEN NACH MEHR!
SO SCHLIMM IST ES NICHT!
MANN, SIEHT DER GUT AUS!
DU SIEHST DAS ZU NEGATIV!

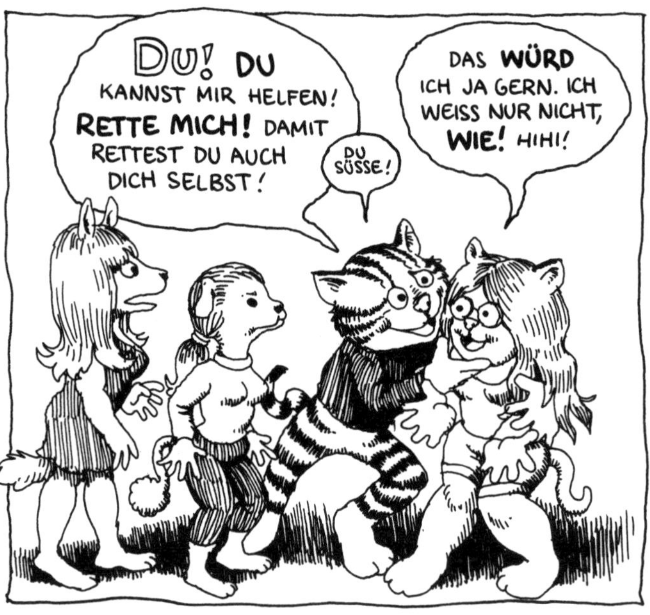
DU! DU KANNST MIR HELFEN! RETTE MICH! DAMIT RETTEST DU AUCH DICH SELBST!
DU SÜSSE!
DAS WÜRD ICH JA GERN. ICH WEISS NUR NICHT, WIE! HIHI!

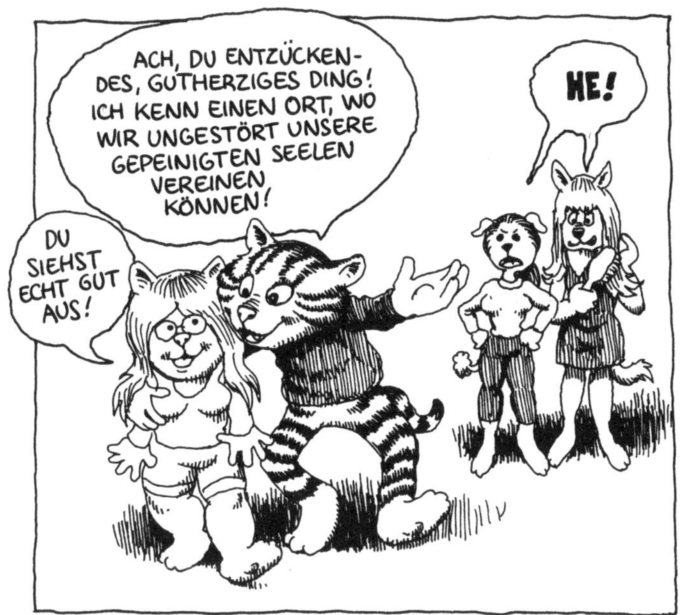
ACH, DU ENTZÜCKENDES, GUTHERZIGES DING! ICH KENN EINEN ORT, WO WIR UNGESTÖRT UNSERE GEPEINIGTEN SEELEN VEREINEN KÖNNEN!
DU SIEHST ECHT GUT AUS!
HE!

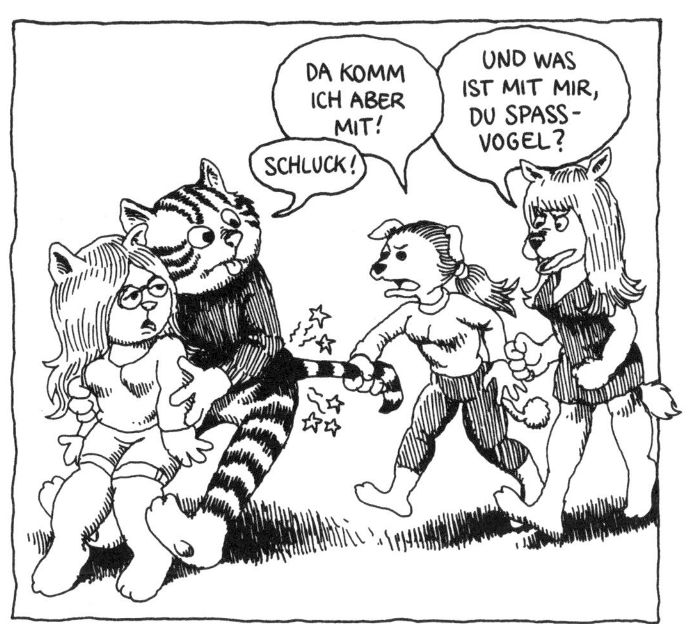
DA KOMM ICH ABER MIT!
SCHLUCK!
UND WAS IST MIT MIR, DU SPASSVOGEL?

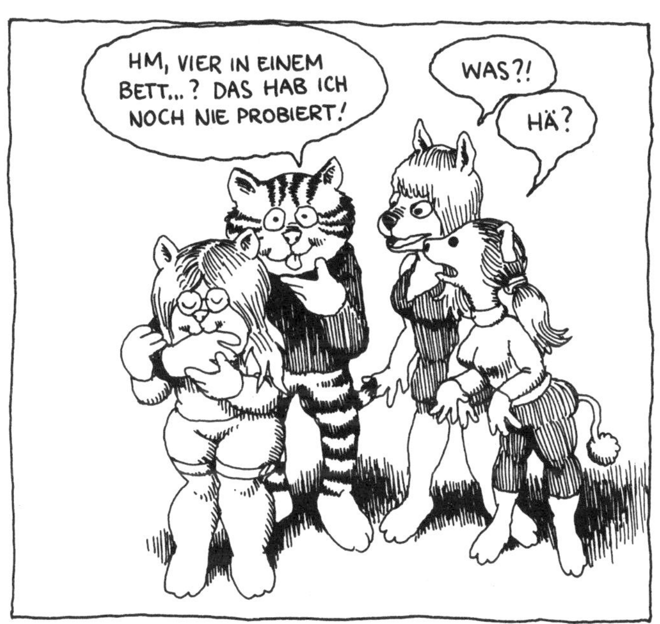
HM, VIER IN EINEM BETT...? DAS HAB ICH NOCH NIE PROBIERT!
WAS?!
HÄ?

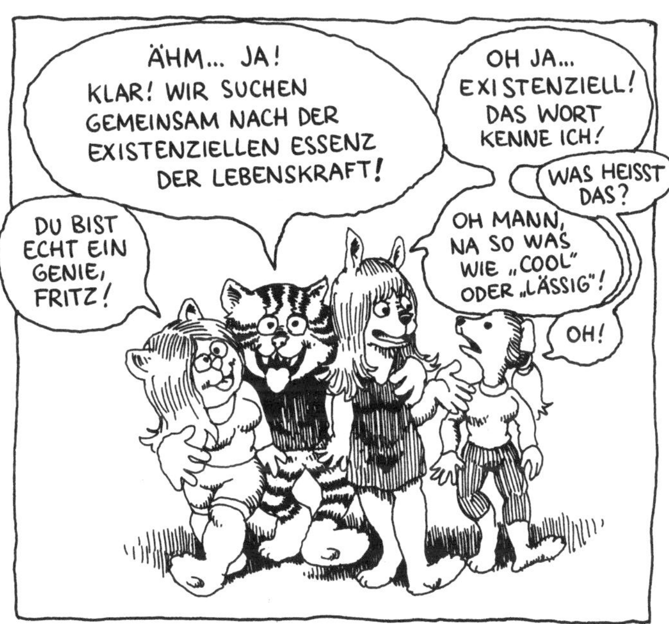
ÄHM... JA! KLAR! WIR SUCHEN GEMEINSAM NACH DER EXISTENZIELLEN ESSENZ DER LEBENSKRAFT!
DU BIST ECHT EIN GENIE, FRITZ!
OH JA... EXISTENZIELL! DAS WORT KENNE ICH!
WAS HEISST DAS?
OH MANN, NA SO WAS WIE „COOL" ODER „LÄSSIG"!
OH!

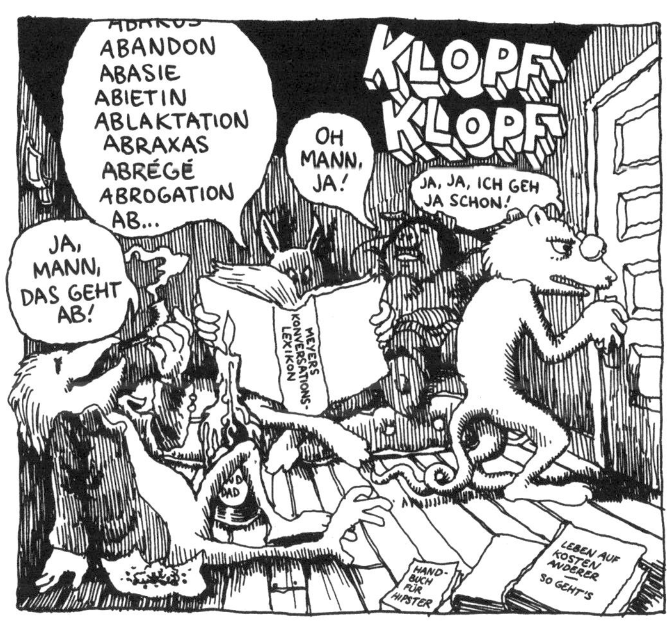
ABANDON
ABASIE
ABIETIN
ABLAKTATION
ABRAXAS
ABRÉGÉ
ABROGATION
AB...
KLOPF KLOPF
OH MANN, JA!
JA, JA, ICH GEH JA SCHON!
JA, MANN, DAS GEHT AB!
MEYERS KONVERSATIONS-LEXIKON
HANDBUCH FÜR HIPSTER
LEBEN AUF KOSTEN ANDERER — SO GEHT'S

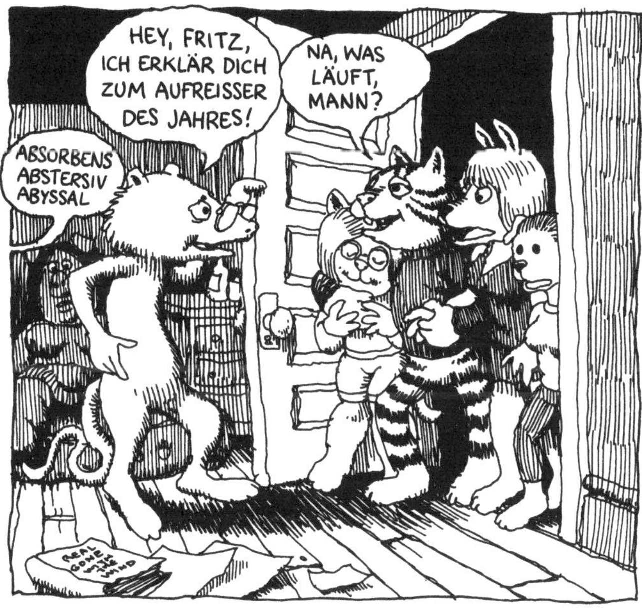
HEY, FRITZ, ICH ERKLÄR DICH ZUM AUFREISSER DES JAHRES!
NA, WAS LÄUFT, MANN?
ABSORBENS
ABSTERSIV
ABYSSAL

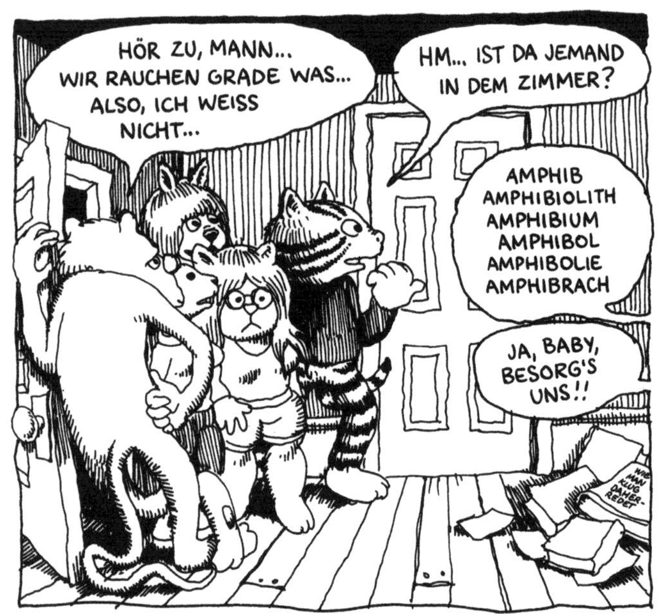
HÖR ZU, MANN... WIR RAUCHEN GRADE WAS... ALSO, ICH WEISS NICHT...
HM... IST DA JEMAND IN DEM ZIMMER?
AMPHIB AMPHIBIOLITH AMPHIBIUM AMPHIBOL AMPHIBOLIE AMPHIBRACH
JA, BABY, BESORG'S UNS!!
WIE MAN KLUG DAHER-REDET

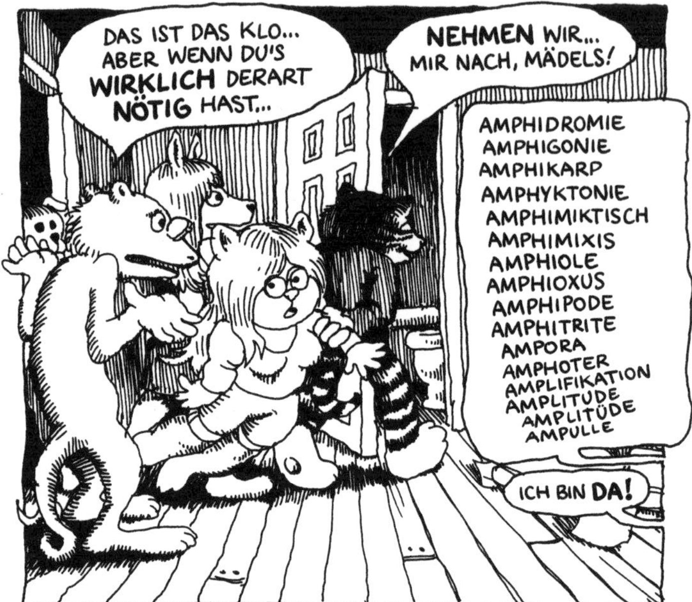
DAS IST DAS KLO... ABER WENN DU'S **WIRKLICH** DERART **NÖTIG** HAST...
NEHMEN WIR... MIR NACH, MÄDELS!
AMPHIDROMIE AMPHIGONIE AMPHIKARP AMPHYKTONIE AMPHIMIKTISCH AMPHIMIXIS AMPHIOLE AMPHIOXUS AMPHIPODE AMPHITRITE AMPORA AMPHOTER AMPLIFIKATION AMPLITUDE AMPLITÜDE AMPULLE
ICH BIN **DA!**

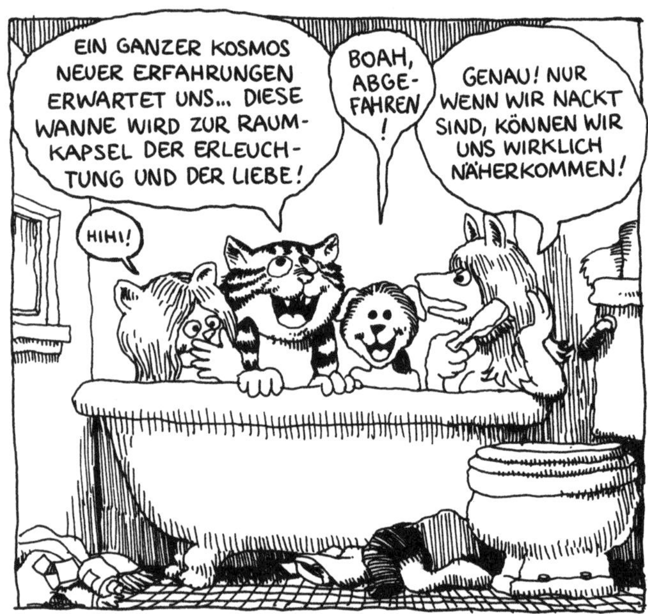
EIN GANZER KOSMOS NEUER ERFAHRUNGEN ERWARTET UNS... DIESE WANNE WIRD ZUR RAUMKAPSEL DER ERLEUCHTUNG UND DER LIEBE!
BOAH, ABGEFAHREN!
GENAU! NUR WENN WIR NACKT SIND, KÖNNEN WIR UNS WIRKLICH NÄHERKOMMEN!
HIHI!

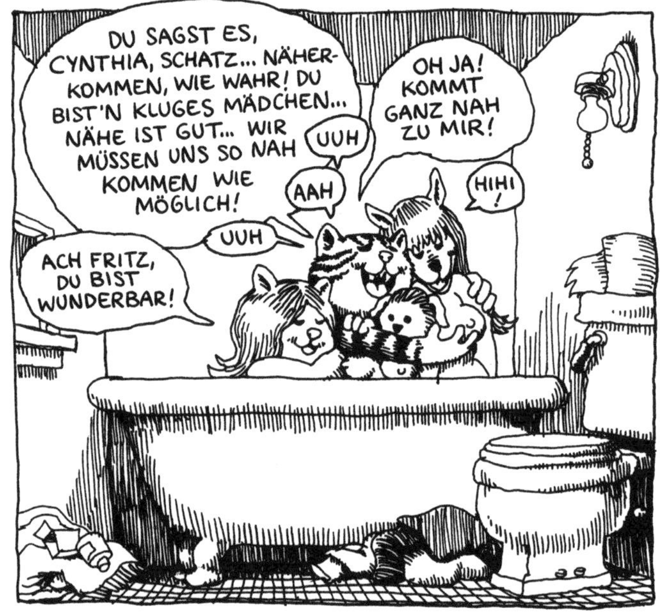
DU SAGST ES, CYNTHIA, SCHATZ... NÄHERKOMMEN, WIE WAHR! DU BIST'N KLUGES MÄDCHEN... NÄHE IST GUT... WIR MÜSSEN UNS SO NAH KOMMEN WIE MÖGLICH!
OH JA! KOMMT GANZ NAH ZU MIR!
UUH
AAH
HIHI!
UUH
ACH FRITZ, DU BIST WUNDERBAR!

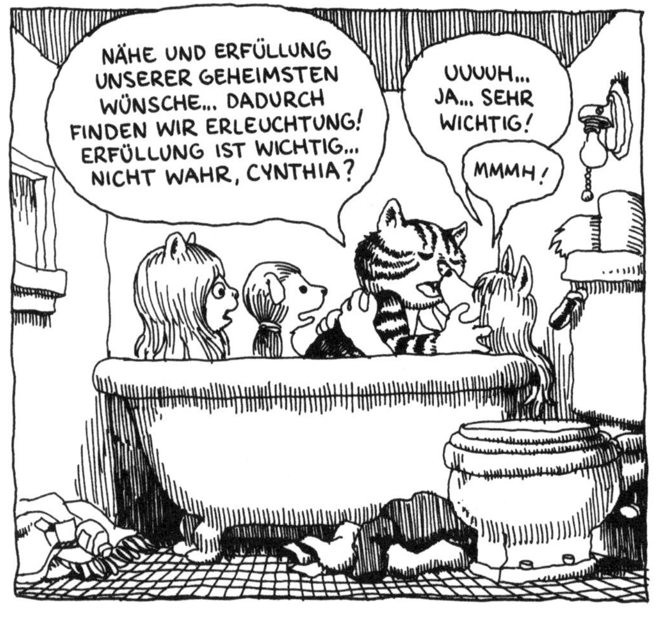
NÄHE UND ERFÜLLUNG UNSERER GEHEIMSTEN WÜNSCHE... DADURCH FINDEN WIR ERLEUCHTUNG! ERFÜLLUNG IST WICHTIG... NICHT WAHR, CYNTHIA?
UUUUH... JA... SEHR WICHTIG!
MMMH!

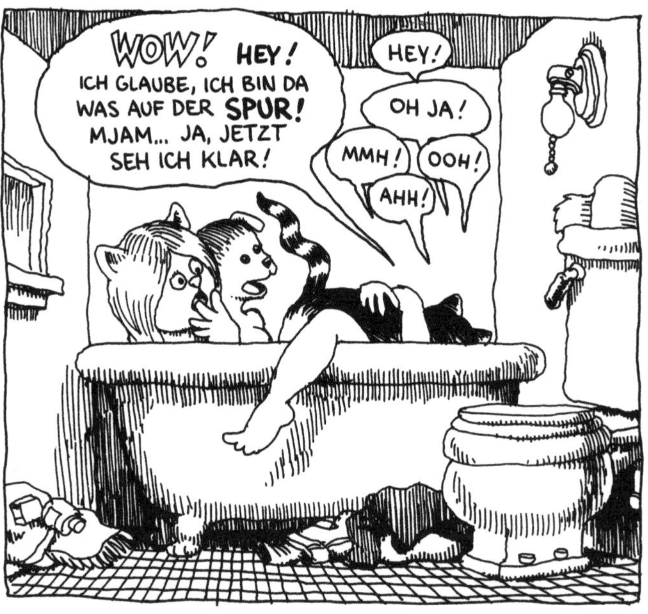
WOW! **HEY!** ICH GLAUBE, ICH BIN DA WAS AUF DER **SPUR!** MJAM... JA, JETZT SEH ICH KLAR!
HEY!
OH JA!
MMH!
OOH!
AHH!

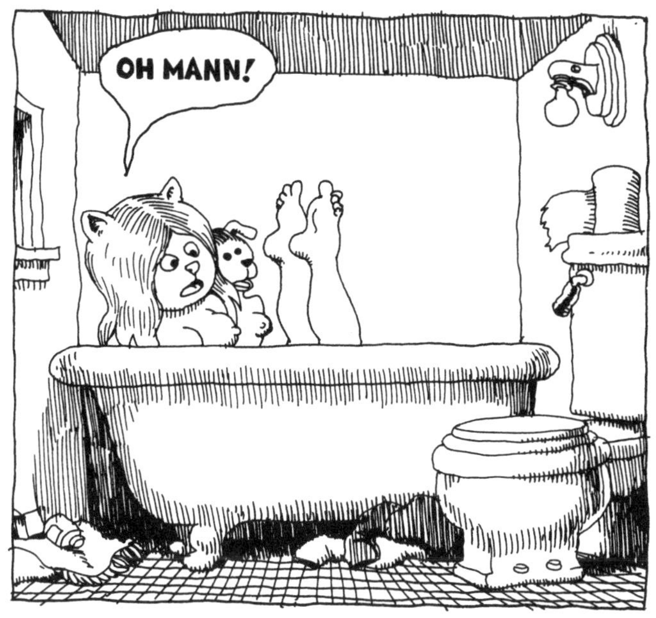
OH MANN!

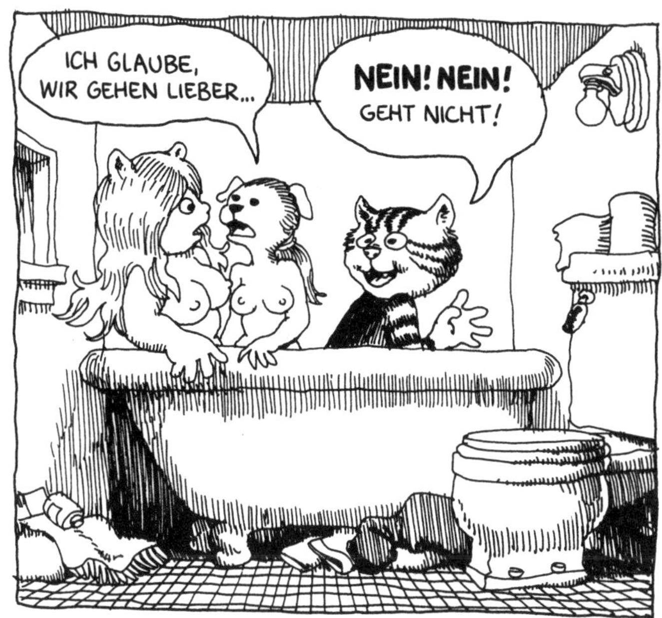
ICH GLAUBE, WIR GEHEN LIEBER...
NEIN! NEIN! GEHT NICHT!

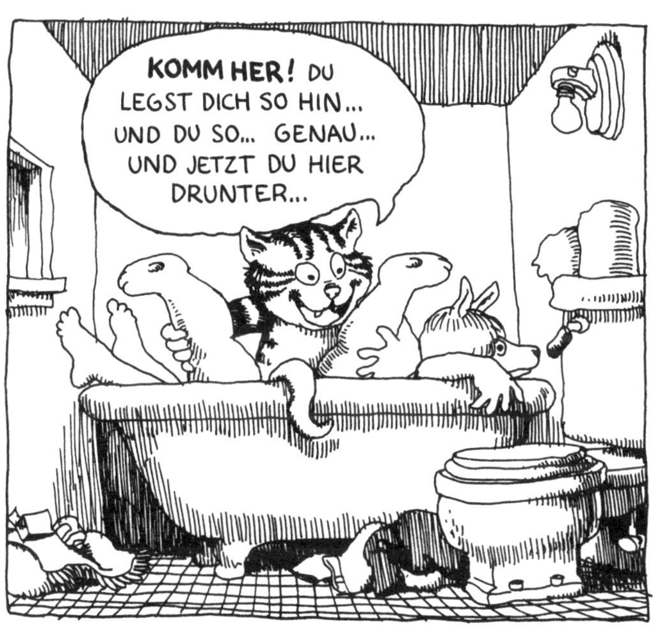
KOMM HER! DU LEGST DICH SO HIN... UND DU SO... GENAU... UND JETZT DU HIER DRUNTER...

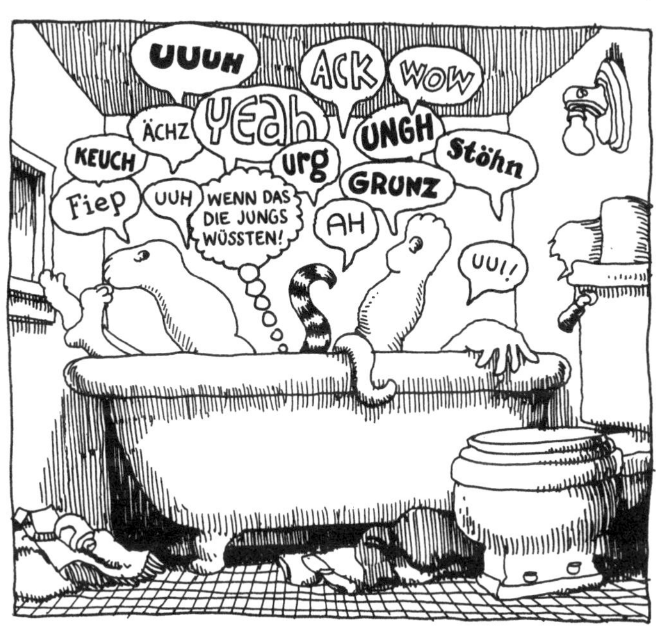
UUUH
ACK
WOW
ÄCHZ
YEah
UNGH
KEUCH
urg
Stöhn
GRUNZ
Fiep
UUH
WENN DAS DIE JUNGS WÜSSTEN!
AH
UUI!

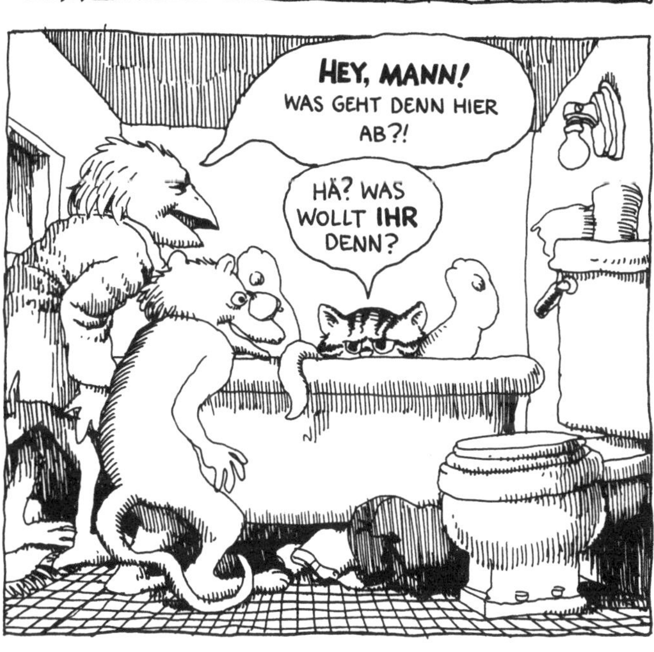
HEY, MANN! WAS GEHT DENN HIER AB?!
HÄ? WAS WOLLT IHR DENN?

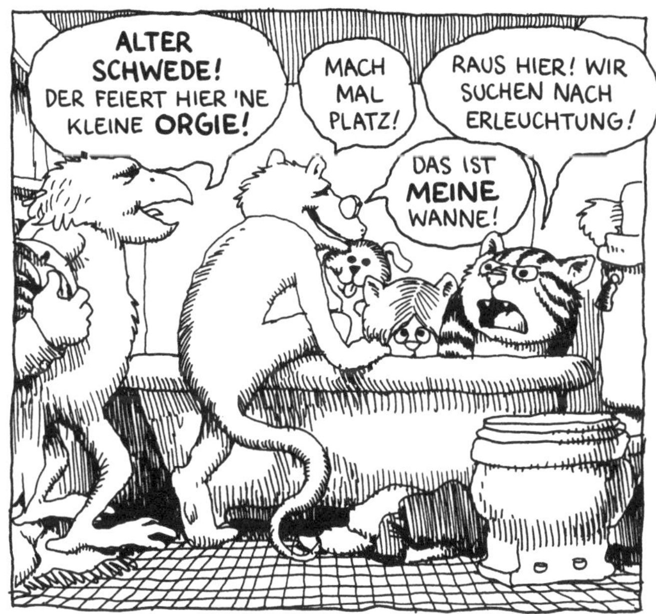
ALTER SCHWEDE! DER FEIERT HIER 'NE KLEINE ORGIE!
MACH MAL PLATZ!
RAUS HIER! WIR SUCHEN NACH ERLEUCHTUNG!
DAS IST MEINE WANNE!

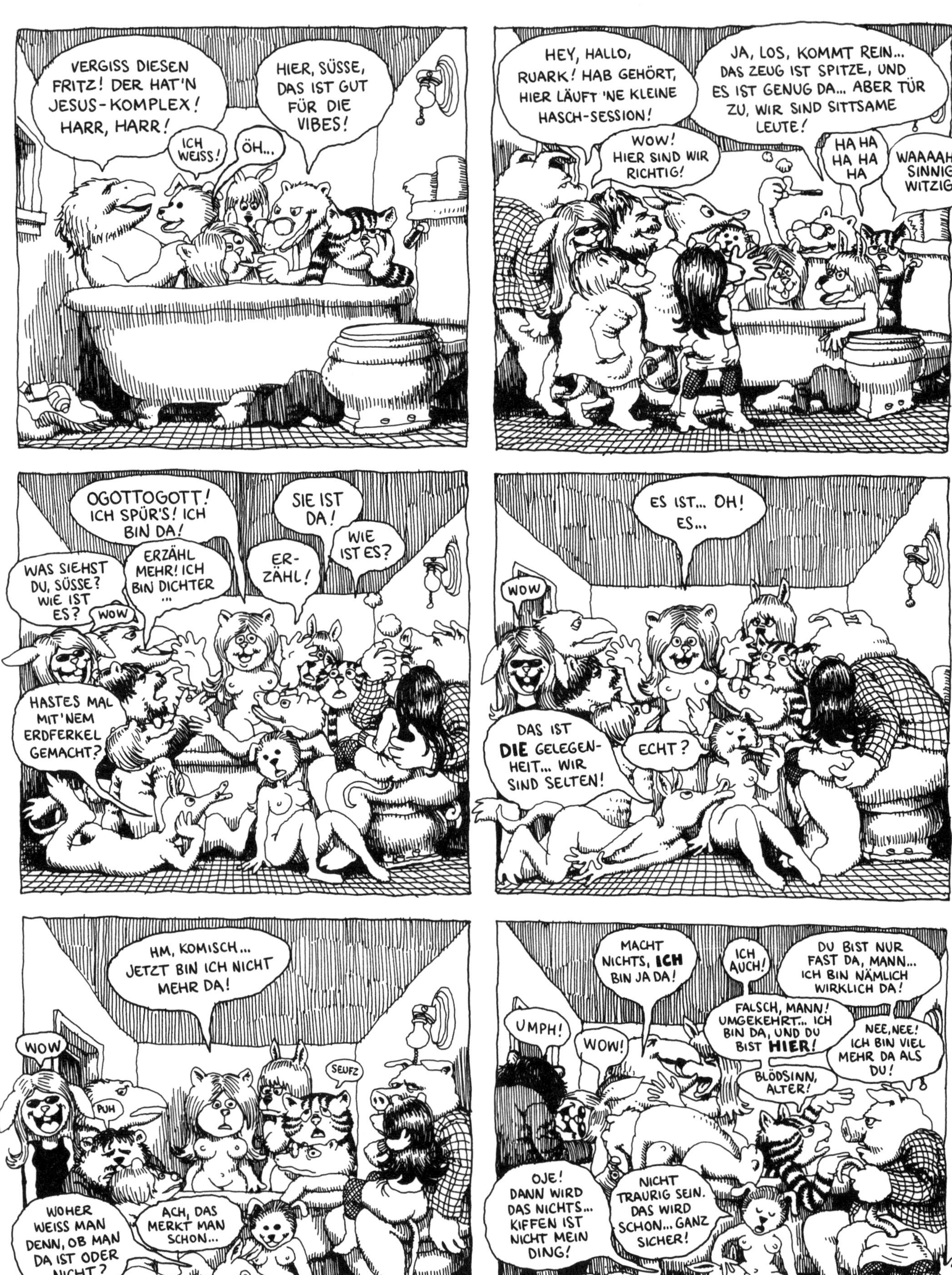
VERGISS DIESEN FRITZ! DER HAT'N JESUS-KOMPLEX! HARR, HARR!
ICH WEISS!
ÖH...
HIER, SÜSSE, DAS IST GUT FÜR DIE VIBES!
HEY, HALLO, RUARK! HAB GEHÖRT, HIER LÄUFT 'NE KLEINE HASCH-SESSION!
JA, LOS, KOMMT REIN... DAS ZEUG IST SPITZE, UND ES IST GENUG DA... ABER TÜR ZU, WIR SIND SITTSAME LEUTE!
WOW! HIER SIND WIR RICHTIG!
HA HA HA HA HA
WAAAAHN-SINNIG WITZIG!
OGOTTOGOTT! ICH SPÜR'S! ICH BIN DA!
SIE IST DA!
WAS SIEHST DU, SÜSSE? WIE IST ES?
ERZÄHL MEHR! ICH BIN DICHTER ...
ER-ZÄHL!
WIE IST ES?
WOW
HASTES MAL MIT'NEM ERDFERKEL GEMACHT?
ES IST... OH! ES...
WOW
DAS IST DIE GELEGEN-HEIT... WIR SIND SELTEN!
ECHT?
HM, KOMISCH... JETZT BIN ICH NICHT MEHR DA!
WOW
PUH
SEUFZ
WOHER WEISS MAN DENN, OB MAN DA IST ODER NICHT?
ACH, DAS MERKT MAN SCHON...
MACHT NICHTS, ICH BIN JA DA!
ICH AUCH!
DU BIST NUR FAST DA, MANN... ICH BIN NÄMLICH WIRKLICH DA!
UMPH!
WOW!
FALSCH, MANN! UMGEKEHRT... ICH BIN DA, UND DU BIST HIER!
NEE, NEE! ICH BIN VIEL MEHR DA ALS DU!
BLÖDSINN, ALTER!
OJE! DANN WIRD DAS NICHTS... KIFFEN IST NICHT MEIN DING!
NICHT TRAURIG SEIN. DAS WIRD SCHON... GANZ SICHER!

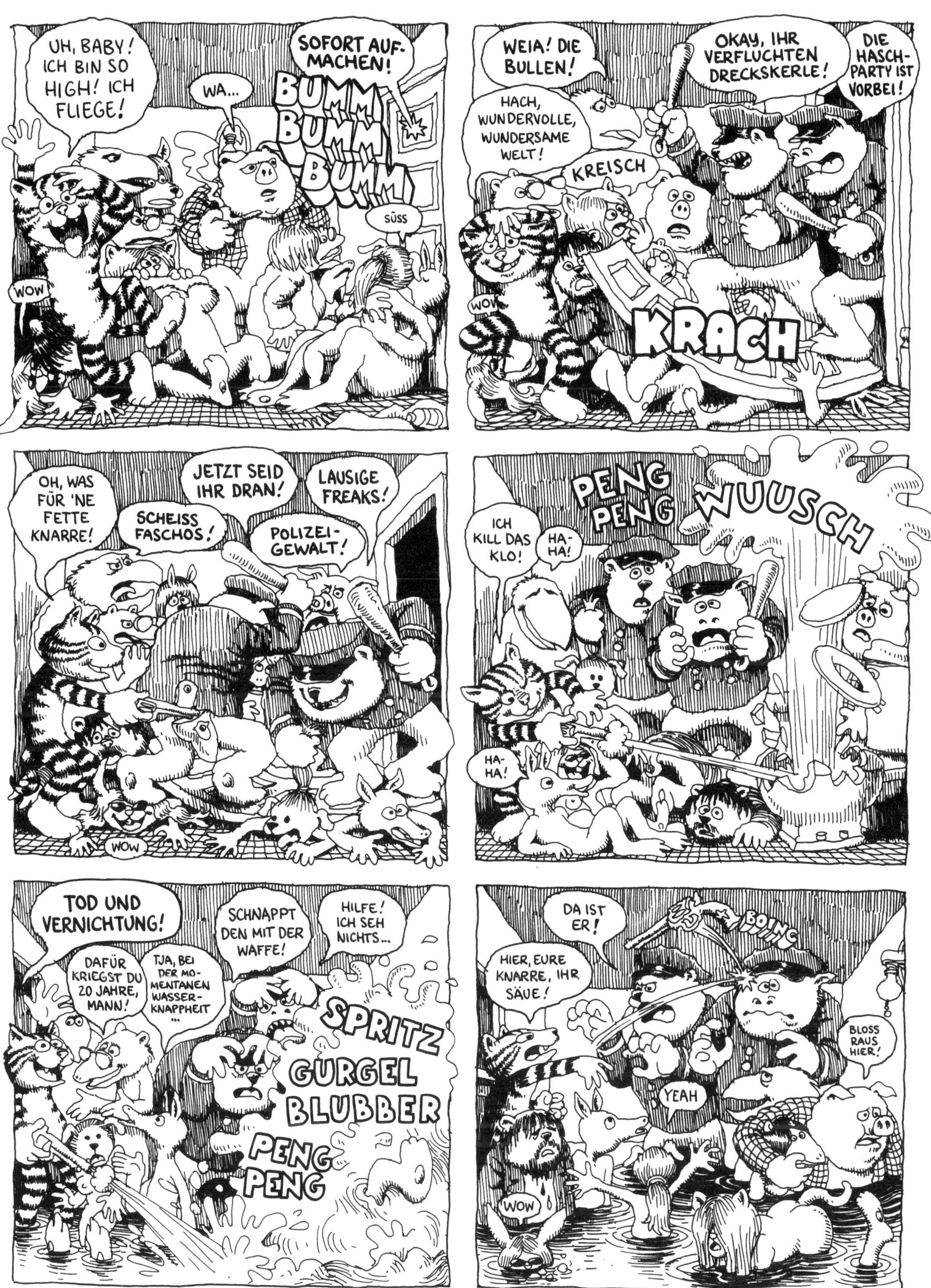
UH, BABY! ICH BIN SO HIGH! ICH FLIEGE!
WA...
SOFORT AUFMACHEN!
BUMM BUMM BUMM
SÜSS
WOW
WEIA! DIE BULLEN!
HACH, WUNDERVOLLE, WUNDERSAME WELT!
OKAY, IHR VERFLUCHTEN DRECKSKERLE!
DIE HASCH-PARTY IST VORBEI!
KREISCH
WOW
KRACH
OH, WAS FÜR 'NE FETTE KNARRE!
SCHEISS FASCHOS!
JETZT SEID IHR DRAN!
LAUSIGE FREAKS!
POLIZEI-GEWALT!
WOW
PENG PENG
WUUSCH
ICH KILL DAS KLO!
HA-HA!
HA-HA!
TOD UND VERNICHTUNG!
DAFÜR KRIEGST DU 20 JAHRE, MANN!
TJA, BEI DER MOMENTANEN WASSERKNAPPHEIT ...
SCHNAPPT DEN MIT DER WAFFE!
HILFE! ICH SEH NICHTS...
SPRITZ
GURGEL
BLUBBER
PENG PENG
DA IST ER!
BOING
HIER, EURE KNARRE, IHR SÄUE!
BLOSS RAUS HIER!
YEAH
WOW

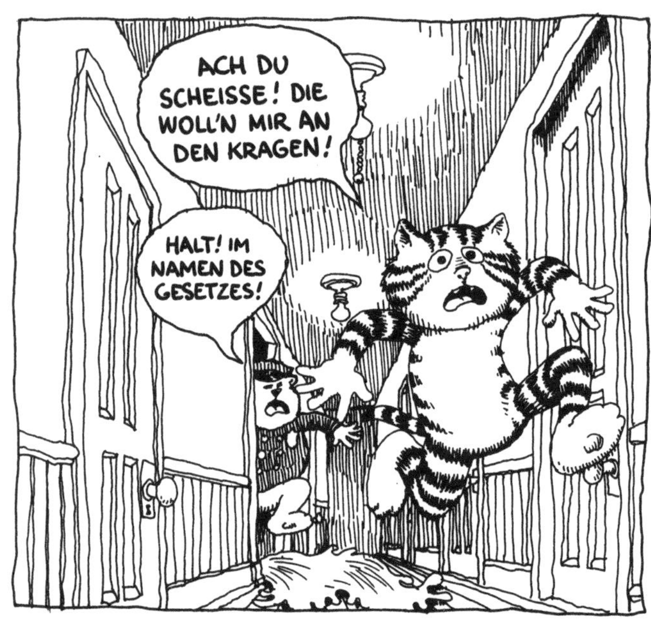
ACH DU SCHEISSE! DIE WOLL'N MIR AN DEN KRAGEN!
HALT! IM NAMEN DES GESETZES!

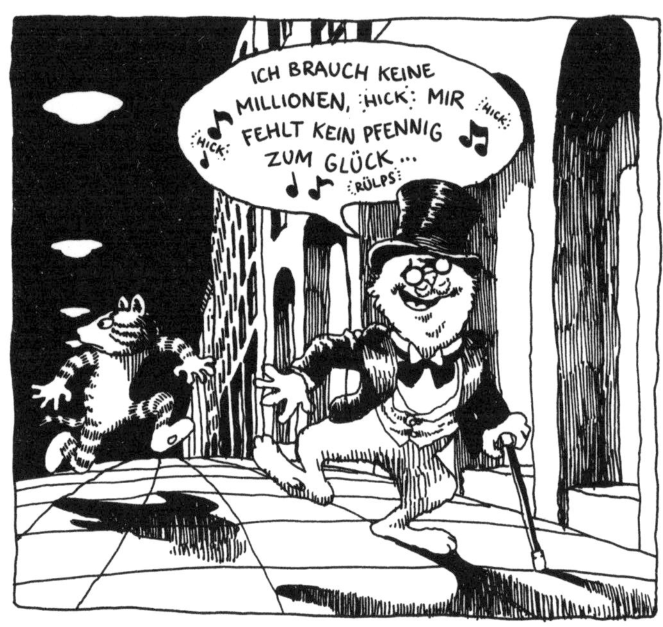
ICH BRAUCH KEINE MILLIONEN, HICK MIR FEHLT KEIN PFENNIG ZUM GLÜCK ... RÜLPS
HICK
HICK

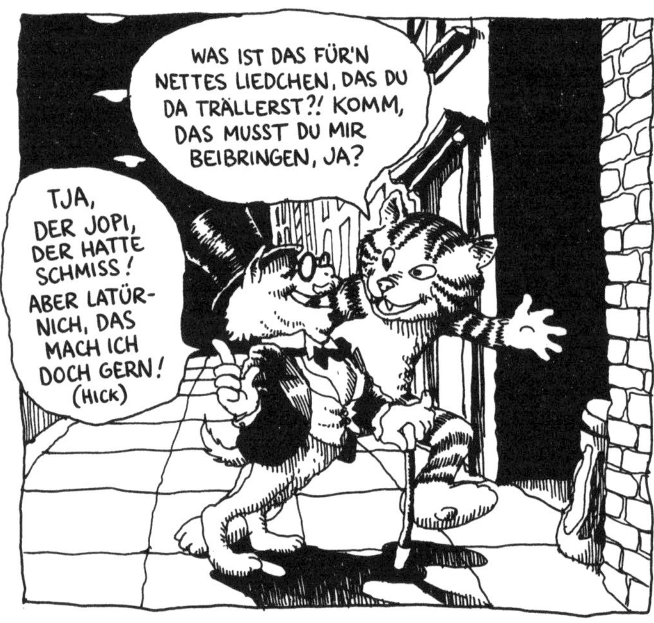
WAS IST DAS FÜR'N NETTES LIEDCHEN, DAS DU DA TRÄLLERST?! KOMM, DAS MUSST DU MIR BEIBRINGEN, JA?
TJA, DER JOPI, DER HATTE SCHMISS! ABER LATÜRNICH, DAS MACH ICH DOCH GERN! (HICK)

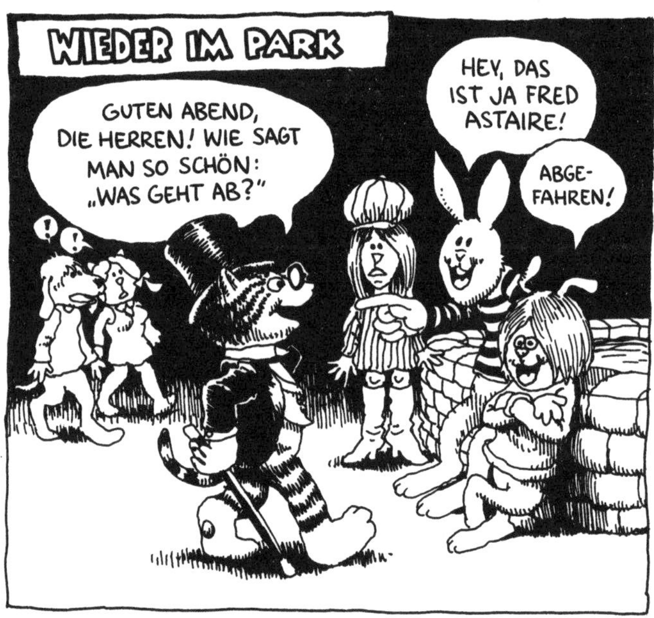
WIEDER IM PARK
GUTEN ABEND, DIE HERREN! WIE SAGT MAN SO SCHÖN: „WAS GEHT AB?"
!
!
HEY, DAS IST JA FRED ASTAIRE!
ABGEFAHREN!

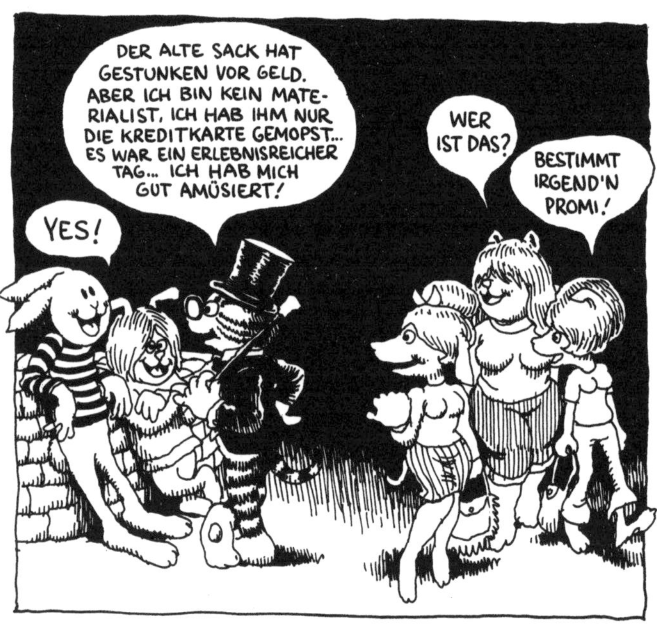
DER ALTE SACK HAT GESTUNKEN VOR GELD. ABER ICH BIN KEIN MATERIALIST, ICH HAB IHM NUR DIE KREDITKARTE GEMOPST... ES WAR EIN ERLEBNISREICHER TAG... ICH HAB MICH GUT AMÜSIERT!
YES!
WER IST DAS?
BESTIMMT IRGEND'N PROMI!

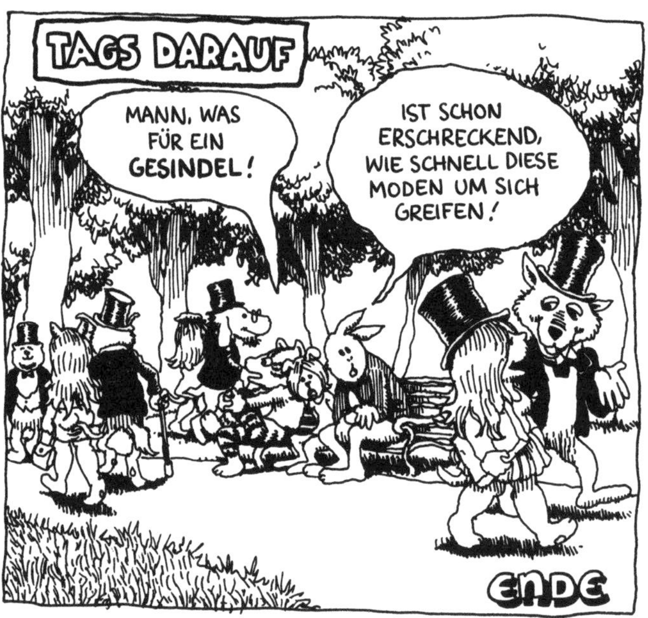
TAGS DARAUF
MANN, WAS FÜR EIN GESINDEL!
IST SCHON ERSCHRECKEND, WIE SCHNELL DIESE MODEN UM SICH GREIFEN!
ENDE

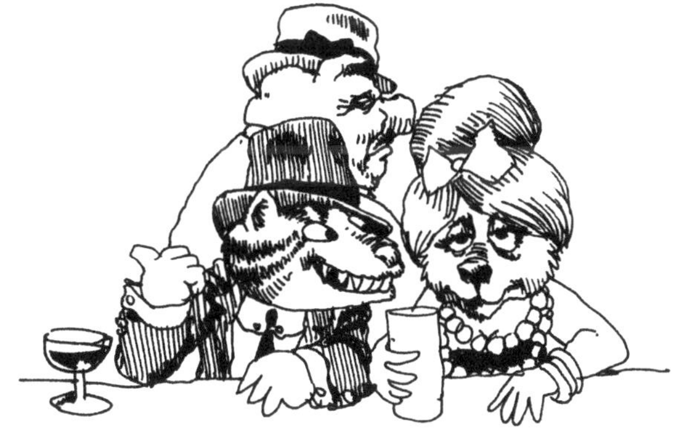

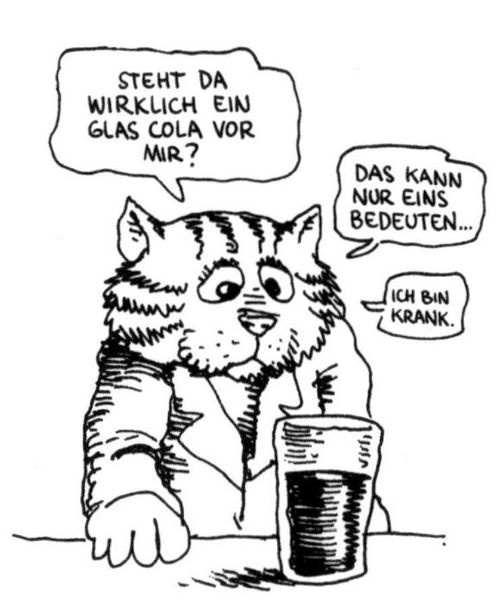
STEHT DA WIRKLICH EIN GLAS COLA VOR MIR?
DAS KANN NUR EINS BEDEUTEN...
ICH BIN KRANK.

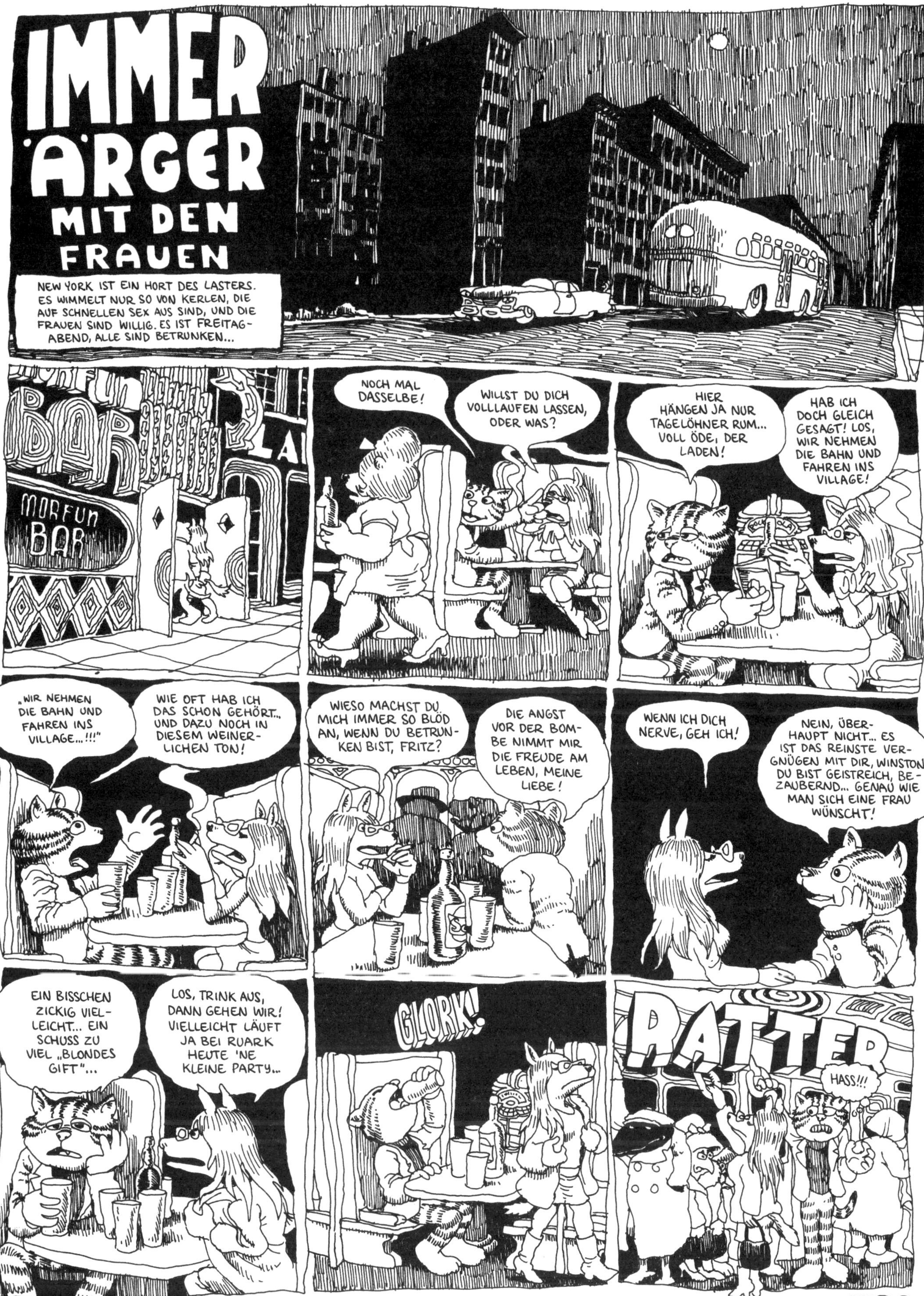
IMMER ÄRGER MIT DEN FRAUEN
NEW YORK IST EIN HORT DES LASTERS. ES WIMMELT NUR SO VON KERLEN, DIE AUF SCHNELLEN SEX AUS SIND, UND DIE FRAUEN SIND WILLIG. ES IST FREITAG-ABEND, ALLE SIND BETRUNKEN...
MORFUN BAR
NOCH MAL DASSELBE!
WILLST DU DICH VOLLLAUFEN LASSEN, ODER WAS?
HIER HÄNGEN JA NUR TAGELÖHNER RUM... VOLL ÖDE, DER LADEN!
HAB ICH DOCH GLEICH GESAGT! LOS, WIR NEHMEN DIE BAHN UND FAHREN INS VILLAGE!
„WIR NEHMEN DIE BAHN UND FAHREN INS VILLAGE...!!!"
WIE OFT HAB ICH DAS SCHON GEHÖRT... UND DAZU NOCH IN DIESEM WEINERLICHEN TON!
WIESO MACHST DU MICH IMMER SO BLÖD AN, WENN DU BETRUNKEN BIST, FRITZ?
DIE ANGST VOR DER BOMBE NIMMT MIR DIE FREUDE AM LEBEN, MEINE LIEBE!
WENN ICH DICH NERVE, GEH ICH!
NEIN, ÜBERHAUPT NICHT... ES IST DAS REINSTE VERGNÜGEN MIT DIR, WINSTON! DU BIST GEISTREICH, BEZAUBERND... GENAU WIE MAN SICH EINE FRAU WÜNSCHT!
EIN BISSCHEN ZICKIG VIELLEICHT... EIN SCHUSS ZU VIEL „BLONDES GIFT"...
LOS, TRINK AUS, DANN GEHEN WIR! VIELLEICHT LÄUFT JA BEI RUARK HEUTE 'NE KLEINE PARTY...
GLORK!
RATTER
HASS!!!
ENDE

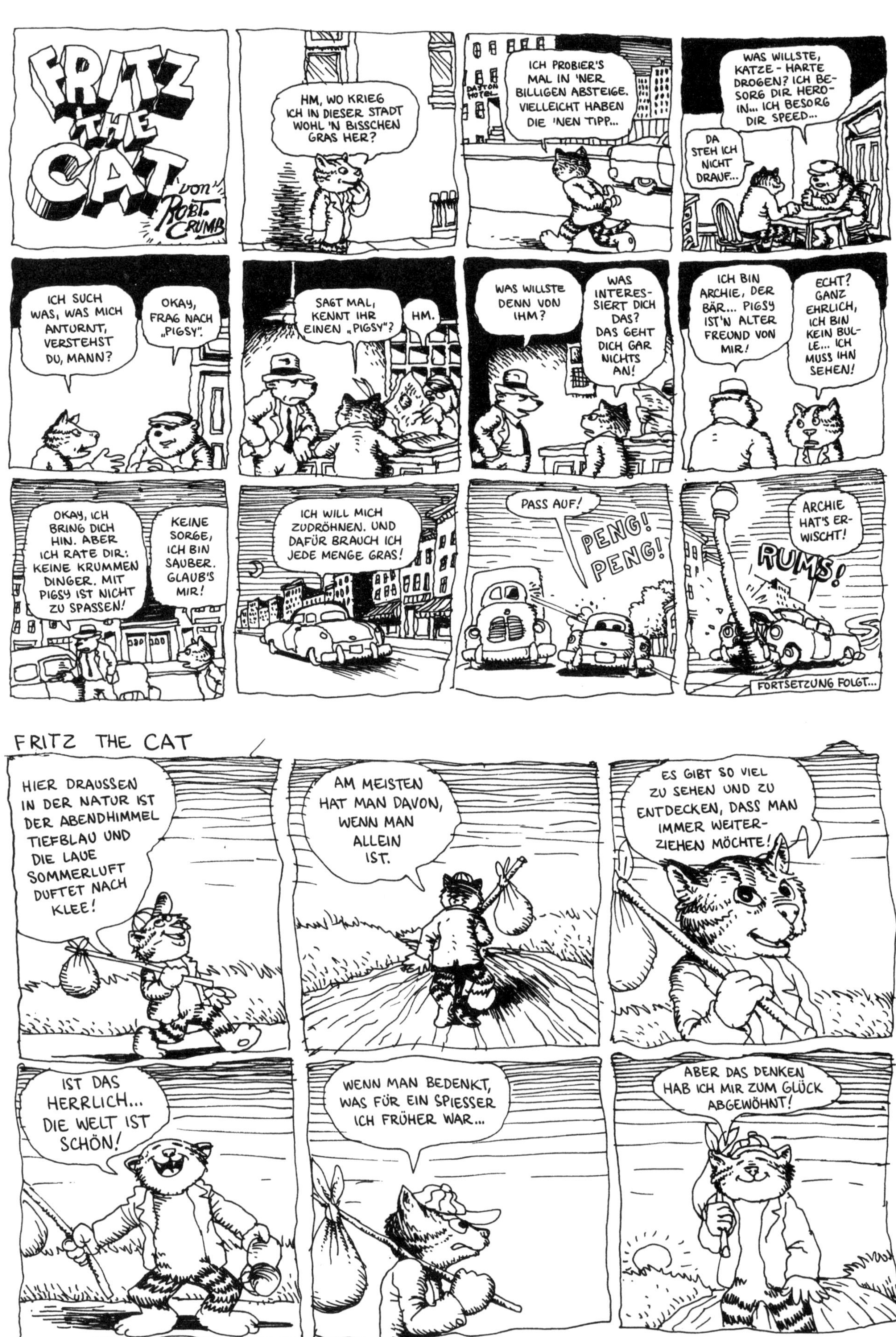
FRITZ THE CAT
von ROBT. CRUMB
HM, WO KRIEG ICH IN DIESER STADT WOHL 'N BISSCHEN GRAS HER?
DAYTON HOTEL
ICH PROBIER'S MAL IN 'NER BILLIGEN ABSTEIGE. VIELLEICHT HABEN DIE 'NEN TIPP...
WAS WILLSTE, KATZE - HARTE DROGEN? ICH BESORG DIR HEROIN... ICH BESORG DIR SPEED...
DA STEH ICH NICHT DRAUF...
ICH SUCH WAS, WAS MICH ANTURNT, VERSTEHST DU, MANN?
OKAY, FRAG NACH „PIGSY".
SAGT MAL, KENNT IHR EINEN „PIGSY"?
HM.
WAS WILLSTE DENN VON IHM?
WAS INTERESSIERT DICH DAS? DAS GEHT DICH GAR NICHTS AN!
ICH BIN ARCHIE, DER BÄR... PIGSY IST'N ALTER FREUND VON MIR!
ECHT? GANZ EHRLICH, ICH BIN KEIN BULLE... ICH MUSS IHN SEHEN!
OKAY, ICH BRING DICH HIN. ABER ICH RATE DIR: KEINE KRUMMEN DINGER. MIT PIGSY IST NICHT ZU SPASSEN!
KEINE SORGE, ICH BIN SAUBER. GLAUB'S MIR!
ICH WILL MICH ZUDRÖHNEN. UND DAFÜR BRAUCH ICH JEDE MENGE GRAS!
PASS AUF!
PENG! PENG!
ARCHIE HAT'S ERWISCHT!
RUMS!
FORTSETZUNG FOLGT...
FRITZ THE CAT
HIER DRAUSSEN IN DER NATUR IST DER ABENDHIMMEL TIEFBLAU UND DIE LAUE SOMMERLUFT DUFTET NACH KLEE!
AM MEISTEN HAT MAN DAVON, WENN MAN ALLEIN IST.
ES GIBT SO VIEL ZU SEHEN UND ZU ENTDECKEN, DASS MAN IMMER WEITERZIEHEN MÖCHTE!
IST DAS HERRLICH... DIE WELT IST SCHÖN!
WENN MAN BEDENKT, WAS FÜR EIN SPIESSER ICH FRÜHER WAR...
ABER DAS DENKEN HAB ICH MIR ZUM GLÜCK ABGEWÖHNT!

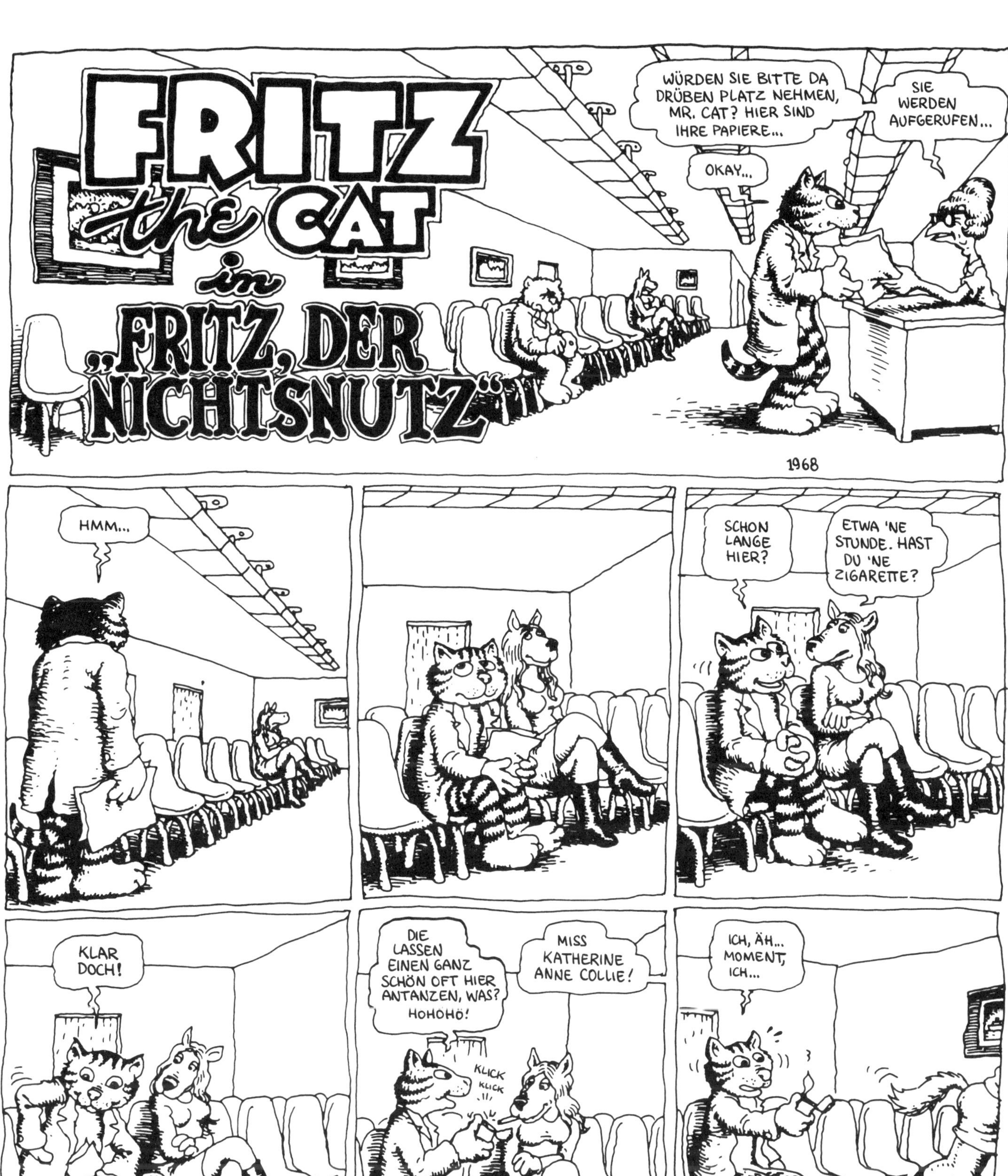
FRITZ the CAT
in
„FRITZ, DER NICHTSNUTZ“
WÜRDEN SIE BITTE DA DRÜBEN PLATZ NEHMEN, MR. CAT? HIER SIND IHRE PAPIERE...
SIE WERDEN AUFGERUFEN...
OKAY...
1968
HMM...
SCHON LANGE HIER?
ETWA 'NE STUNDE. HAST DU 'NE ZIGARETTE?
KLAR DOCH!
DIE LASSEN EINEN GANZ SCHÖN OFT HIER ANTANZEN, WAS? HOHOHÖ!
KLICK KLICK
MISS KATHERINE ANNE COLLIE!
ICH, ÄH... MOMENT, ICH...

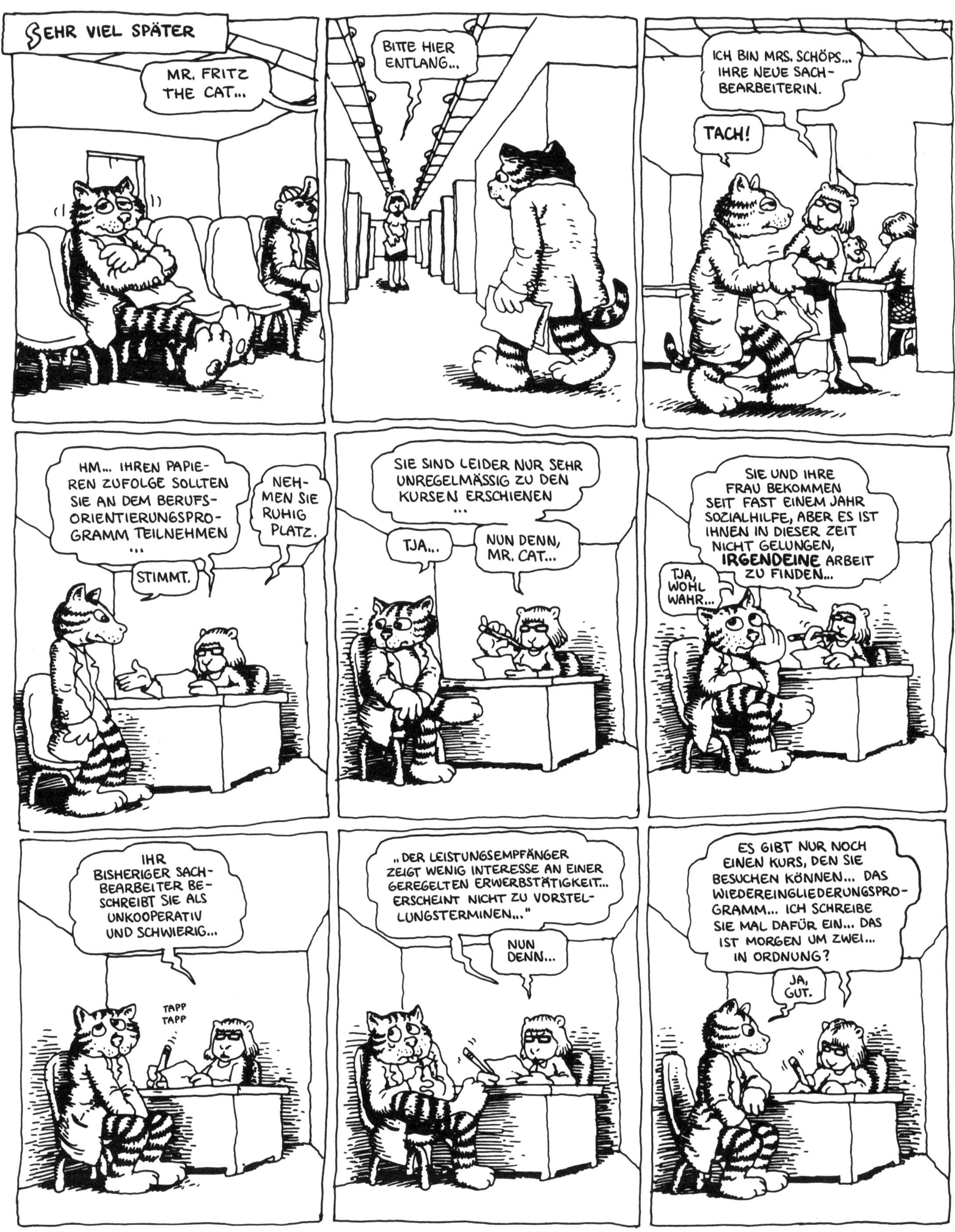
SEHR VIEL SPÄTER
MR. FRITZ THE CAT...
BITTE HIER ENTLANG...
ICH BIN MRS. SCHÖPS... IHRE NEUE SACH-BEARBEITERIN.
TACH!
HM... IHREN PAPIEREN ZUFOLGE SOLLTEN SIE AN DEM BERUFS-ORIENTIERUNGSPROGRAMM TEILNEHMEN ...
NEHMEN SIE RUHIG PLATZ.
STIMMT.
SIE SIND LEIDER NUR SEHR UNREGELMÄSSIG ZU DEN KURSEN ERSCHIENEN ...
TJA...
NUN DENN, MR. CAT...
SIE UND IHRE FRAU BEKOMMEN SEIT FAST EINEM JAHR SOZIALHILFE, ABER ES IST IHNEN IN DIESER ZEIT NICHT GELUNGEN, IRGENDEINE ARBEIT ZU FINDEN...
TJA, WOHL WAHR...
IHR BISHERIGER SACHBEARBEITER BESCHREIBT SIE ALS UNKOOPERATIV UND SCHWIERIG...
TAPP TAPP
„DER LEISTUNGSEMPFÄNGER ZEIGT WENIG INTERESSE AN EINER GEREGELTEN ERWERBSTÄTIGKEIT... ERSCHEINT NICHT ZU VORSTELLUNGSTERMINEN..."
NUN DENN...
ES GIBT NUR NOCH EINEN KURS, DEN SIE BESUCHEN KÖNNEN... DAS WIEDEREINGLIEDERUNGSPROGRAMM... ICH SCHREIBE SIE MAL DAFÜR EIN... DAS IST MORGEN UM ZWEI... IN ORDNUNG?
JA, GUT.

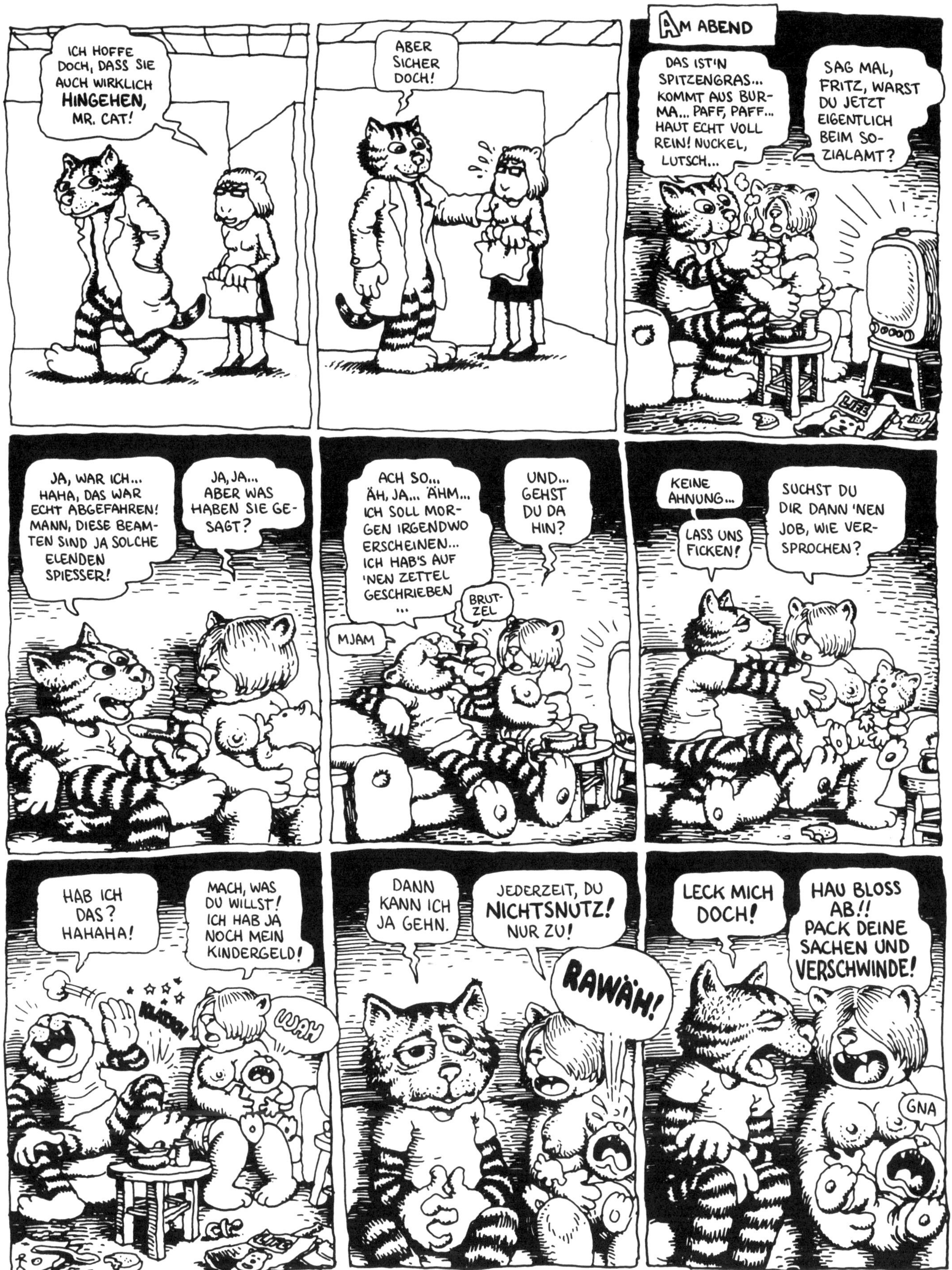
ICH HOFFE DOCH, DASS SIE AUCH WIRKLICH HINGEHEN, MR. CAT!
ABER SICHER DOCH!
AM ABEND
DAS IST'N SPITZENGRAS... KOMMT AUS BURMA... PAFF, PAFF... HAUT ECHT VOLL REIN! NUCKEL, LUTSCH...
SAG MAL, FRITZ, WARST DU JETZT EIGENTLICH BEIM SOZIALAMT?
LIFE
JA, WAR ICH... HAHA, DAS WAR ECHT ABGEFAHREN! MANN, DIESE BEAMTEN SIND JA SOLCHE ELENDEN SPIESSER!
JA, JA... ABER WAS HABEN SIE GESAGT?
ACH SO... ÄH, JA... ÄHM... ICH SOLL MORGEN IRGENDWO ERSCHEINEN... ICH HAB'S AUF 'NEN ZETTEL GESCHRIEBEN ...
UND... GEHST DU DA HIN?
BRUTZEL
MJAM
KEINE AHNUNG...
LASS UNS FICKEN!
SUCHST DU DIR DANN 'NEN JOB, WIE VERSPROCHEN?
HAB ICH DAS? HAHAHA!
MACH, WAS DU WILLST! ICH HAB JA NOCH MEIN KINDERGELD!
KLATSCH
UAH
DANN KANN ICH JA GEHN.
JEDERZEIT, DU NICHTSNUTZ! NUR ZU!
RAWÄH!
LECK MICH DOCH!
HAU BLOSS AB!! PACK DEINE SACHEN UND VERSCHWINDE!
GNA

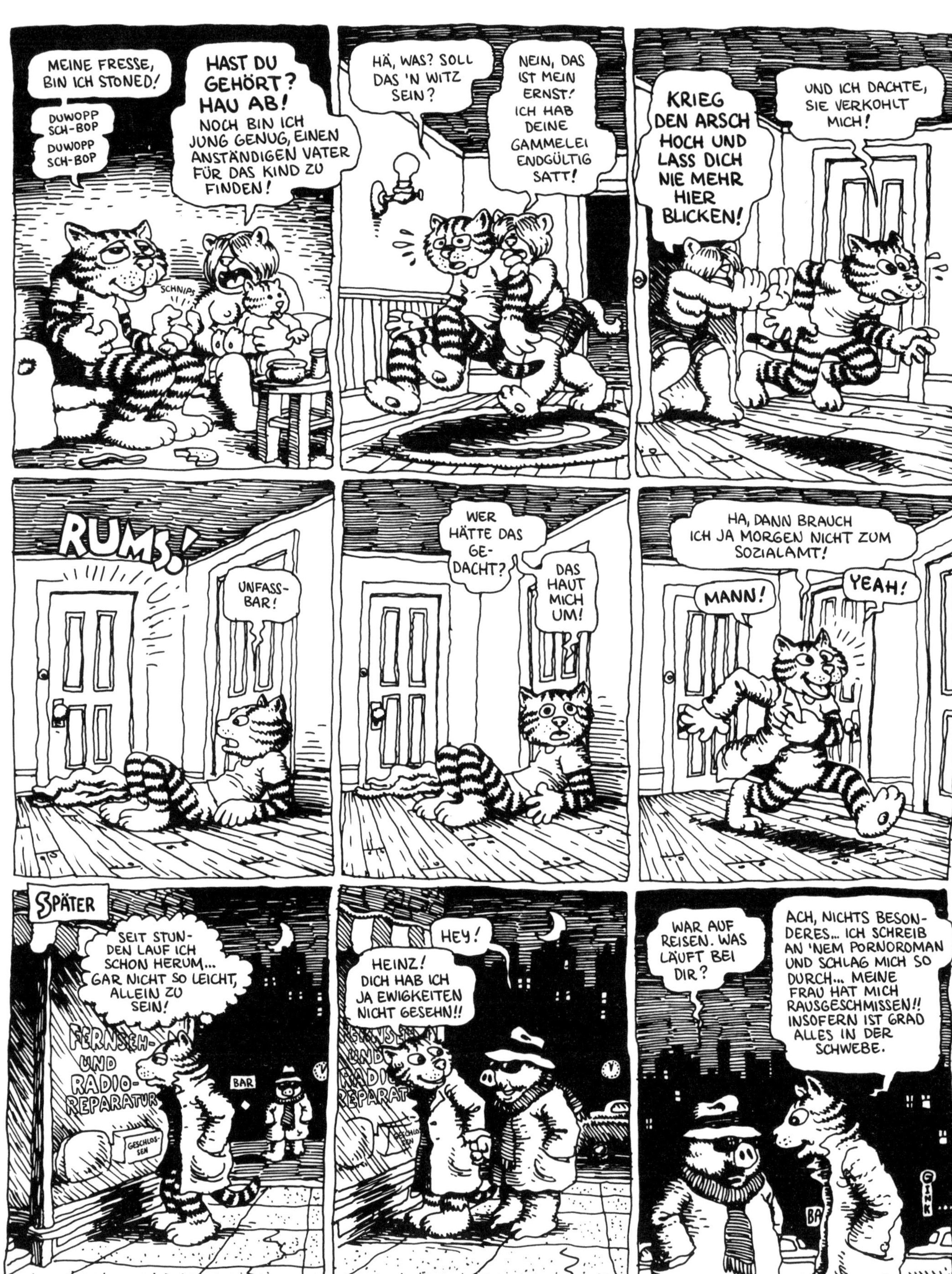
MEINE FRESSE, BIN ICH STONED!
DUWOPP SCH-BOP DUWOPP SCH-BOP
HAST DU GEHÖRT? HAU AB! NOCH BIN ICH JUNG GENUG, EINEN ANSTÄNDIGEN VATER FÜR DAS KIND ZU FINDEN!
SCHNIPS
HÄ, WAS? SOLL DAS 'N WITZ SEIN?
NEIN, DAS IST MEIN ERNST! ICH HAB DEINE GAMMELEI ENDGÜLTIG SATT!
KRIEG DEN ARSCH HOCH UND LASS DICH NIE MEHR HIER BLICKEN!
UND ICH DACHTE, SIE VERKOHLT MICH!
RUMS!
UNFASSBAR!
WER HÄTTE DAS GEDACHT?
DAS HAUT MICH UM!
HA, DANN BRAUCH ICH JA MORGEN NICHT ZUM SOZIALAMT!
MANN!
YEAH!
SPÄTER
SEIT STUNDEN LAUF ICH SCHON HERUM... GAR NICHT SO LEICHT, ALLEIN ZU SEIN!
FERNSEH- UND RADIO-REPARATUR
GESCHLOSSEN
BAR
HEY!
HEINZ! DICH HAB ICH JA EWIGKEITEN NICHT GESEHN!!
WAR AUF REISEN. WAS LÄUFT BEI DIR?
ACH, NICHTS BESONDERES... ICH SCHREIB AN 'NEM PORNOROMAN UND SCHLAG MICH SO DURCH... MEINE FRAU HAT MICH RAUSGESCHMISSEN!! INSOFERN IST GRAD ALLES IN DER SCHWEBE.

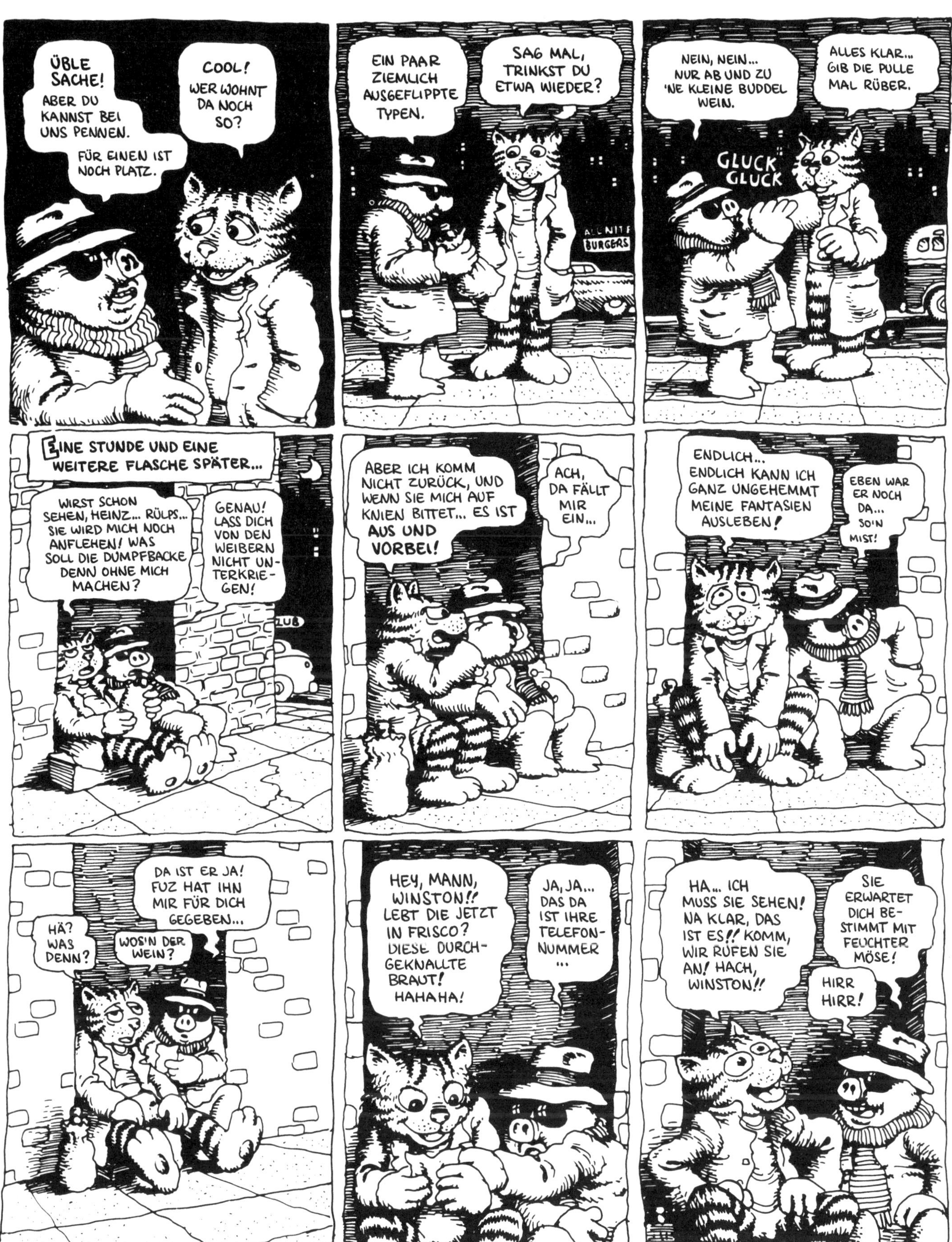
ÜBLE SACHE!
ABER DU KANNST BEI UNS PENNEN.
FÜR EINEN IST NOCH PLATZ.
COOL!
WER WOHNT DA NOCH SO?
EIN PAAR ZIEMLICH AUSGEFLIPPTE TYPEN.
SAG MAL, TRINKST DU ETWA WIEDER?
BURGERS
NEIN, NEIN... NUR AB UND ZU 'NE KLEINE BUDDEL WEIN.
ALLES KLAR... GIB DIE PULLE MAL RÜBER.
GLUCK GLUCK
EINE STUNDE UND EINE WEITERE FLASCHE SPÄTER...
WIRST SCHON SEHEN, HEINZ... RÜLPS... SIE WIRD MICH NOCH ANFLEHEN! WAS SOLL DIE DUMPFBACKE DENN OHNE MICH MACHEN?
GENAU! LASS DICH VON DEN WEIBERN NICHT UNTERKRIEGEN!
ABER ICH KOMM NICHT ZURÜCK, UND WENN SIE MICH AUF KNIEN BITTET... ES IST AUS UND VORBEI!
ACH, DA FÄLLT MIR EIN...
ENDLICH... ENDLICH KANN ICH GANZ UNGEHEMMT MEINE FANTASIEN AUSLEBEN!
EBEN WAR ER NOCH DA... SO'N MIST!
DA IST ER JA! FUZ HAT IHN MIR FÜR DICH GEGEBEN...
HÄ? WAS DENN?
WOS'N DER WEIN?
HEY, MANN, WINSTON!! LEBT DIE JETZT IN FRISCO? DIESE DURCHGEKNALLTE BRAUT! HAHAHA!
JA, JA... DAS DA IST IHRE TELEFONNUMMER ...
HA... ICH MUSS SIE SEHEN! NA KLAR, DAS IST ES!! KOMM, WIR RUFEN SIE AN! HACH, WINSTON!!
SIE ERWARTET DICH BESTIMMT MIT FEUCHTER MÖSE!
HIRR HIRR!

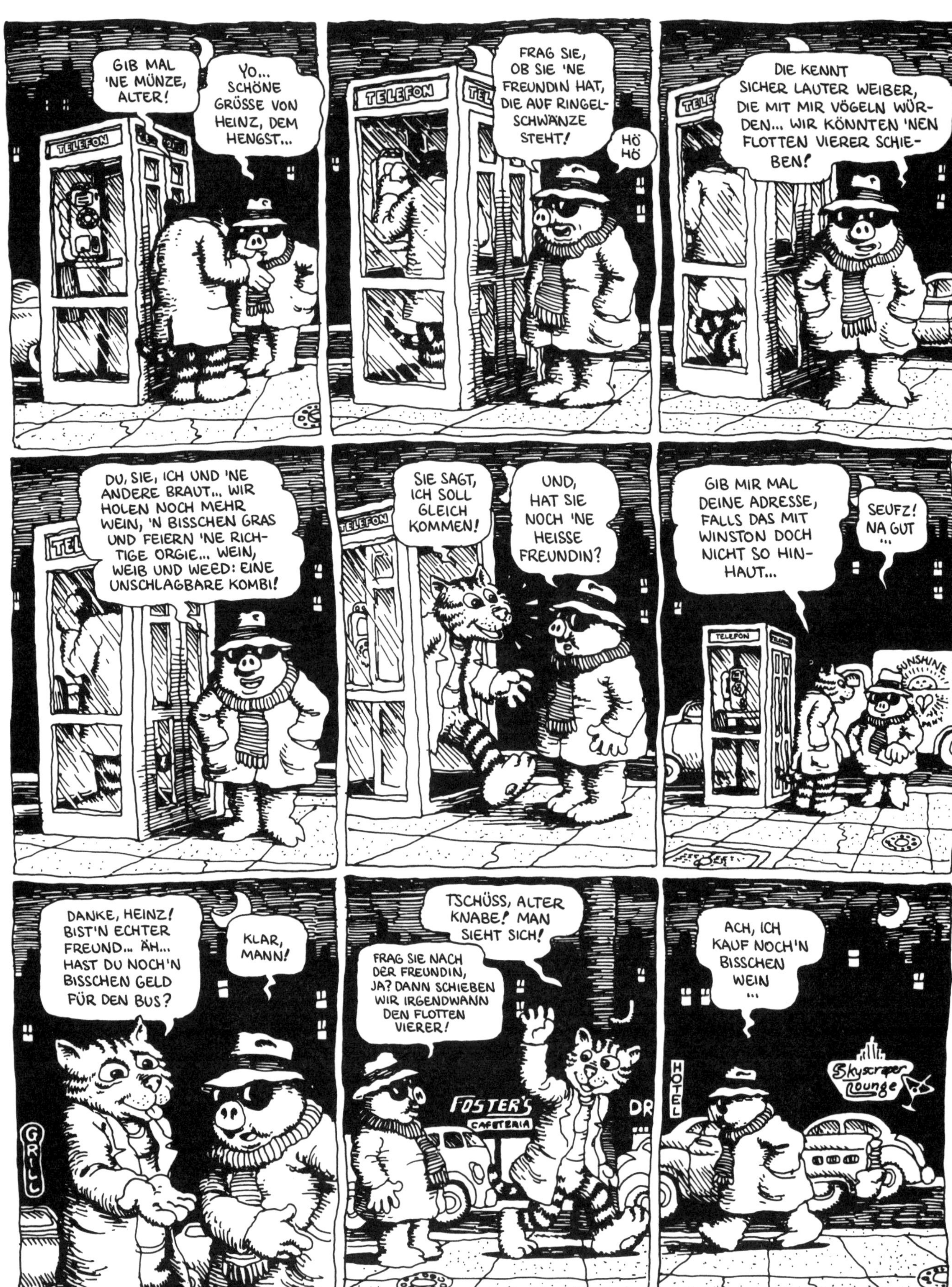
GIB MAL 'NE MÜNZE, ALTER!
YO... SCHÖNE GRÜSSE VON HEINZ, DEM HENGST...
TELEFON
FRAG SIE, OB SIE 'NE FREUNDIN HAT, DIE AUF RINGELSCHWÄNZE STEHT!
HÖ HÖ
TELEFON
DIE KENNT SICHER LAUTER WEIBER, DIE MIT MIR VÖGELN WÜRDEN... WIR KÖNNTEN 'NEN FLOTTEN VIERER SCHIEBEN!
DU, SIE, ICH UND 'NE ANDERE BRAUT... WIR HOLEN NOCH MEHR WEIN, 'N BISSCHEN GRAS UND FEIERN 'NE RICHTIGE ORGIE... WEIN, WEIB UND WEED: EINE UNSCHLAGBARE KOMBI!
SIE SAGT, ICH SOLL GLEICH KOMMEN!
UND, HAT SIE NOCH 'NE HEISSE FREUNDIN?
TELEFON
GIB MIR MAL DEINE ADRESSE, FALLS DAS MIT WINSTON DOCH NICHT SO HINHAUT...
SEUFZ! NA GUT ...
TELEFON
SUNSHINE
DANKE, HEINZ! BIST'N ECHTER FREUND... ÄH... HAST DU NOCH'N BISSCHEN GELD FÜR DEN BUS?
KLAR, MANN!
GRILL
TSCHÜSS, ALTER KNABE! MAN SIEHT SICH!
FRAG SIE NACH DER FREUNDIN, JA? DANN SCHIEBEN WIR IRGENDWANN DEN FLOTTEN VIERER!
FOSTER'S
CAFETERIA
DR
HOTEL
ACH, ICH KAUF NOCH'N BISSCHEN WEIN ...
Skyscraper Lounge

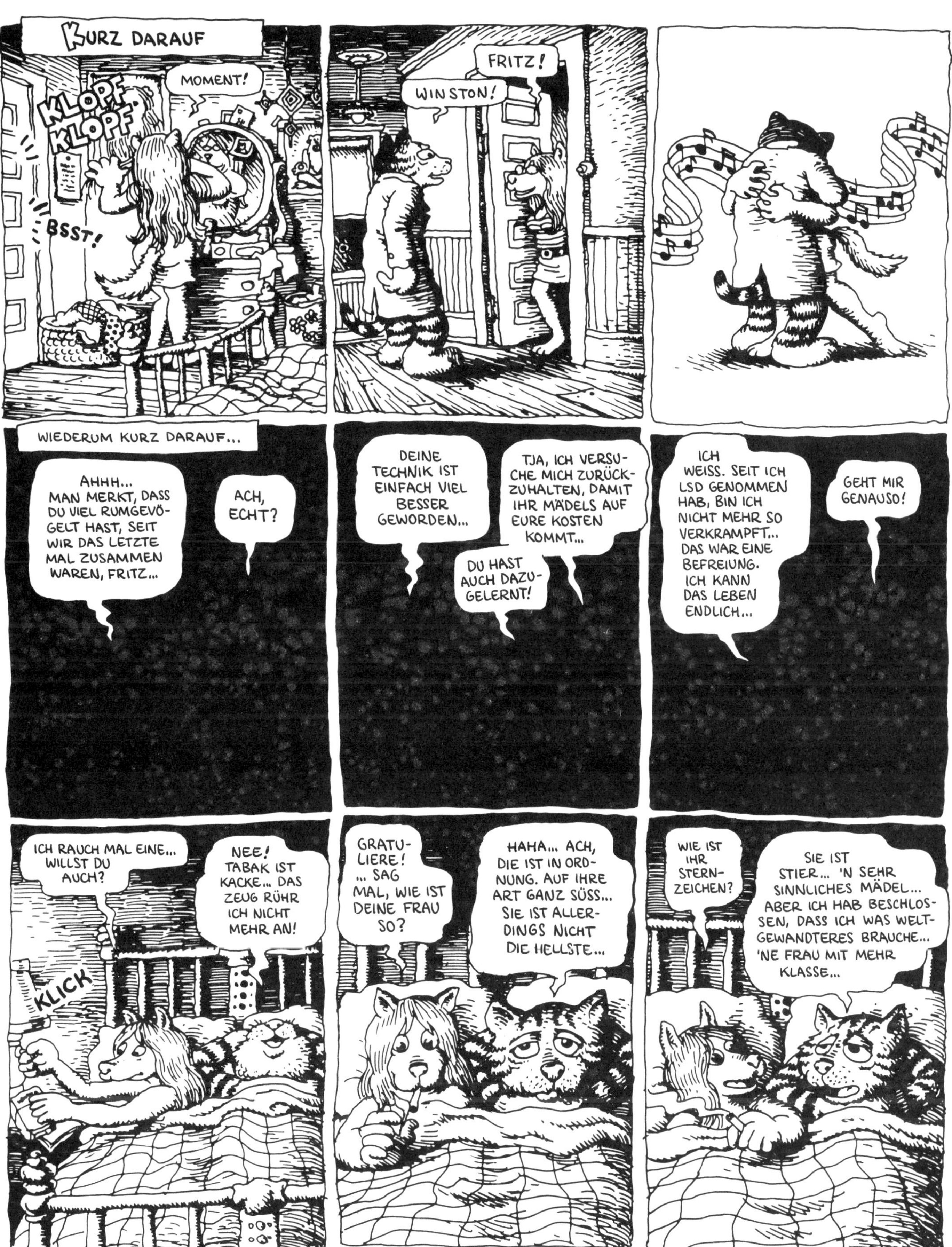
KURZ DARAUF
KLOPF KLOPF
MOMENT!
BSST!
WINSTON!
FRITZ!
WIEDERUM KURZ DARAUF...
AHHH... MAN MERKT, DASS DU VIEL RUMGEVÖGELT HAST, SEIT WIR DAS LETZTE MAL ZUSAMMEN WAREN, FRITZ...
ACH, ECHT?
DEINE TECHNIK IST EINFACH VIEL BESSER GEWORDEN...
TJA, ICH VERSUCHE MICH ZURÜCKZUHALTEN, DAMIT IHR MÄDELS AUF EURE KOSTEN KOMMT...
DU HAST AUCH DAZUGELERNT!
ICH WEISS. SEIT ICH LSD GENOMMEN HAB, BIN ICH NICHT MEHR SO VERKRAMPFT... DAS WAR EINE BEFREIUNG. ICH KANN DAS LEBEN ENDLICH...
GEHT MIR GENAUSO!
ICH RAUCH MAL EINE... WILLST DU AUCH?
NEE! TABAK IST KACKE... DAS ZEUG RÜHR ICH NICHT MEHR AN!
KLICK
GRATULIERE! ... SAG MAL, WIE IST DEINE FRAU SO?
HAHA... ACH, DIE IST IN ORDNUNG. AUF IHRE ART GANZ SÜSS... SIE IST ALLERDINGS NICHT DIE HELLSTE...
WIE IST IHR STERNZEICHEN?
SIE IST STIER... 'N SEHR SINNLICHES MÄDEL... ABER ICH HAB BESCHLOSSEN, DASS ICH WAS WELTGEWANDTERES BRAUCHE... 'NE FRAU MIT MEHR KLASSE...

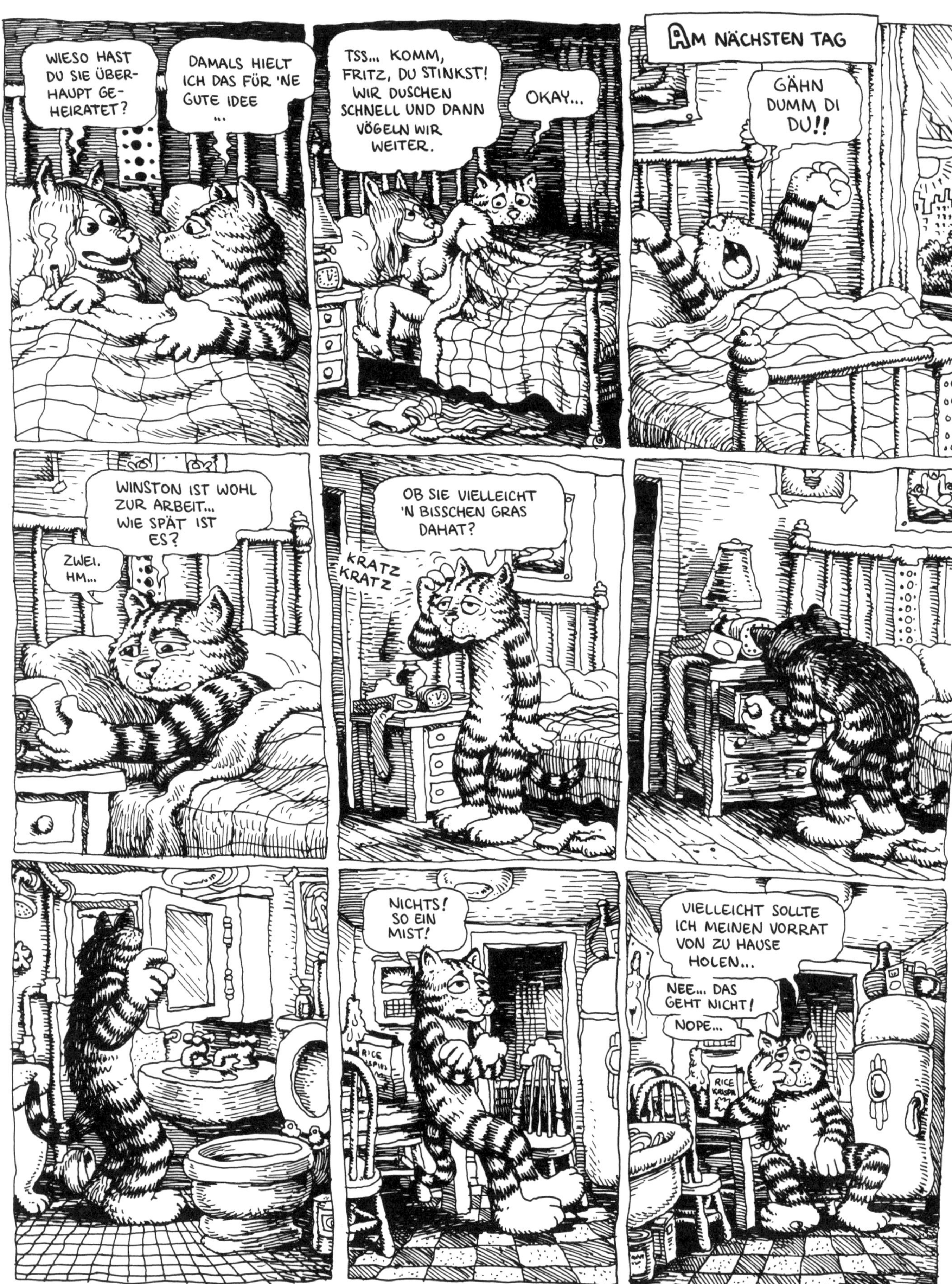
WIESO HAST DU SIE ÜBERHAUPT GEHEIRATET?
DAMALS HIELT ICH DAS FÜR 'NE GUTE IDEE ...
TSS... KOMM, FRITZ, DU STINKST! WIR DUSCHEN SCHNELL UND DANN VÖGELN WIR WEITER.
OKAY...
AM NÄCHSTEN TAG
GÄHN DUMM DI DU!!
WINSTON IST WOHL ZUR ARBEIT... WIE SPÄT IST ES?
ZWEI. HM...
OB SIE VIELLEICHT 'N BISSCHEN GRAS DAHAT?
KRATZ KRATZ
NICHTS! SO EIN MIST!
VIELLEICHT SOLLTE ICH MEINEN VORRAT VON ZU HAUSE HOLEN...
NEE... DAS GEHT NICHT!
NOPE...

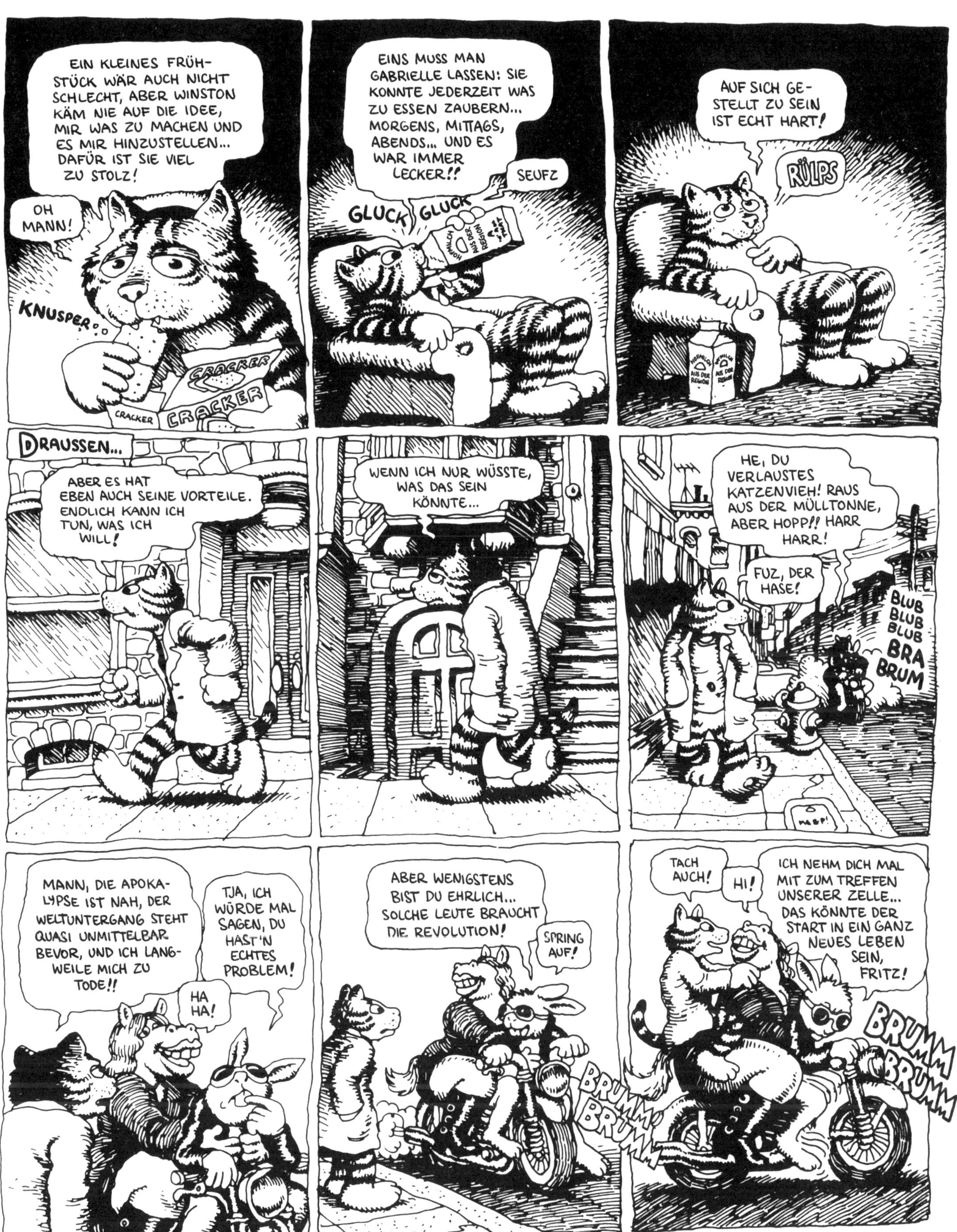
EIN KLEINES FRÜHSTÜCK WÄR AUCH NICHT SCHLECHT, ABER WINSTON KÄM NIE AUF DIE IDEE, MIR WAS ZU MACHEN UND ES MIR HINZUSTELLEN... DAFÜR IST SIE VIEL ZU STOLZ!
OH MANN!
KNUSPER
CRACKER
CRACKER
CRACKER
EINS MUSS MAN GABRIELLE LASSEN: SIE KONNTE JEDERZEIT WAS ZU ESSEN ZAUBERN... MORGENS, MITTAGS, ABENDS... UND ES WAR IMMER LECKER!!
SEUFZ
GLUCK GLUCK
AUF SICH GESTELLT ZU SEIN IST ECHT HART!
RÜLPS
DRAUSSEN...
ABER ES HAT EBEN AUCH SEINE VORTEILE. ENDLICH KANN ICH TUN, WAS ICH WILL!
WENN ICH NUR WÜSSTE, WAS DAS SEIN KÖNNTE...
HE, DU VERLAUSTES KATZENVIEH! RAUS AUS DER MÜLLTONNE, ABER HOPP!! HARR HARR!
FUZ, DER HASE!
BLUB BLUB BLUB BRA BRUM
MANN, DIE APOKALYPSE IST NAH, DER WELTUNTERGANG STEHT QUASI UNMITTELBAR BEVOR, UND ICH LANGWEILE MICH ZU TODE!!
TJA, ICH WÜRDE MAL SAGEN, DU HAST'N ECHTES PROBLEM!
HA HA!
ABER WENIGSTENS BIST DU EHRLICH... SOLCHE LEUTE BRAUCHT DIE REVOLUTION!
SPRING AUF!
BRUMM BRUMM
TACH AUCH!
HI!
ICH NEHM DICH MAL MIT ZUM TREFFEN UNSERER ZELLE... DAS KÖNNTE DER START IN EIN GANZ NEUES LEBEN SEIN, FRITZ!
BRUMM BRUMM

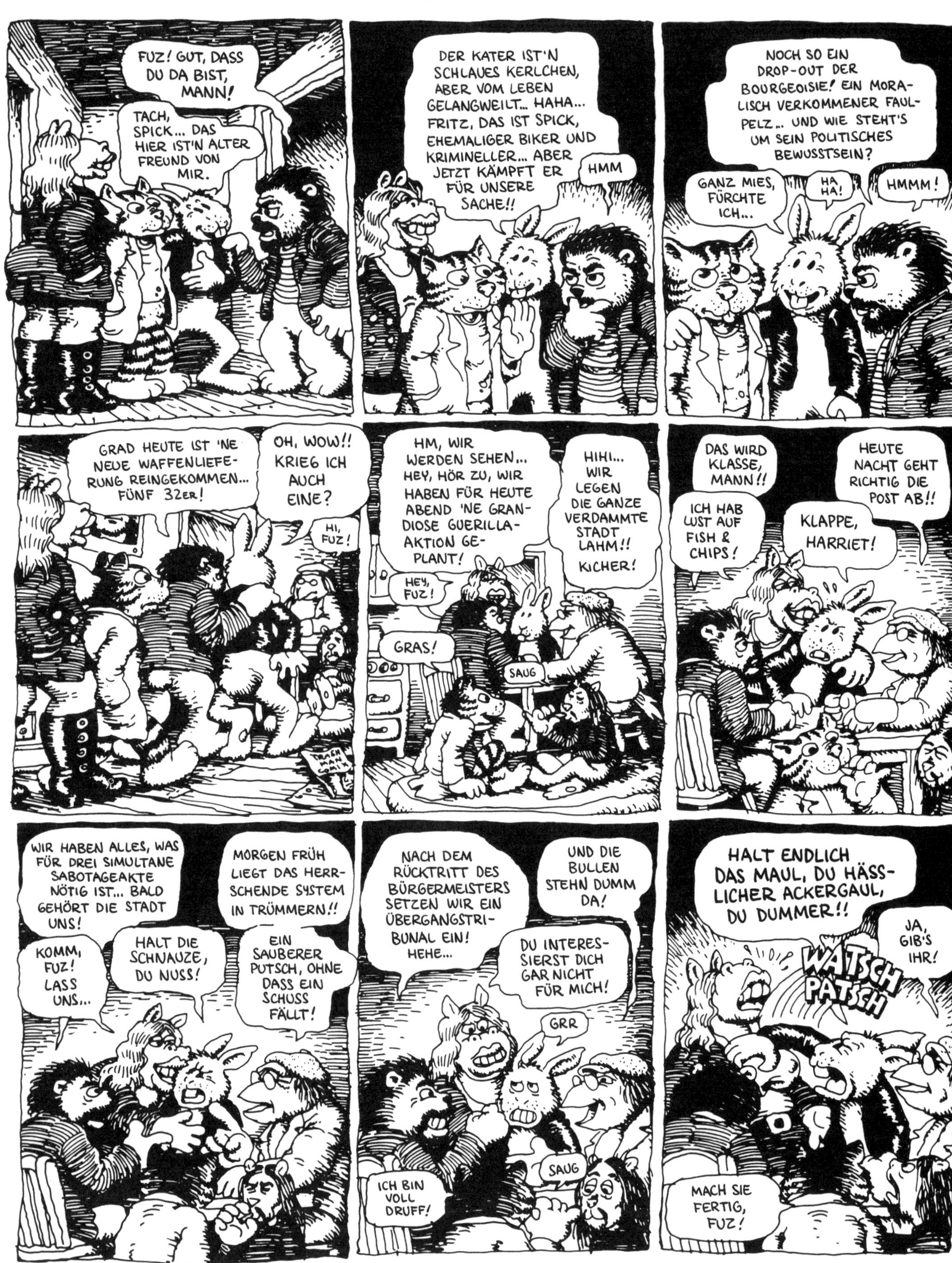

FUZ! GUT, DASS DU DA BIST, MANN!
TACH, SPICK... DAS HIER IST'N ALTER FREUND VON MIR.
DER KATER IST'N SCHLAUES KERLCHEN, ABER VOM LEBEN GELANGWEILT... HAHA... FRITZ, DAS IST SPICK, EHEMALIGER BIKER UND KRIMINELLER... ABER JETZT KÄMPFT ER FÜR UNSERE SACHE!!
HMM
NOCH SO EIN DROP-OUT DER BOURGEOISIE! EIN MORALISCH VERKOMMENER FAULPELZ... UND WIE STEHT'S UM SEIN POLITISCHES BEWUSSTSEIN?
GANZ MIES, FÜRCHTE ICH...
HA HA!
HMMM!
GRAD HEUTE IST 'NE NEUE WAFFENLIEFERUNG REINGEKOMMEN... FÜNF 32ER!
OH, WOW!! KRIEG ICH AUCH EINE?
HI, FUZ!
HM, WIR WERDEN SEHEN... HEY, HÖR ZU, WIR HABEN FÜR HEUTE ABEND 'NE GRANDIOSE GUERILLA-AKTION GEPLANT!
HIHI... WIR LEGEN DIE GANZE VERDAMMTE STADT LAHM!! KICHER!
HEY, FUZ!
GRAS!
SAUG
DAS WIRD KLASSE, MANN!!
HEUTE NACHT GEHT RICHTIG DIE POST AB!!
ICH HAB LUST AUF FISH & CHIPS!
KLAPPE, HARRIET!
WIR HABEN ALLES, WAS FÜR DREI SIMULTANE SABOTAGEAKTE NÖTIG IST... BALD GEHÖRT DIE STADT UNS!
MORGEN FRÜH LIEGT DAS HERRSCHENDE SYSTEM IN TRÜMMERN!!
KOMM, FUZ! LASS UNS...
HALT DIE SCHNAUZE, DU NUSS!
EIN SAUBERER PUTSCH, OHNE DASS EIN SCHUSS FÄLLT!
NACH DEM RÜCKTRITT DES BÜRGERMEISTERS SETZEN WIR EIN ÜBERGANGSTRIBUNAL EIN! HEHE...
UND DIE BULLEN STEHN DUMM DA!
DU INTERESSIERST DICH GAR NICHT FÜR MICH!
GRR
ICH BIN VOLL DRUFF!
SAUG
HALT ENDLICH DAS MAUL, DU HÄSSLICHER ACKERGAUL, DU DUMMER!!
JA, GIB'S IHR!
WATSCH PATSCH
MACH SIE FERTIG, FUZ!

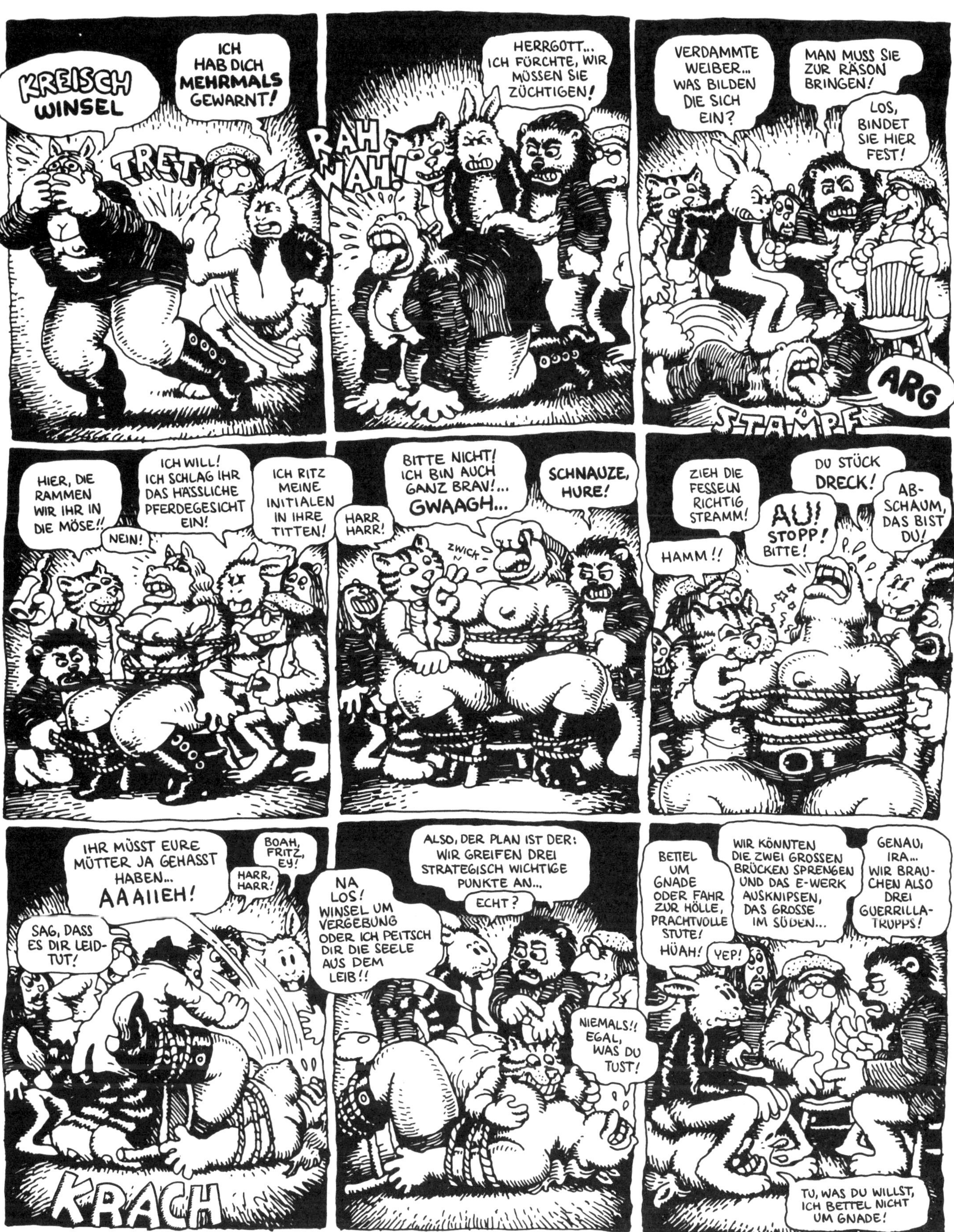
KREISCH WINSEL
ICH HAB DICH MEHRMALS GEWARNT!
TRET
HERRGOTT... ICH FÜRCHTE, WIR MÜSSEN SIE ZÜCHTIGEN!
RAH WAH!
VERDAMMTE WEIBER... WAS BILDEN DIE SICH EIN?
MAN MUSS SIE ZUR RÄSON BRINGEN!
LOS, BINDET SIE HIER FEST!
ARG
STAMPF
HIER, DIE RAMMEN WIR IHR IN DIE MÖSE!!
NEIN!
ICH WILL! ICH SCHLAG IHR DAS HÄSSLICHE PFERDEGESICHT EIN!
ICH RITZ MEINE INITIALEN IN IHRE TITTEN!
HARR HARR!
BITTE NICHT! ICH BIN AUCH GANZ BRAV!... GWAAGH...
SCHNAUZE, HURE!
ZWICK
ZIEH DIE FESSELN RICHTIG STRAMM!
DU STÜCK DRECK!
AB-SCHAUM, DAS BIST DU!
AU! STOPP! BITTE!
HAMM!!
IHR MÜSST EURE MÜTTER JA GEHASST HABEN... AAAIIEH!
BOAH, FRITZ, EY!
HARR, HARR!
SAG, DASS ES DIR LEID-TUT!
KRACH
ALSO, DER PLAN IST DER: WIR GREIFEN DREI STRATEGISCH WICHTIGE PUNKTE AN...
NA LOS! WINSEL UM VERGEBUNG ODER ICH PEITSCH DIR DIE SEELE AUS DEM LEIB!!
ECHT?
NIEMALS!! EGAL, WAS DU TUST!
BETTEL UM GNADE ODER FAHR ZUR HÖLLE, PRACHTVOLLE STUTE!
HÜAH!
YEP!
WIR KÖNNTEN DIE ZWEI GROSSEN BRÜCKEN SPRENGEN UND DAS E-WERK AUSKNIPSEN, DAS GROSSE IM SÜDEN...
GENAU, IRA... WIR BRAUCHEN ALSO DREI GUERRILLA-TRUPPS!
TU, WAS DU WILLST, ICH BETTEL NICHT UM GNADE!

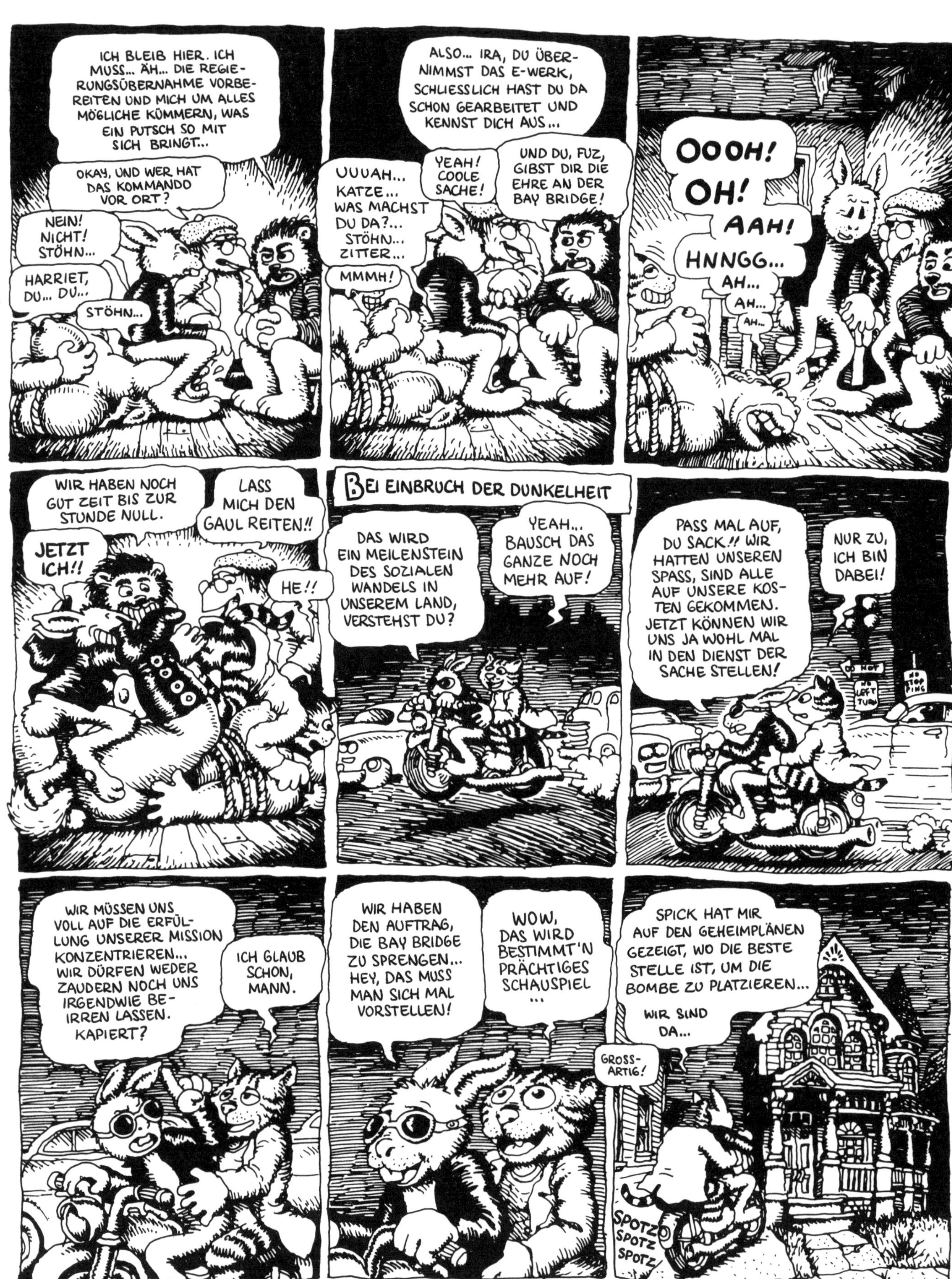
ICH BLEIB HIER. ICH MUSS... ÄH... DIE REGIERUNGSÜBERNAHME VORBEREITEN UND MICH UM ALLES MÖGLICHE KÜMMERN, WAS EIN PUTSCH SO MIT SICH BRINGT...
OKAY, UND WER HAT DAS KOMMANDO VOR ORT?
NEIN! NICHT! STÖHN...
HARRIET, DU... DU...
STÖHN...
ALSO... IRA, DU ÜBERNIMMST DAS E-WERK, SCHLIESSLICH HAST DU DA SCHON GEARBEITET UND KENNST DICH AUS...
UUUAH... KATZE... WAS MACHST DU DA?... STÖHN... ZITTER...
YEAH! COOLE SACHE!
UND DU, FUZ, GIBST DIR DIE EHRE AN DER BAY BRIDGE!
MMMH!
OOOH! OH!
AAH!
HNNGG...
AH...
AH...
AH...
WIR HABEN NOCH GUT ZEIT BIS ZUR STUNDE NULL.
LASS MICH DEN GAUL REITEN!!
JETZT ICH!!
HE!!
BEI EINBRUCH DER DUNKELHEIT
DAS WIRD EIN MEILENSTEIN DES SOZIALEN WANDELS IN UNSEREM LAND, VERSTEHST DU?
YEAH... BAUSCH DAS GANZE NOCH MEHR AUF!
PASS MAL AUF, DU SACK!! WIR HATTEN UNSEREN SPASS, SIND ALLE AUF UNSERE KOSTEN GEKOMMEN. JETZT KÖNNEN WIR UNS JA WOHL MAL IN DEN DIENST DER SACHE STELLEN!
NUR ZU, ICH BIN DABEI!
WIR MÜSSEN UNS VOLL AUF DIE ERFÜLLUNG UNSERER MISSION KONZENTRIEREN... WIR DÜRFEN WEDER ZAUDERN NOCH UNS IRGENDWIE BEIRREN LASSEN. KAPIERT?
ICH GLAUB SCHON, MANN.
WIR HABEN DEN AUFTRAG, DIE BAY BRIDGE ZU SPRENGEN... HEY, DAS MUSS MAN SICH MAL VORSTELLEN!
WOW, DAS WIRD BESTIMMT'N PRÄCHTIGES SCHAUSPIEL...
SPICK HAT MIR AUF DEN GEHEIMPLÄNEN GEZEIGT, WO DIE BESTE STELLE IST, UM DIE BOMBE ZU PLATZIEREN...
WIR SIND DA...
GROSSARTIG!
SPOTZ SPOTZ SPOTZ

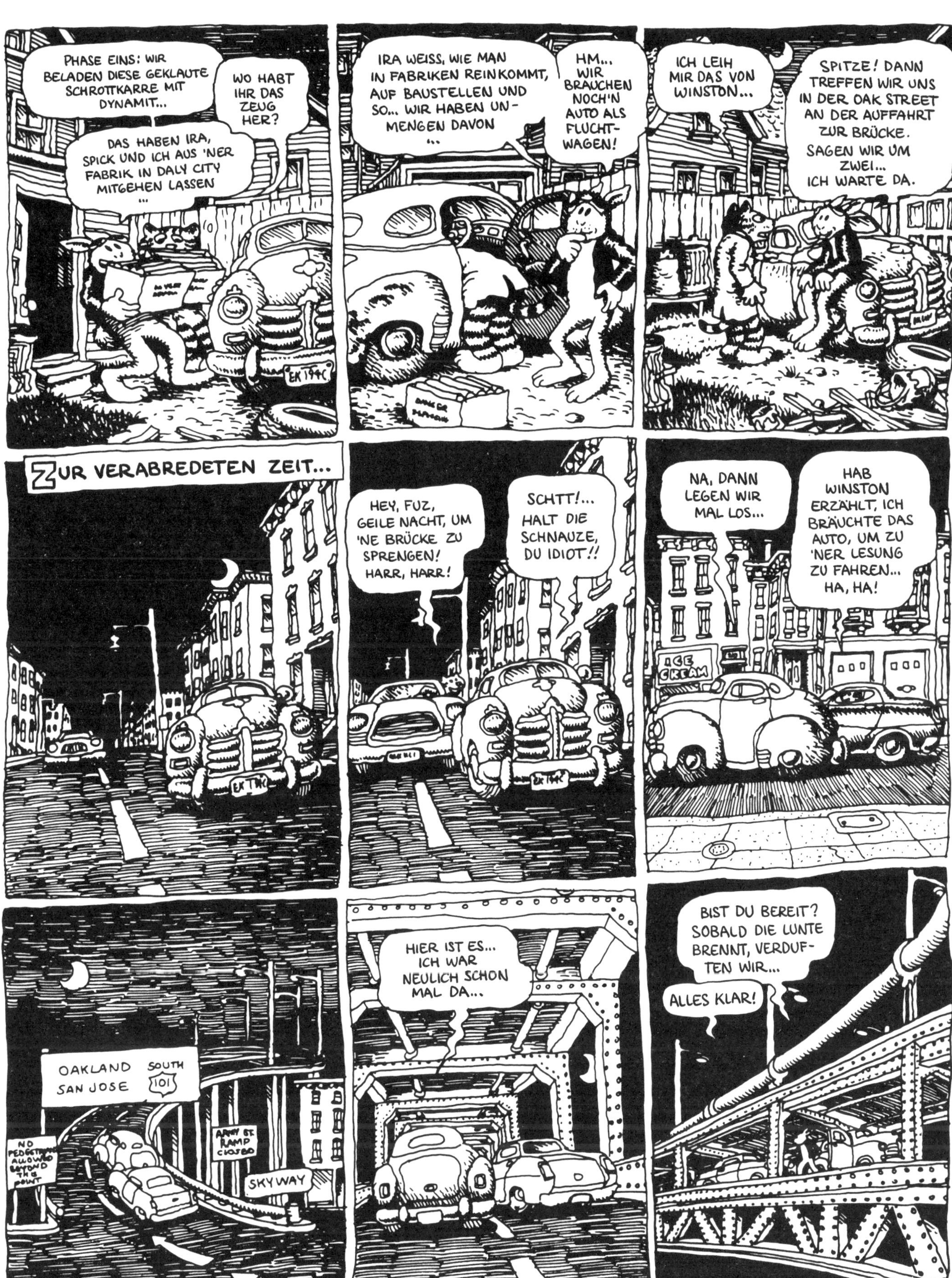
PHASE EINS: WIR BELADEN DIESE GEKLAUTE SCHROTTKARRE MIT DYNAMIT...
WO HABT IHR DAS ZEUG HER?
DAS HABEN IRA, SPICK UND ICH AUS 'NER FABRIK IN DALY CITY MITGEHEN LASSEN ...
IRA WEISS, WIE MAN IN FABRIKEN REINKOMMT, AUF BAUSTELLEN UND SO... WIR HABEN UNMENGEN DAVON ...
HM... WIR BRAUCHEN NOCH'N AUTO ALS FLUCHTWAGEN!
ICH LEIH MIR DAS VON WINSTON...
SPITZE! DANN TREFFEN WIR UNS IN DER OAK STREET AN DER AUFFAHRT ZUR BRÜCKE. SAGEN WIR UM ZWEI... ICH WARTE DA.
ZUR VERABREDETEN ZEIT...
HEY, FUZ, GEILE NACHT, UM 'NE BRÜCKE ZU SPRENGEN! HARR, HARR!
SCHTT!... HALT DIE SCHNAUZE, DU IDIOT!!
NA, DANN LEGEN WIR MAL LOS...
HAB WINSTON ERZÄHLT, ICH BRÄUCHTE DAS AUTO, UM ZU 'NER LESUNG ZU FAHREN... HA, HA!
ICE CREAM
OAKLAND SAN JOSE SOUTH 101
SKYWAY
HIER IST ES... ICH WAR NEULICH SCHON MAL DA...
BIST DU BEREIT? SOBALD DIE LUNTE BRENNT, VERDUFTEN WIR...
ALLES KLAR!

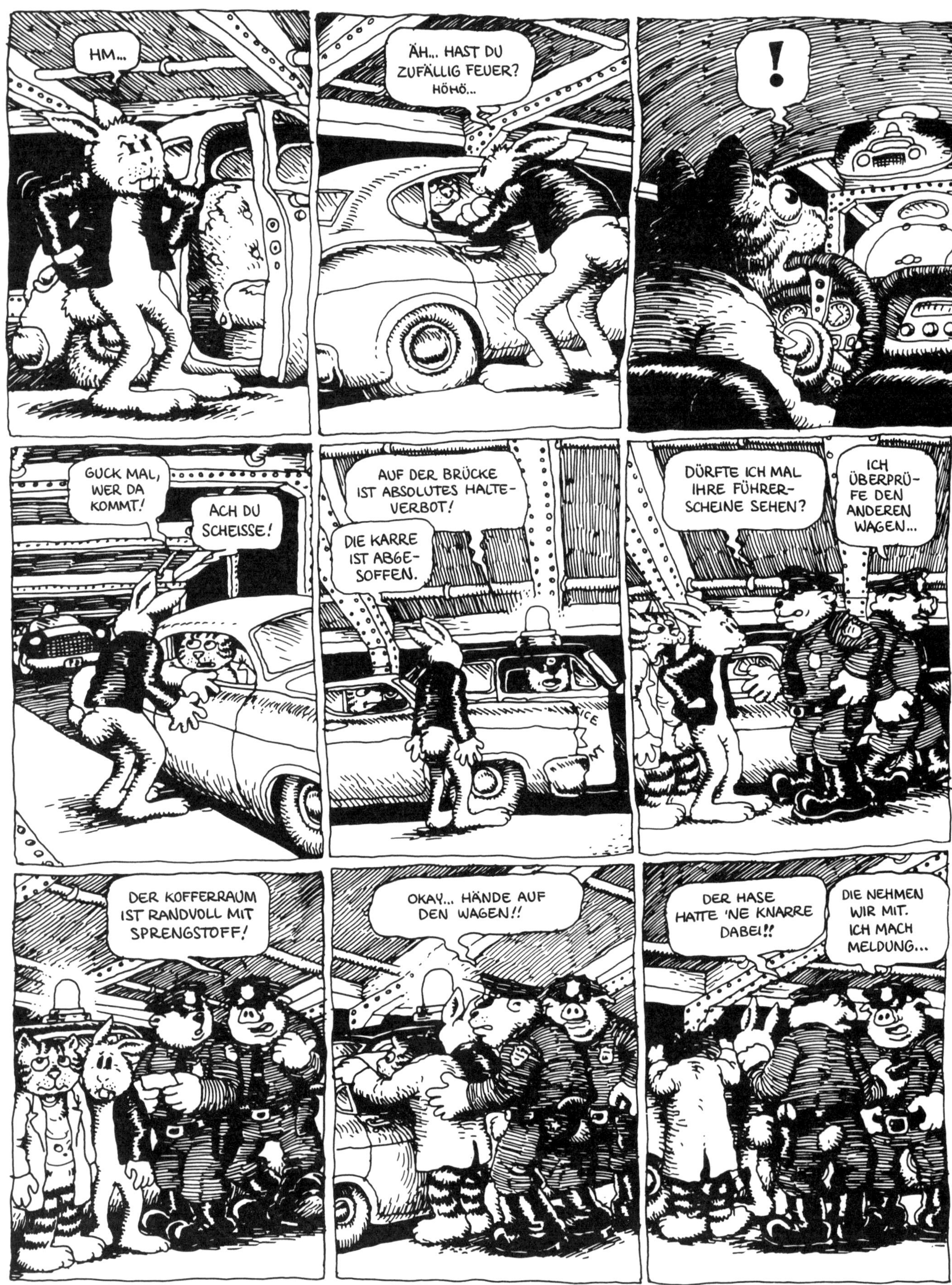
HM...
ÄH... HAST DU ZUFÄLLIG FEUER? HÖHÖ...
!
GUCK MAL, WER DA KOMMT!
ACH DU SCHEISSE!
AUF DER BRÜCKE IST ABSOLUTES HALTE-VERBOT!
DIE KARRE IST ABGE-SOFFEN.
DÜRFTE ICH MAL IHRE FÜHRER-SCHEINE SEHEN?
ICH ÜBERPRÜ-FE DEN ANDEREN WAGEN...
DER KOFFERRAUM IST RANDVOLL MIT SPRENGSTOFF!
OKAY... HÄNDE AUF DEN WAGEN!!
DER HASE HATTE 'NE KNARRE DABEI!!
DIE NEHMEN WIR MIT. ICH MACH MELDUNG...

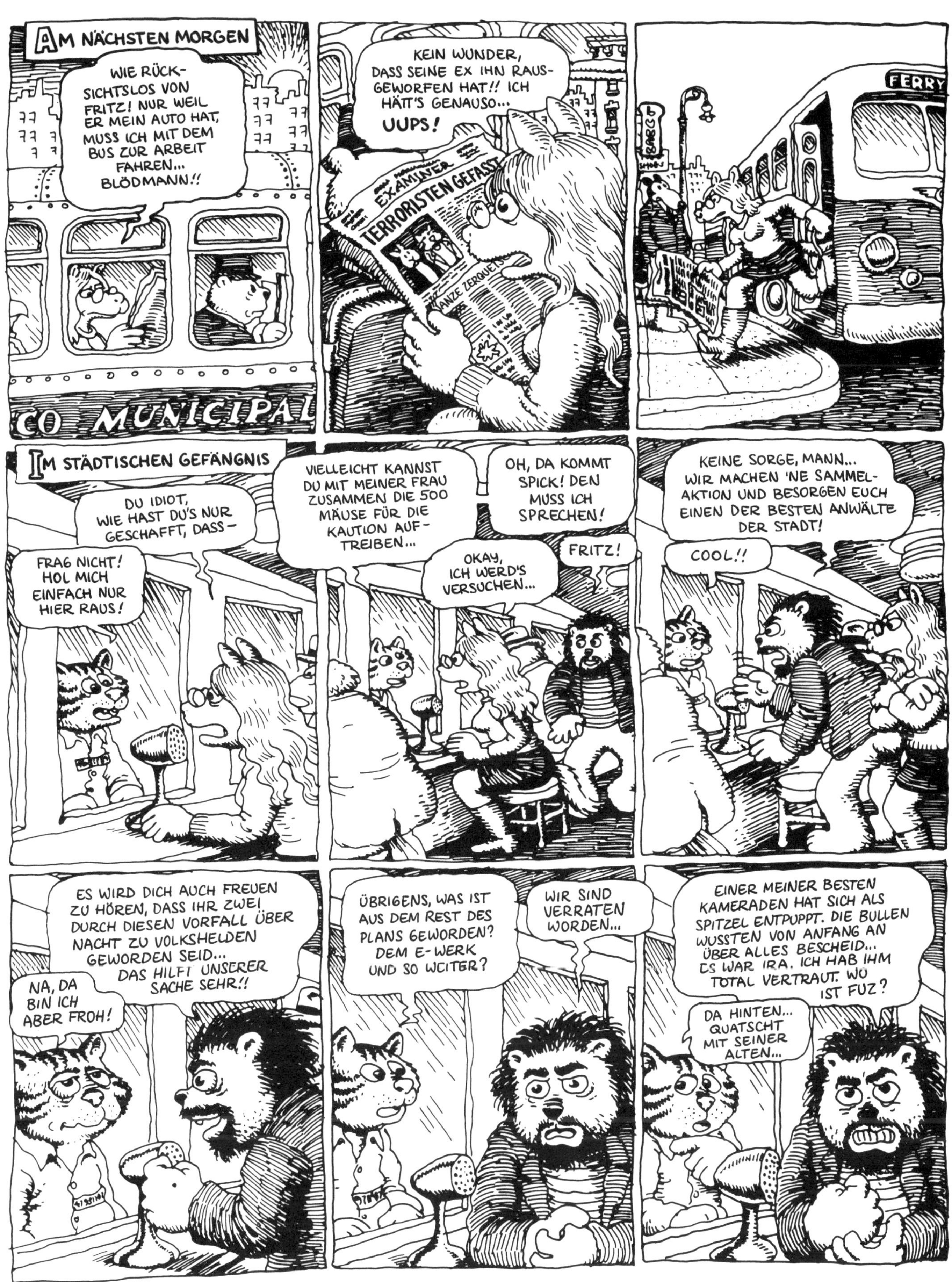
AM NÄCHSTEN MORGEN
WIE RÜCKSICHTSLOS VON FRITZ! NUR WEIL ER MEIN AUTO HAT, MUSS ICH MIT DEM BUS ZUR ARBEIT FAHREN... BLÖDMANN!!
CO MUNICIPAL
KEIN WUNDER, DASS SEINE EX IHN RAUSGEWORFEN HAT!! ICH HÄTT'S GENAUSO... UUPS!
EXAMINER
TERRORISTEN GEFASST
FERRY
IM STÄDTISCHEN GEFÄNGNIS
DU IDIOT, WIE HAST DU'S NUR GESCHAFFT, DASS-
FRAG NICHT! HOL MICH EINFACH NUR HIER RAUS!
VIELLEICHT KANNST DU MIT MEINER FRAU ZUSAMMEN DIE 500 MÄUSE FÜR DIE KAUTION AUFTREIBEN...
OKAY, ICH WERD'S VERSUCHEN...
OH, DA KOMMT SPICK! DEN MUSS ICH SPRECHEN!
FRITZ!
KEINE SORGE, MANN... WIR MACHEN 'NE SAMMELAKTION UND BESORGEN EUCH EINEN DER BESTEN ANWÄLTE DER STADT!
COOL!!
ES WIRD DICH AUCH FREUEN ZU HÖREN, DASS IHR ZWEI DURCH DIESEN VORFALL ÜBER NACHT ZU VOLKSHELDEN GEWORDEN SEID... DAS HILFT UNSERER SACHE SEHR!!
NA, DA BIN ICH ABER FROH!
ÜBRIGENS, WAS IST AUS DEM REST DES PLANS GEWORDEN? DEM E-WERK UND SO WEITER?
WIR SIND VERRATEN WORDEN...
EINER MEINER BESTEN KAMERADEN HAT SICH ALS SPITZEL ENTPUPPT. DIE BULLEN WUSSTEN VON ANFANG AN ÜBER ALLES BESCHEID... ES WAR IRA. ICH HAB IHM TOTAL VERTRAUT. WO IST FUZ?
DA HINTEN... QUATSCHT MIT SEINER ALTEN...

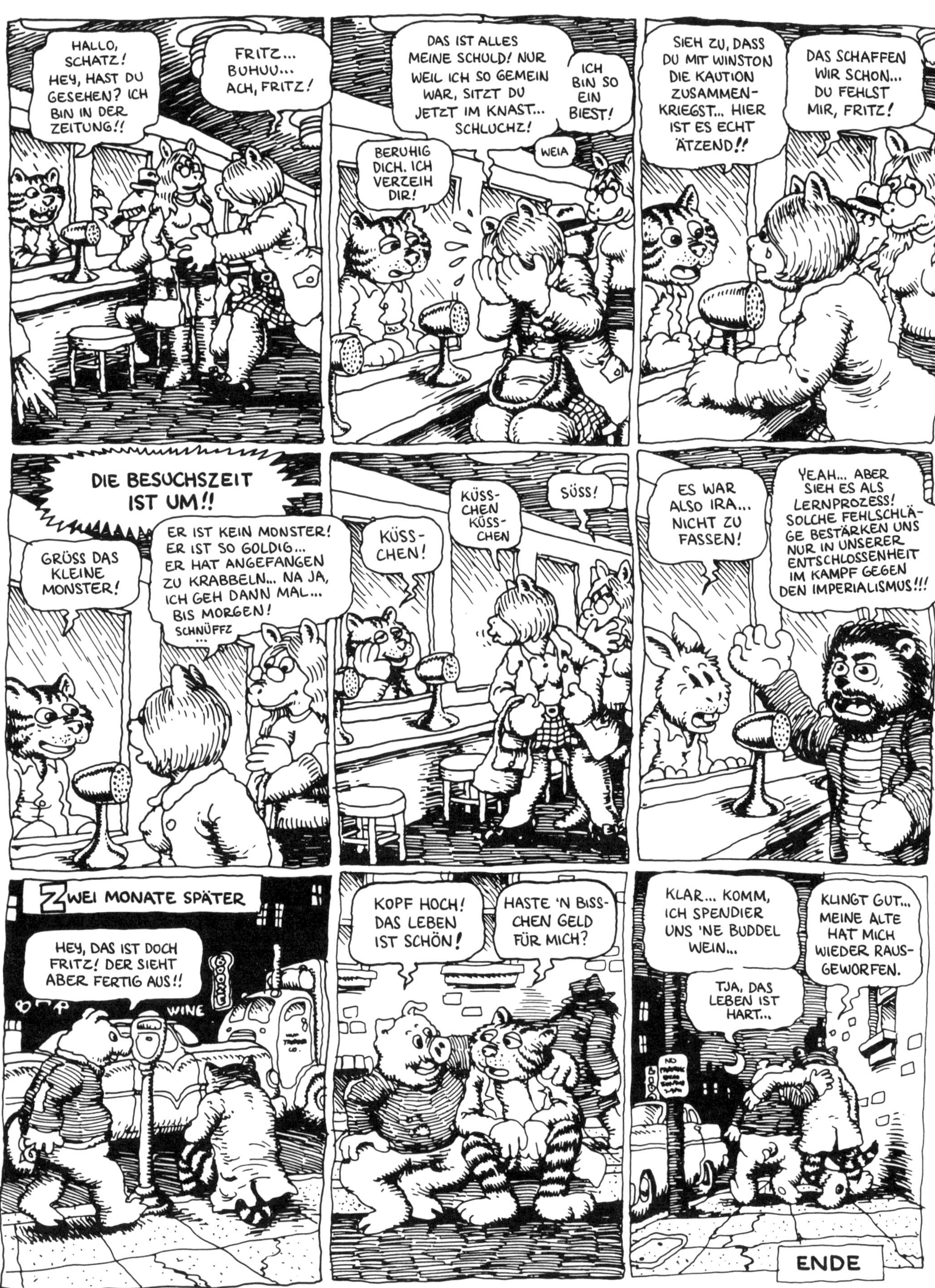
HALLO, SCHATZ! HEY, HAST DU GESEHEN? ICH BIN IN DER ZEITUNG!!
FRITZ... BUHUU... ACH, FRITZ!
DAS IST ALLES MEINE SCHULD! NUR WEIL ICH SO GEMEIN WAR, SITZT DU JETZT IM KNAST... SCHLUCHZ!
ICH BIN SO EIN BIEST!
BERUHIG DICH. ICH VERZEIH DIR!
WEIA
SIEH ZU, DASS DU MIT WINSTON DIE KAUTION ZUSAMMEN-KRIEGST... HIER IST ES ECHT ÄTZEND!!
DAS SCHAFFEN WIR SCHON... DU FEHLST MIR, FRITZ!
DIE BESUCHSZEIT IST UM!!
GRÜSS DAS KLEINE MONSTER!
ER IST KEIN MONSTER! ER IST SO GOLDIG... ER HAT ANGEFANGEN ZU KRABBELN... NA JA, ICH GEH DANN MAL... BIS MORGEN!
SCHNÜFFZ ...
KÜSS-CHEN!
KÜSS-CHEN KÜSS-CHEN
SÜSS!
ES WAR ALSO IRA... NICHT ZU FASSEN!
YEAH... ABER SIEH ES ALS LERNPROZESS! SOLCHE FEHLSCHLÄ-GE BESTÄRKEN UNS NUR IN UNSERER ENTSCHLOSSENHEIT IM KAMPF GEGEN DEN IMPERIALISMUS!!!
ZWEI MONATE SPÄTER
HEY, DAS IST DOCH FRITZ! DER SIEHT ABER FERTIG AUS!!
WINE
KOPF HOCH! DAS LEBEN IST SCHÖN!
HASTE 'N BISS-CHEN GELD FÜR MICH?
KLAR... KOMM, ICH SPENDIER UNS 'NE BUDDEL WEIN...
TJA, DAS LEBEN IST HART...
KLINGT GUT... MEINE ALTE HAT MICH WIEDER RAUS-GEWORFEN.
ENDE

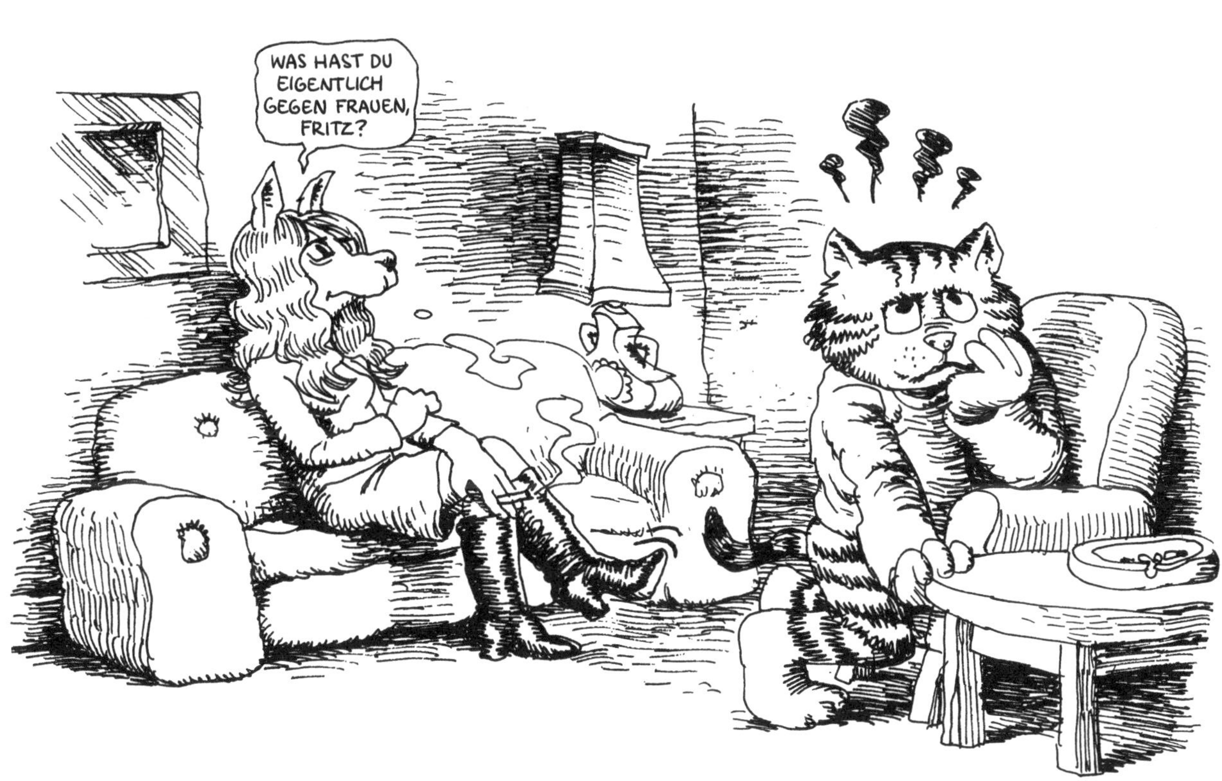
WAS HAST DU EIGENTLICH GEGEN FRAUEN, FRITZ?

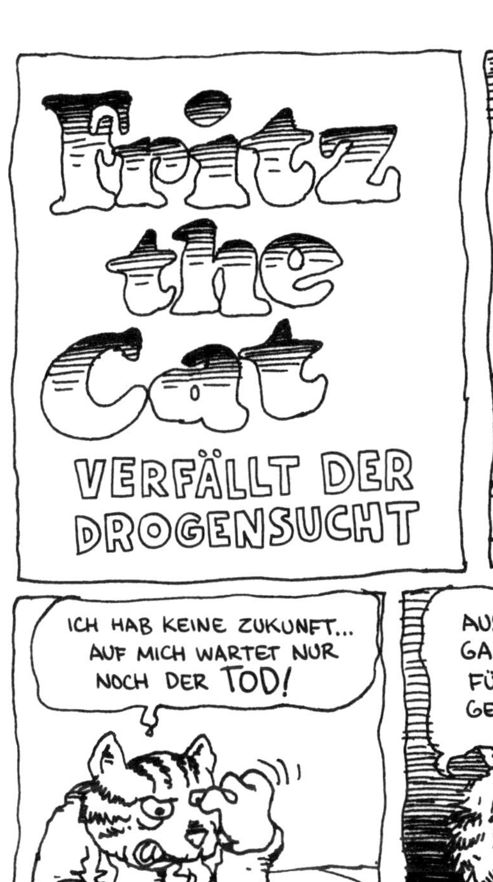
Fritz the Cat
VERFÄLLT DER DROGENSUCHT

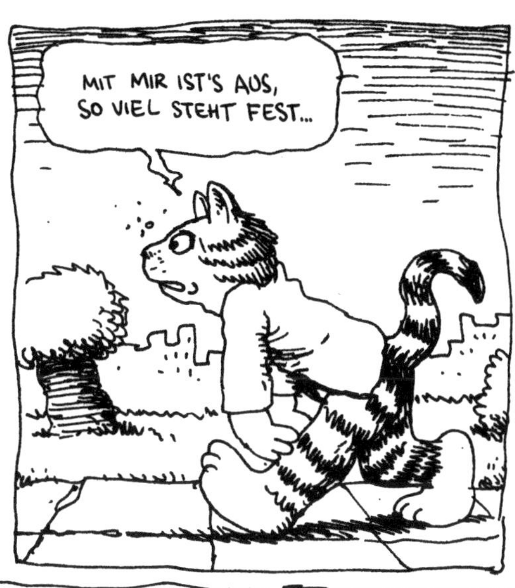
MIT MIR IST'S AUS, SO VIEL STEHT FEST...

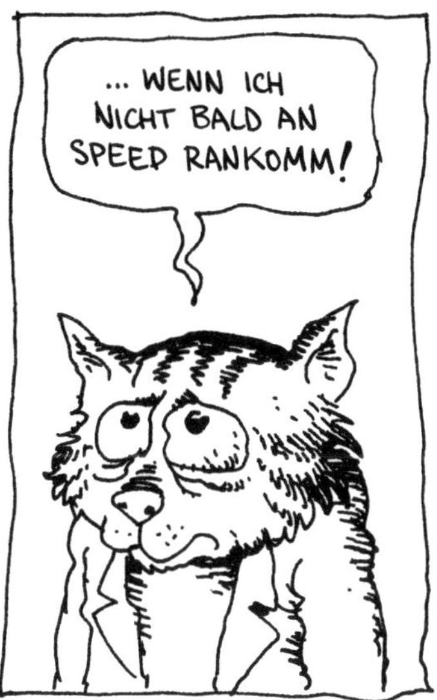
... WENN ICH NICHT BALD AN SPEED RANKOMM!

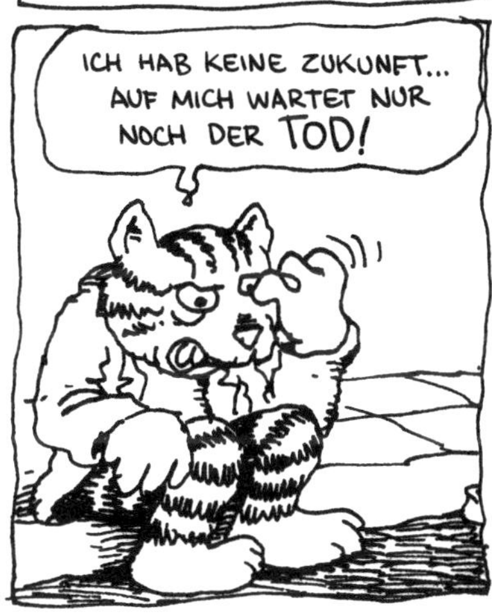
ICH HAB KEINE ZUKUNFT... AUF MICH WARTET NUR NOCH DER TOD!

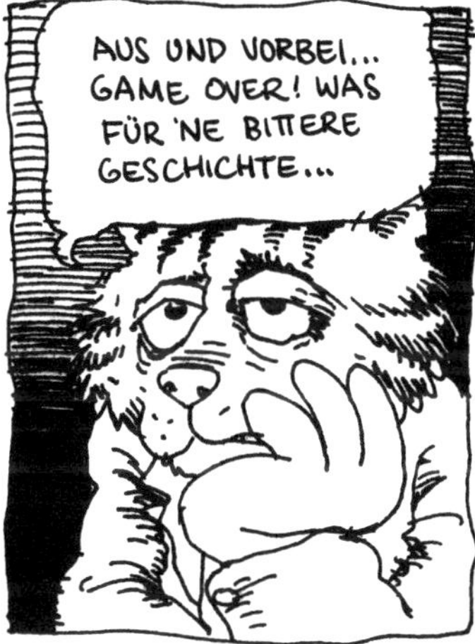
AUS UND VORBEI... GAME OVER! WAS FÜR 'NE BITTERE GESCHICHTE...

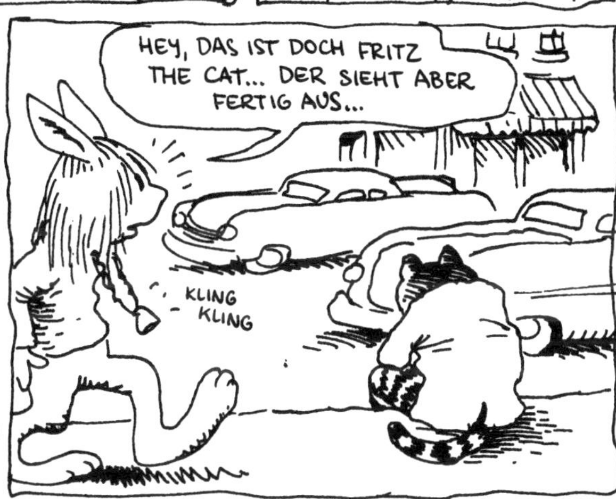
HEY, DAS IST DOCH FRITZ THE CAT... DER SIEHT ABER FERTIG AUS...
KLING KLING

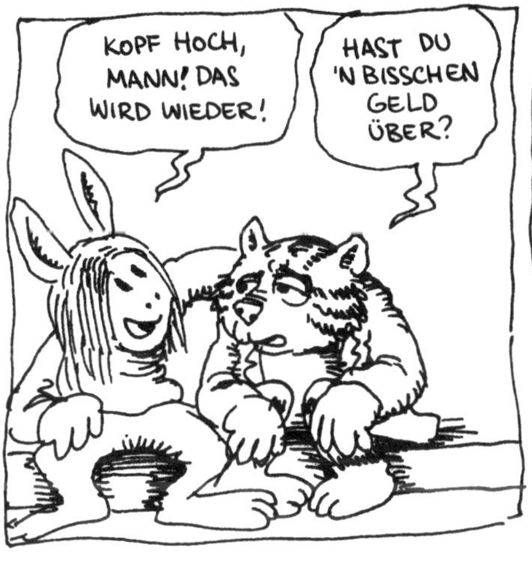
KOPF HOCH, MANN! DAS WIRD WIEDER!
HAST DU 'N BISSCHEN GELD ÜBER?

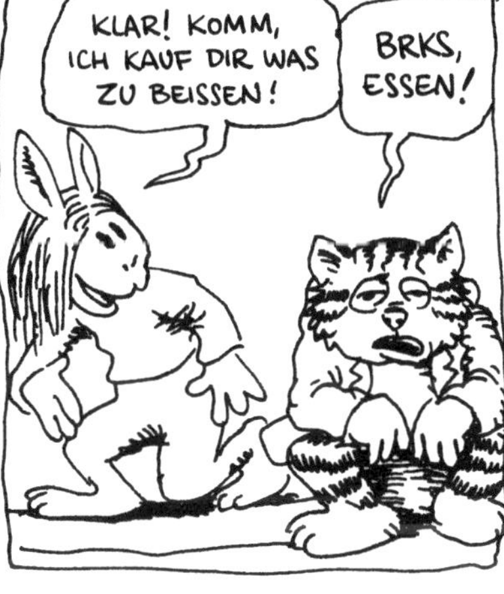
KLAR! KOMM, ICH KAUF DIR WAS ZU BEISSEN!
BRKS, ESSEN!

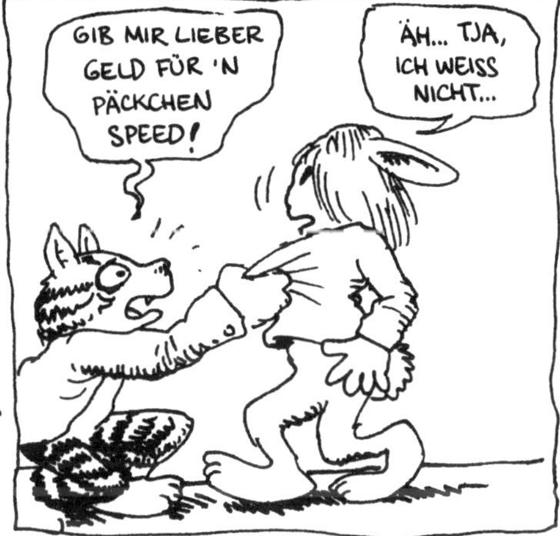
GIB MIR LIEBER GELD FÜR 'N PÄCKCHEN SPEED!
ÄH... TJA, ICH WEISS NICHT...

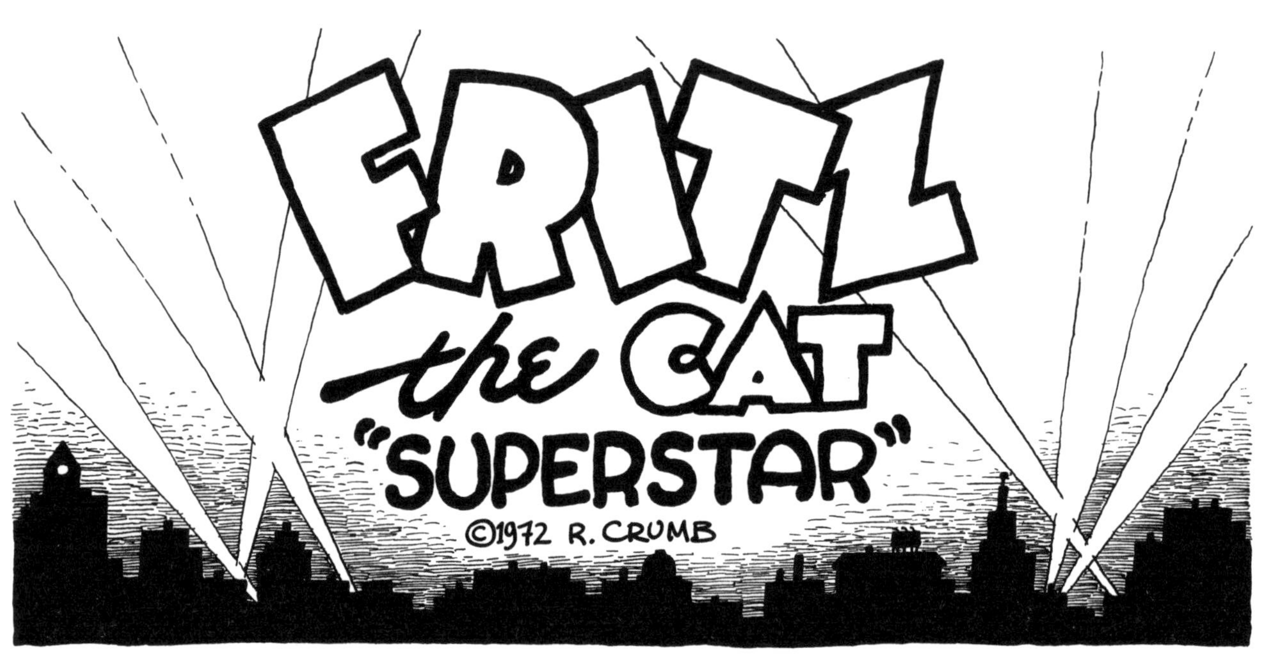

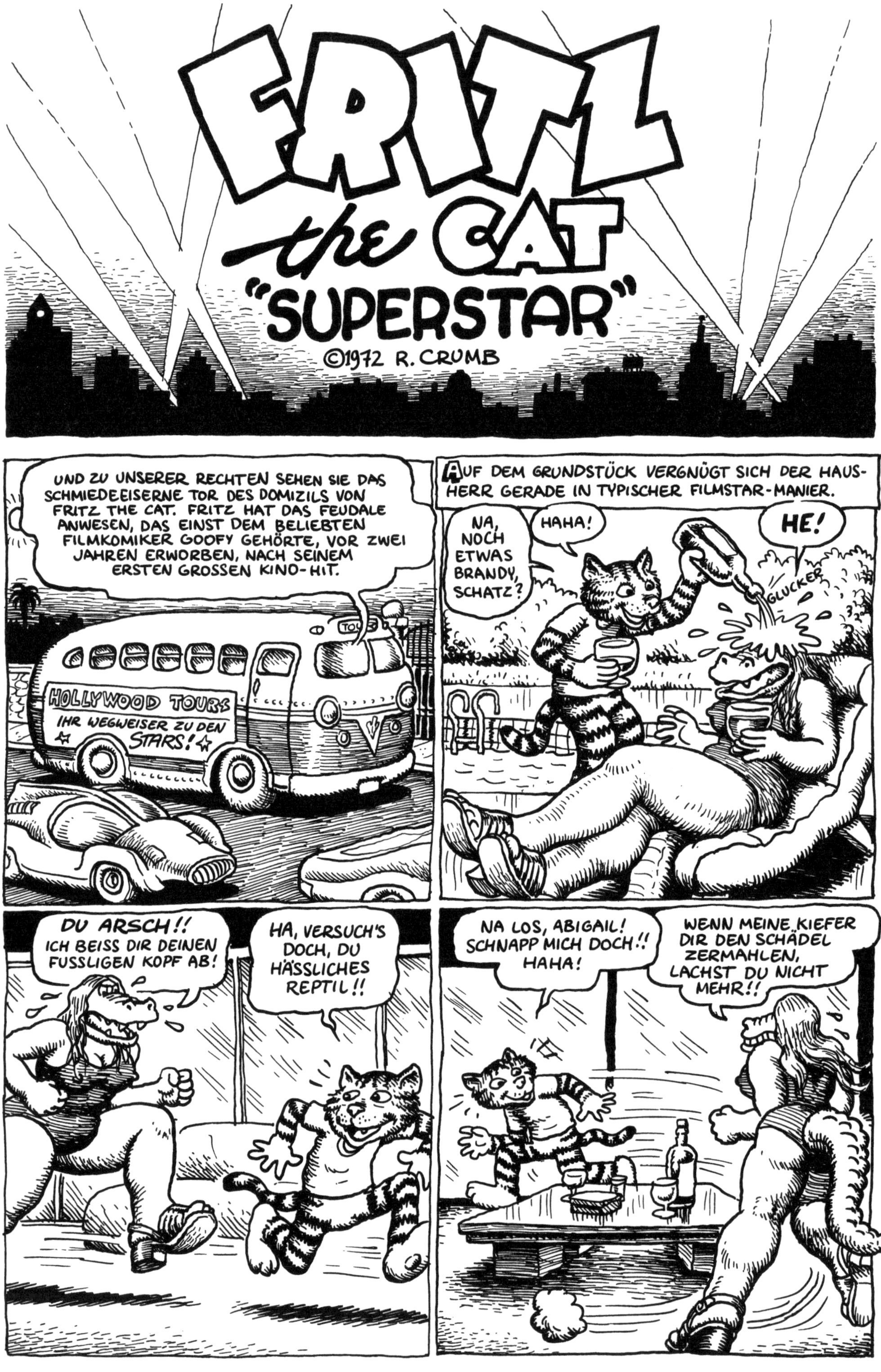

UND ZU UNSERER RECHTEN SEHEN SIE DAS SCHMIEDEEISERNE TOR DES DOMIZILS VON FRITZ THE CAT. FRITZ HAT DAS FEUDALE ANWESEN, DAS EINST DEM BELIEBTEN FILMKOMIKER GOOFY GEHÖRTE, VOR ZWEI JAHREN ERWORBEN, NACH SEINEM ERSTEN GROSSEN KINO-HIT.

HOLLYWOOD TOURS
IHR WEGWEISER ZU DEN STARS!

AUF DEM GRUNDSTÜCK VERGNÜGT SICH DER HAUSHERR GERADE IN TYPISCHER FILMSTAR-MANIER.

NA, NOCH ETWAS BRANDY, SCHATZ?

HAHA!

HE!

GLUCKER

DU ARSCH!! ICH BEISS DIR DEINEN FUSSLIGEN KOPF AB!

HA, VERSUCH'S DOCH, DU HÄSSLICHES REPTIL!!

NA LOS, ABIGAIL! SCHNAPP MICH DOCH!! HAHA!

WENN MEINE KIEFER DIR DEN SCHÄDEL ZERMAHLEN, LACHST DU NICHT MEHR!!

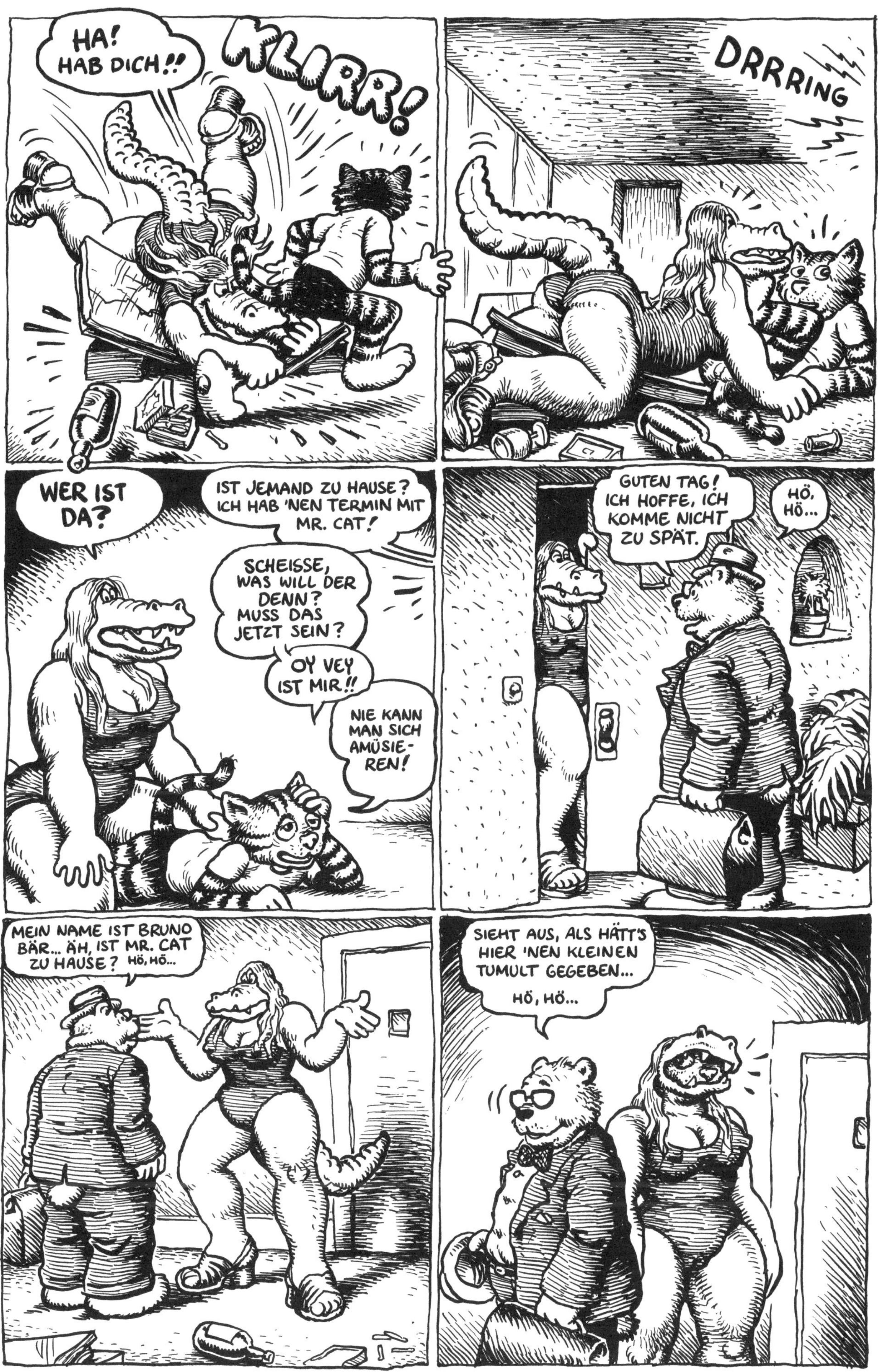
HA! HAB DICH!!
KLIRR!
DRRRING
WER IST DA?
IST JEMAND ZU HAUSE? ICH HAB 'NEN TERMIN MIT MR. CAT!
SCHEISSE, WAS WILL DER DENN? MUSS DAS JETZT SEIN?
OY VEY IST MIR!!
NIE KANN MAN SICH AMÜSIE-REN!
GUTEN TAG! ICH HOFFE, ICH KOMME NICHT ZU SPÄT.
HÖ, HÖ...
MEIN NAME IST BRUNO BÄR... ÄH, IST MR. CAT ZU HAUSE? HÖ, HÖ...
SIEHT AUS, ALS HÄTT'S HIER 'NEN KLEINEN TUMULT GEGEBEN...
HÖ, HÖ...

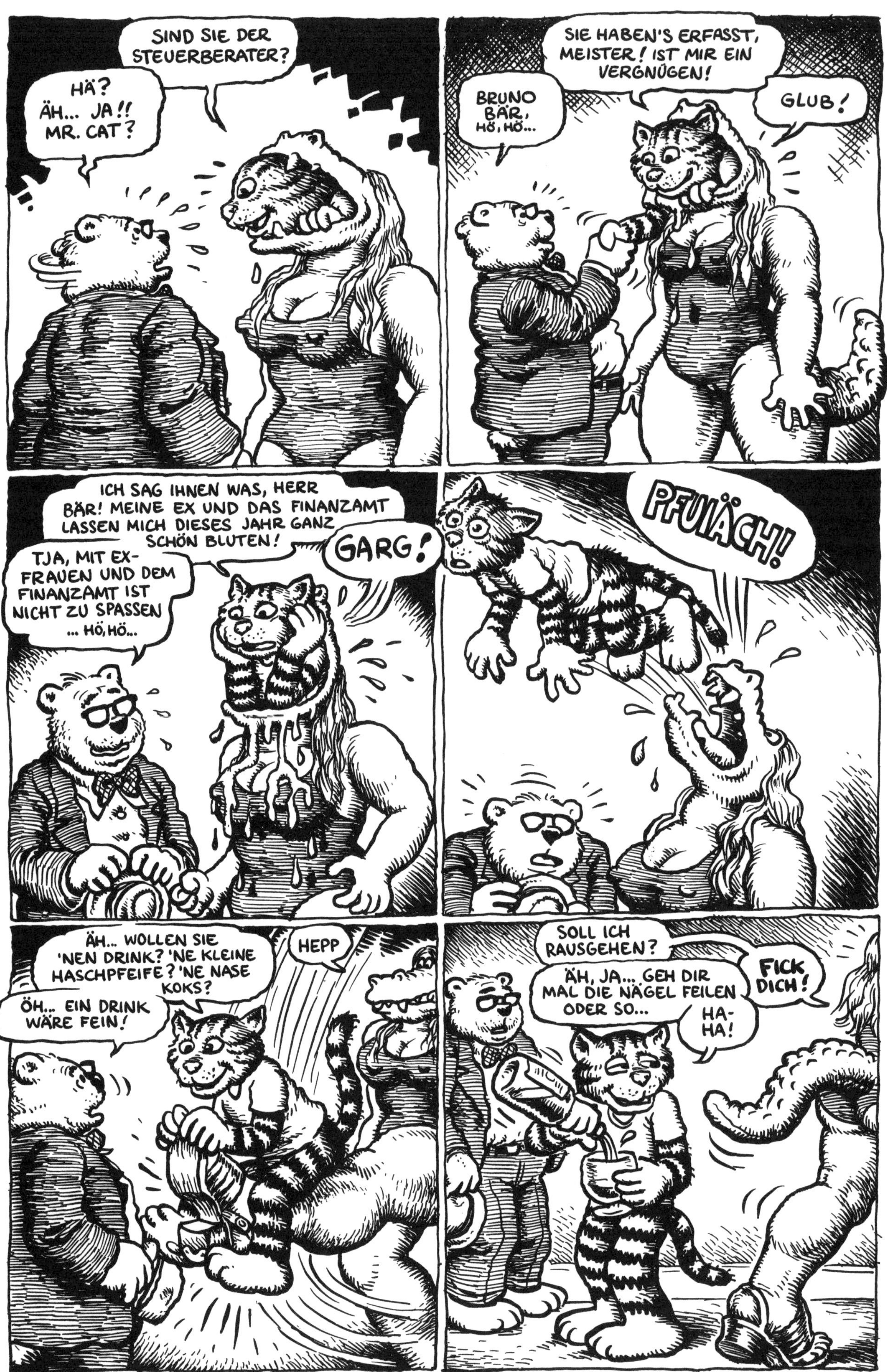
SIND SIE DER STEUERBERATER?
HÄ? ÄH... JA!! MR. CAT?
SIE HABEN'S ERFASST, MEISTER! IST MIR EIN VERGNÜGEN!
BRUNO BÄR, HÖ, HÖ...
GLUB!
ICH SAG IHNEN WAS, HERR BÄR! MEINE EX UND DAS FINANZAMT LASSEN MICH DIESES JAHR GANZ SCHÖN BLUTEN!
TJA, MIT EX-FRAUEN UND DEM FINANZAMT IST NICHT ZU SPASSEN ... HÖ, HÖ...
GARG!
PFUIÄCH!
ÄH... WOLLEN SIE 'NEN DRINK? 'NE KLEINE HASCHPFEIFE? 'NE NASE KOKS?
HEPP
ÖH... EIN DRINK WÄRE FEIN!
SOLL ICH RAUSGEHEN?
ÄH, JA... GEH DIR MAL DIE NÄGEL FEILEN ODER SO...
FICK DICH!
HA-HA!

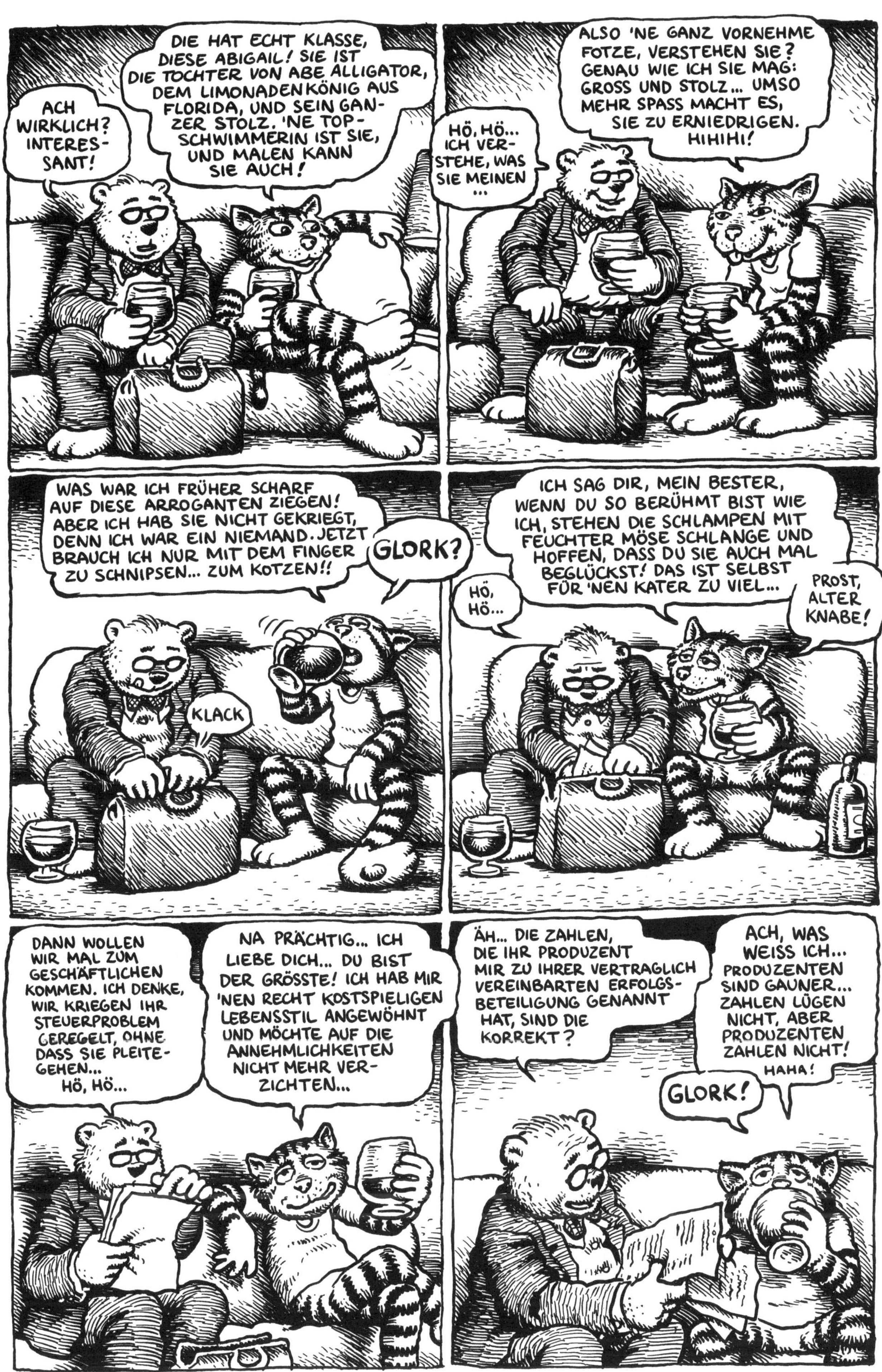
ACH WIRKLICH? INTERESSANT!
DIE HAT ECHT KLASSE, DIESE ABIGAIL! SIE IST DIE TOCHTER VON ABE ALLIGATOR, DEM LIMONADENKÖNIG AUS FLORIDA, UND SEIN GANZER STOLZ. 'NE TOPSCHWIMMERIN IST SIE, UND MALEN KANN SIE AUCH!
ALSO 'NE GANZ VORNEHME FOTZE, VERSTEHEN SIE? GENAU WIE ICH SIE MAG: GROSS UND STOLZ... UMSO MEHR SPASS MACHT ES, SIE ZU ERNIEDRIGEN. HIHIHI!
HÖ, HÖ... ICH VERSTEHE, WAS SIE MEINEN...
WAS WAR ICH FRÜHER SCHARF AUF DIESE ARROGANTEN ZIEGEN! ABER ICH HAB SIE NICHT GEKRIEGT, DENN ICH WAR EIN NIEMAND. JETZT BRAUCH ICH NUR MIT DEM FINGER ZU SCHNIPSEN... ZUM KOTZEN!!
GLORK?
KLACK
ICH SAG DIR, MEIN BESTER, WENN DU SO BERÜHMT BIST WIE ICH, STEHEN DIE SCHLAMPEN MIT FEUCHTER MÖSE SCHLANGE UND HOFFEN, DASS DU SIE AUCH MAL BEGLÜCKST! DAS IST SELBST FÜR 'NEN KATER ZU VIEL...
HÖ, HÖ...
PROST, ALTER KNABE!
DANN WOLLEN WIR MAL ZUM GESCHÄFTLICHEN KOMMEN. ICH DENKE, WIR KRIEGEN IHR STEUERPROBLEM GEREGELT, OHNE DASS SIE PLEITEGEHEN... HÖ, HÖ...
NA PRÄCHTIG... ICH LIEBE DICH... DU BIST DER GRÖSSTE! ICH HAB MIR 'NEN RECHT KOSTSPIELIGEN LEBENSSTIL ANGEWÖHNT UND MÖCHTE AUF DIE ANNEHMLICHKEITEN NICHT MEHR VERZICHTEN...
ÄH... DIE ZAHLEN, DIE IHR PRODUZENT MIR ZU IHRER VERTRAGLICH VEREINBARTEN ERFOLGSBETEILIGUNG GENANNT HAT, SIND DIE KORREKT?
ACH, WAS WEISS ICH... PRODUZENTEN SIND GAUNER... ZAHLEN LÜGEN NICHT, ABER PRODUZENTEN ZAHLEN NICHT! HAHA!
GLORK!

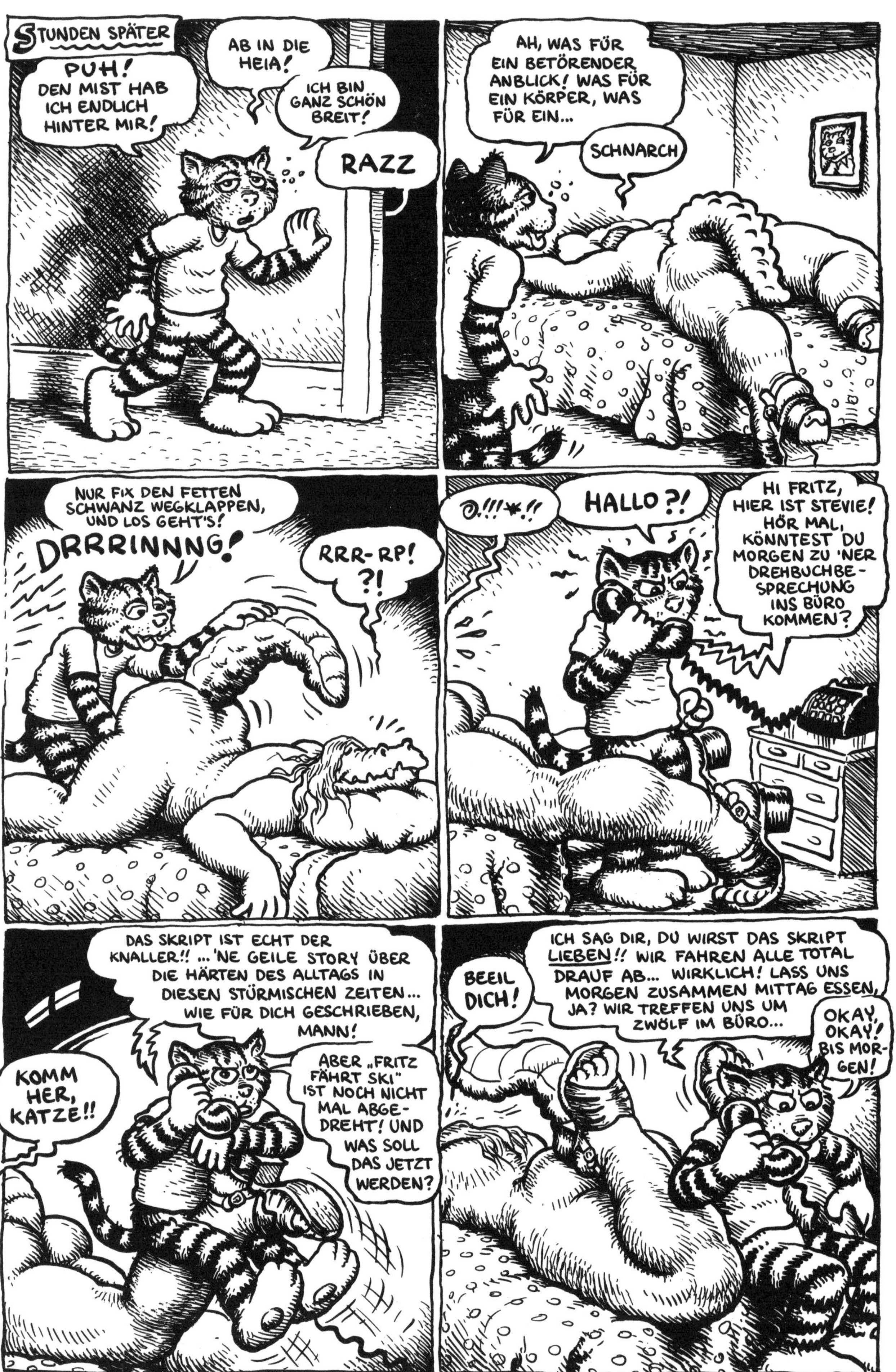
STUNDEN SPÄTER
PUH! DEN MIST HAB ICH ENDLICH HINTER MIR!
AB IN DIE HEIA!
ICH BIN GANZ SCHÖN BREIT!
RAZZ
AH, WAS FÜR EIN BETÖRENDER ANBLICK! WAS FÜR EIN KÖRPER, WAS FÜR EIN...
SCHNARCH
NUR FIX DEN FETTEN SCHWANZ WEGKLAPPEN, UND LOS GEHT'S!
DRRRINNNG!
RRR-RP! ?!
@!!!*!!
HALLO?!
HI FRITZ, HIER IST STEVIE! HÖR MAL, KÖNNTEST DU MORGEN ZU 'NER DREHBUCHBE-SPRECHUNG INS BÜRO KOMMEN?
DAS SKRIPT IST ECHT DER KNALLER!! ...'NE GEILE STORY ÜBER DIE HÄRTEN DES ALLTAGS IN DIESEN STÜRMISCHEN ZEITEN... WIE FÜR DICH GESCHRIEBEN, MANN!
KOMM HER, KATZE!!
ABER „FRITZ FÄHRT SKI" IST NOCH NICHT MAL ABGE-DREHT! UND WAS SOLL DAS JETZT WERDEN?
BEEIL DICH!
ICH SAG DIR, DU WIRST DAS SKRIPT LIEBEN!! WIR FAHREN ALLE TOTAL DRAUF AB... WIRKLICH! LASS UNS MORGEN ZUSAMMEN MITTAG ESSEN, JA? WIR TREFFEN UNS UM ZWÖLF IM BÜRO...
OKAY, OKAY! BIS MOR-GEN!

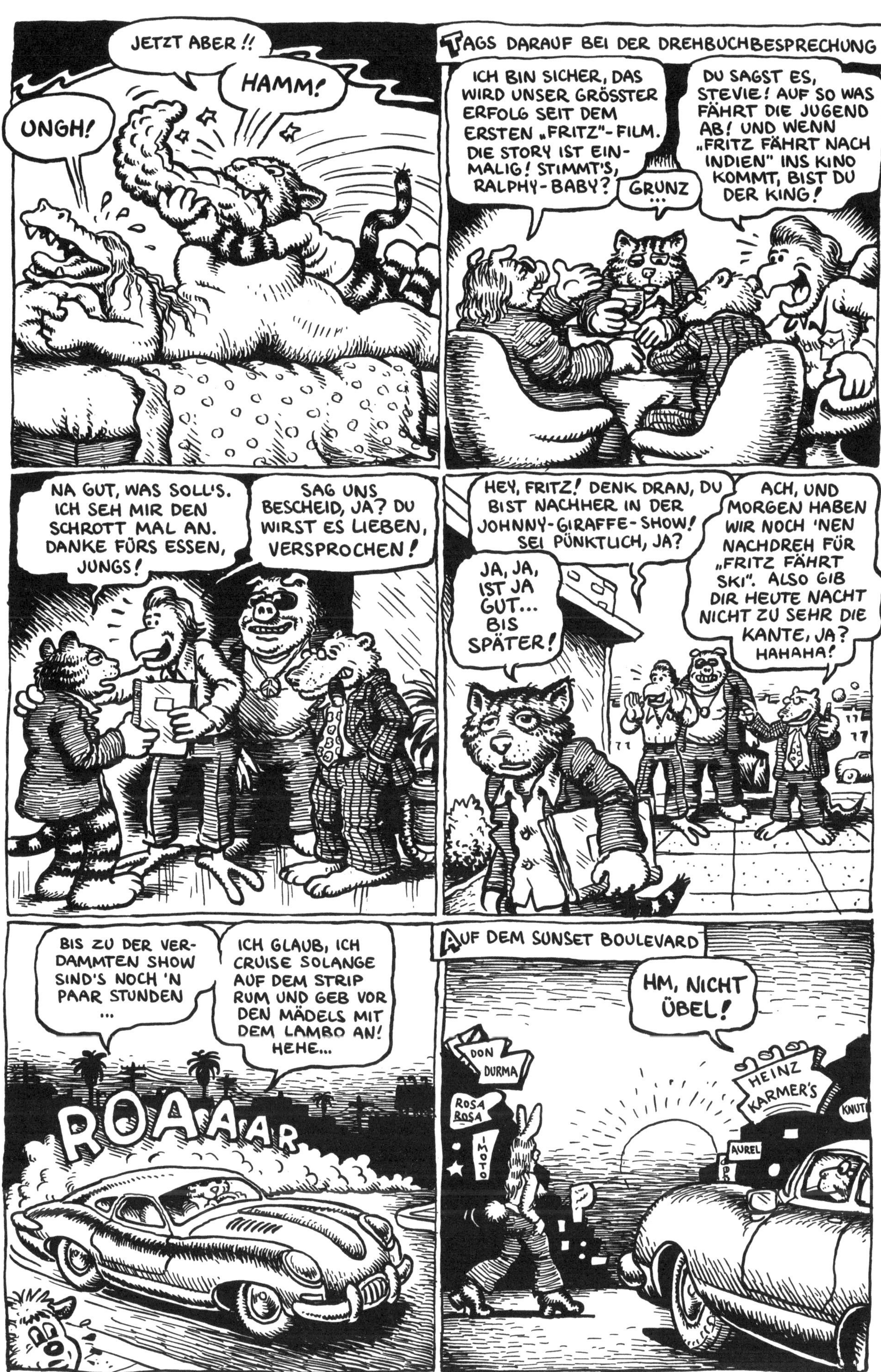
JETZT ABER!!
HAMM!
UNGH!
TAGS DARAUF BEI DER DREHBUCHBESPRECHUNG
ICH BIN SICHER, DAS WIRD UNSER GRÖSSTER ERFOLG SEIT DEM ERSTEN „FRITZ"-FILM. DIE STORY IST EINMALIG! STIMMT'S, RALPHY-BABY?
GRUNZ ...
DU SAGST ES, STEVIE! AUF SO WAS FÄHRT DIE JUGEND AB! UND WENN „FRITZ FÄHRT NACH INDIEN" INS KINO KOMMT, BIST DU DER KING!
NA GUT, WAS SOLL'S. ICH SEH MIR DEN SCHROTT MAL AN. DANKE FÜRS ESSEN, JUNGS!
SAG UNS BESCHEID, JA? DU WIRST ES LIEBEN, VERSPROCHEN!
HEY, FRITZ! DENK DRAN, DU BIST NACHHER IN DER JOHNNY-GIRAFFE-SHOW! SEI PÜNKTLICH, JA?
JA, JA, IST JA GUT... BIS SPÄTER!
ACH, UND MORGEN HABEN WIR NOCH 'NEN NACHDREH FÜR „FRITZ FÄHRT SKI". ALSO GIB DIR HEUTE NACHT NICHT ZU SEHR DIE KANTE, JA? HAHAHA!
BIS ZU DER VERDAMMTEN SHOW SIND'S NOCH 'N PAAR STUNDEN ...
ICH GLAUB, ICH CRUISE SOLANGE AUF DEM STRIP RUM UND GEB VOR DEN MÄDELS MIT DEM LAMBO AN! HEHE...
ROAAAAR
AUF DEM SUNSET BOULEVARD
HM, NICHT ÜBEL!
DON DURMA
ROSA ROSA
IMOTO
HEINZ KARMER'S
KNUT
AUREL

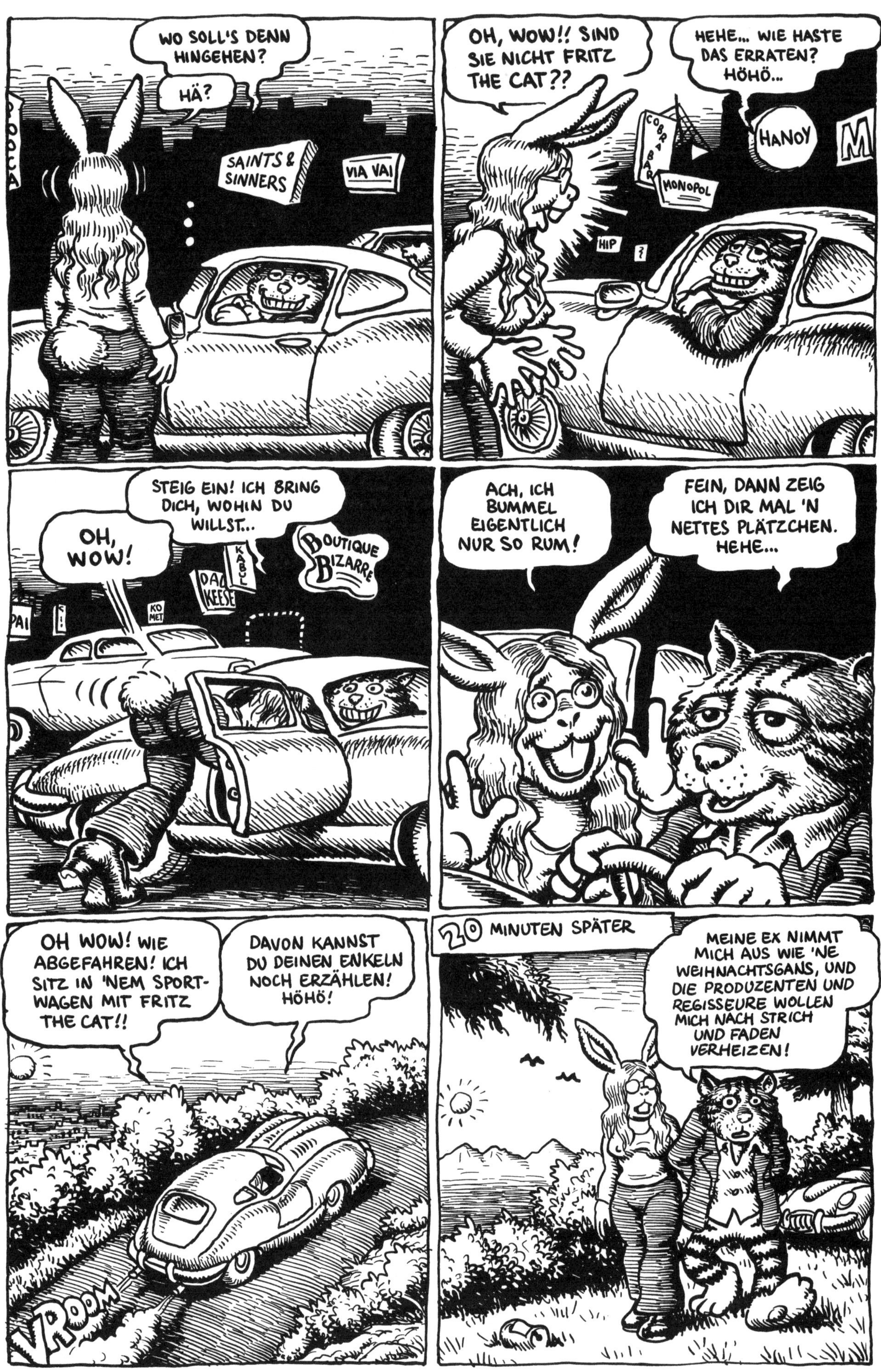
WO SOLL'S DENN HINGEHEN?
HÄ?
SAINTS & SINNERS
VIA VAI
OH, WOW!! SIND SIE NICHT FRITZ THE CAT??
HEHE... WIE HASTE DAS ERRATEN? HÖHÖ...
COBRA BAR
HANOY
MONOPOL
HIP
?
STEIG EIN! ICH BRING DICH, WOHIN DU WILLST...
OH, WOW!
BOUTIQUE BIZARRE
KABUL
DA KEESE
KOMET
PAI
ACH, ICH BUMMEL EIGENTLICH NUR SO RUM!
FEIN, DANN ZEIG ICH DIR MAL 'N NETTES PLÄTZCHEN. HEHE...
OH WOW! WIE ABGEFAHREN! ICH SITZ IN 'NEM SPORTWAGEN MIT FRITZ THE CAT!!
DAVON KANNST DU DEINEN ENKELN NOCH ERZÄHLEN! HÖHÖ!
VROOM
20 MINUTEN SPÄTER
MEINE EX NIMMT MICH AUS WIE 'NE WEIHNACHTSGANS, UND DIE PRODUZENTEN UND REGISSEURE WOLLEN MICH NACH STRICH UND FADEN VERHEIZEN!

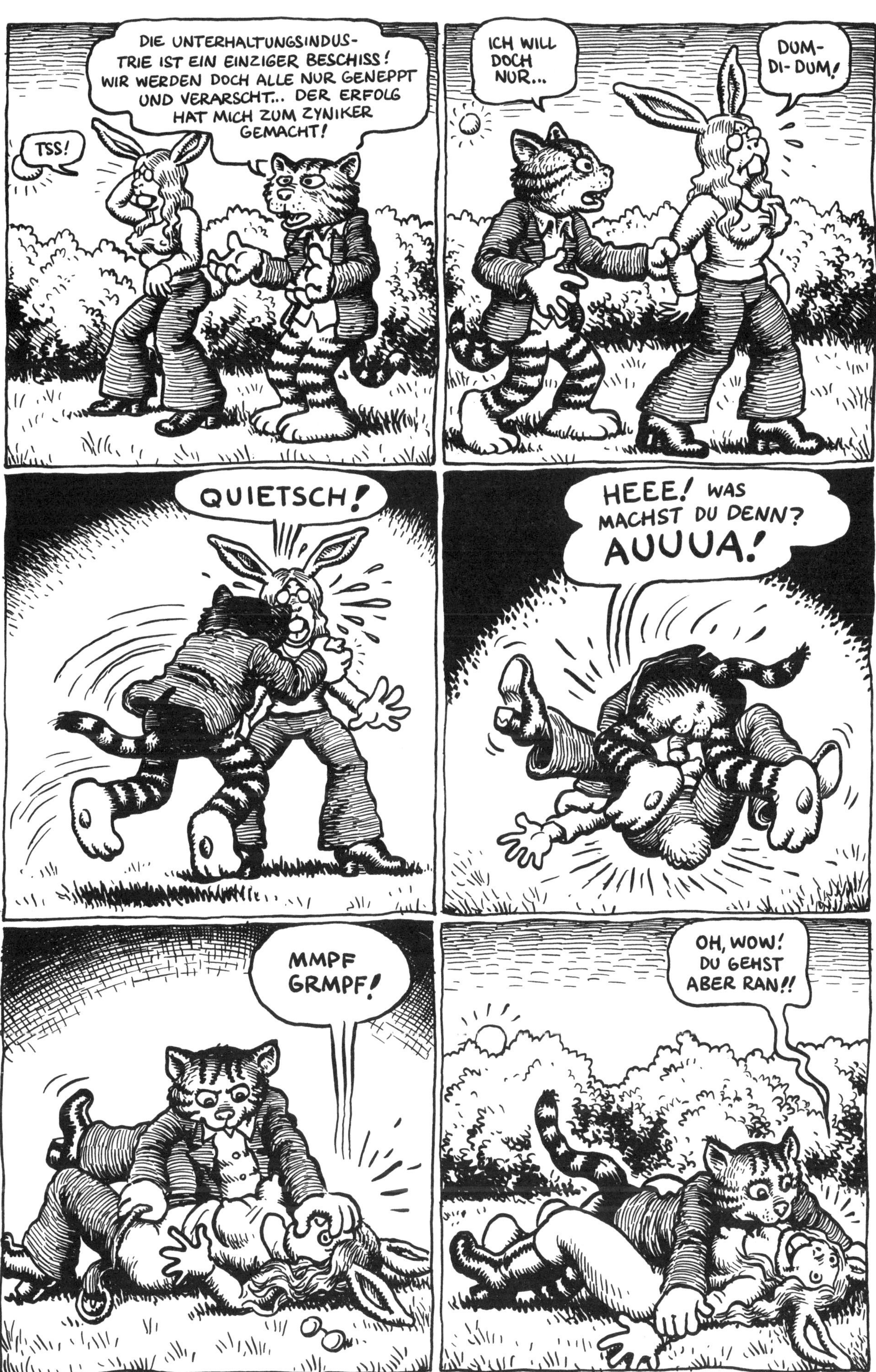
DIE UNTERHALTUNGSINDUSTRIE IST EIN EINZIGER BESCHISS! WIR WERDEN DOCH ALLE NUR GENEPPT UND VERARSCHT... DER ERFOLG HAT MICH ZUM ZYNIKER GEMACHT!
TSS!
ICH WILL DOCH NUR...
DUM-DI-DUM!
QUIETSCH!
HEEE! WAS MACHST DU DENN? AUUUA!
MMPF GRMPF!
OH, WOW! DU GEHST ABER RAN!!

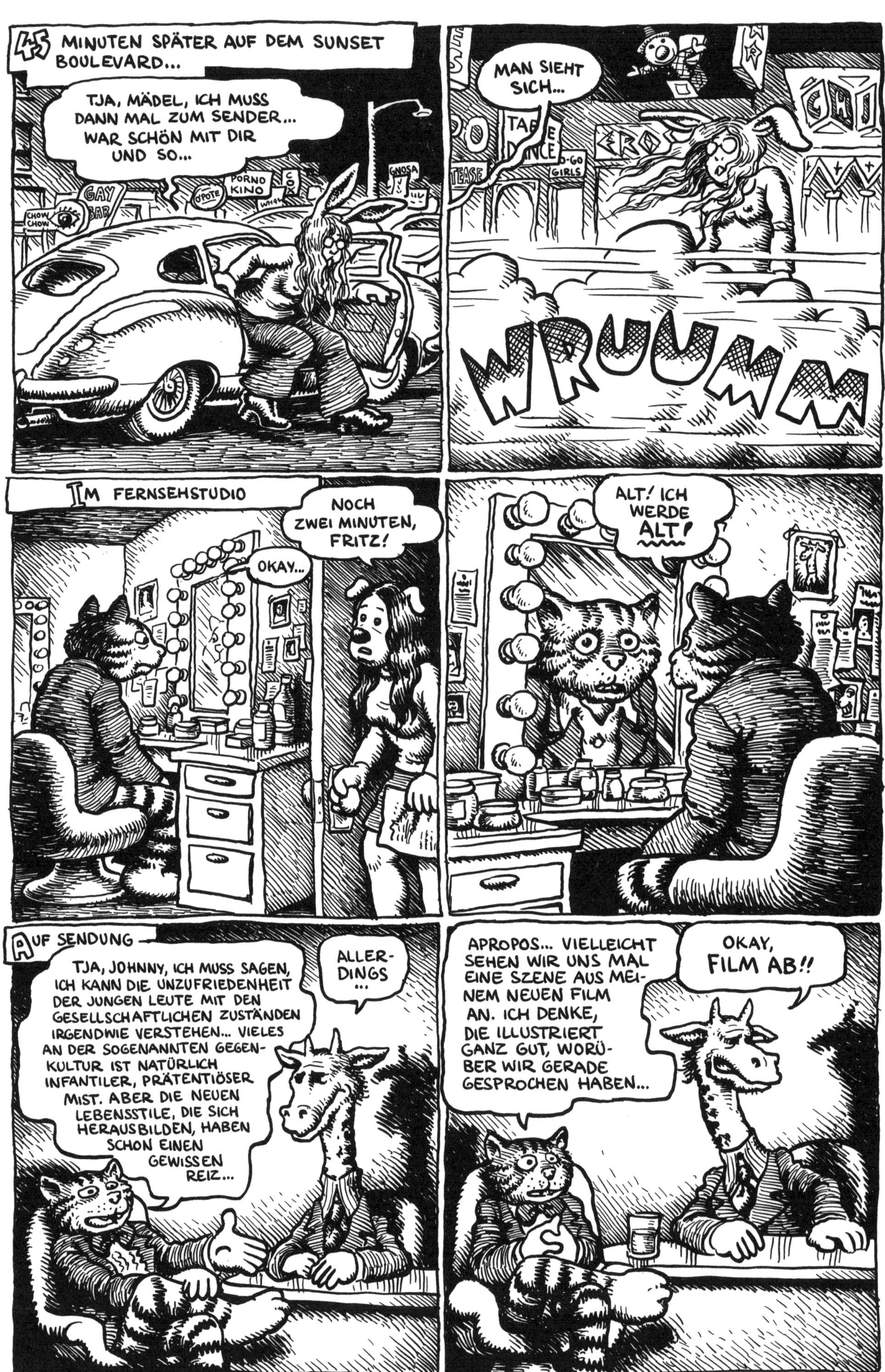
45 MINUTEN SPÄTER AUF DEM SUNSET BOULEVARD...
TJA, MÄDEL, ICH MUSS DANN MAL ZUM SENDER... WAR SCHÖN MIT DIR UND SO...
PORNO KINO
GAY BAR
CHOW CHOW
MAN SIEHT SICH...
EROS
GIRLS
TEASE
WRUUMM
IM FERNSEHSTUDIO
NOCH ZWEI MINUTEN, FRITZ!
OKAY...
ALT! ICH WERDE ALT!
AUF SENDUNG
TJA, JOHNNY, ICH MUSS SAGEN, ICH KANN DIE UNZUFRIEDENHEIT DER JUNGEN LEUTE MIT DEN GESELLSCHAFTLICHEN ZUSTÄNDEN IRGENDWIE VERSTEHEN... VIELES AN DER SOGENANNTEN GEGENKULTUR IST NATÜRLICH INFANTILER, PRÄTENTIÖSER MIST. ABER DIE NEUEN LEBENSSTILE, DIE SICH HERAUSBILDEN, HABEN SCHON EINEN GEWISSEN REIZ...
ALLERDINGS...
APROPOS... VIELLEICHT SEHEN WIR UNS MAL EINE SZENE AUS MEINEM NEUEN FILM AN. ICH DENKE, DIE ILLUSTRIERT GANZ GUT, WORÜBER WIR GERADE GESPROCHEN HABEN...
OKAY, FILM AB!!

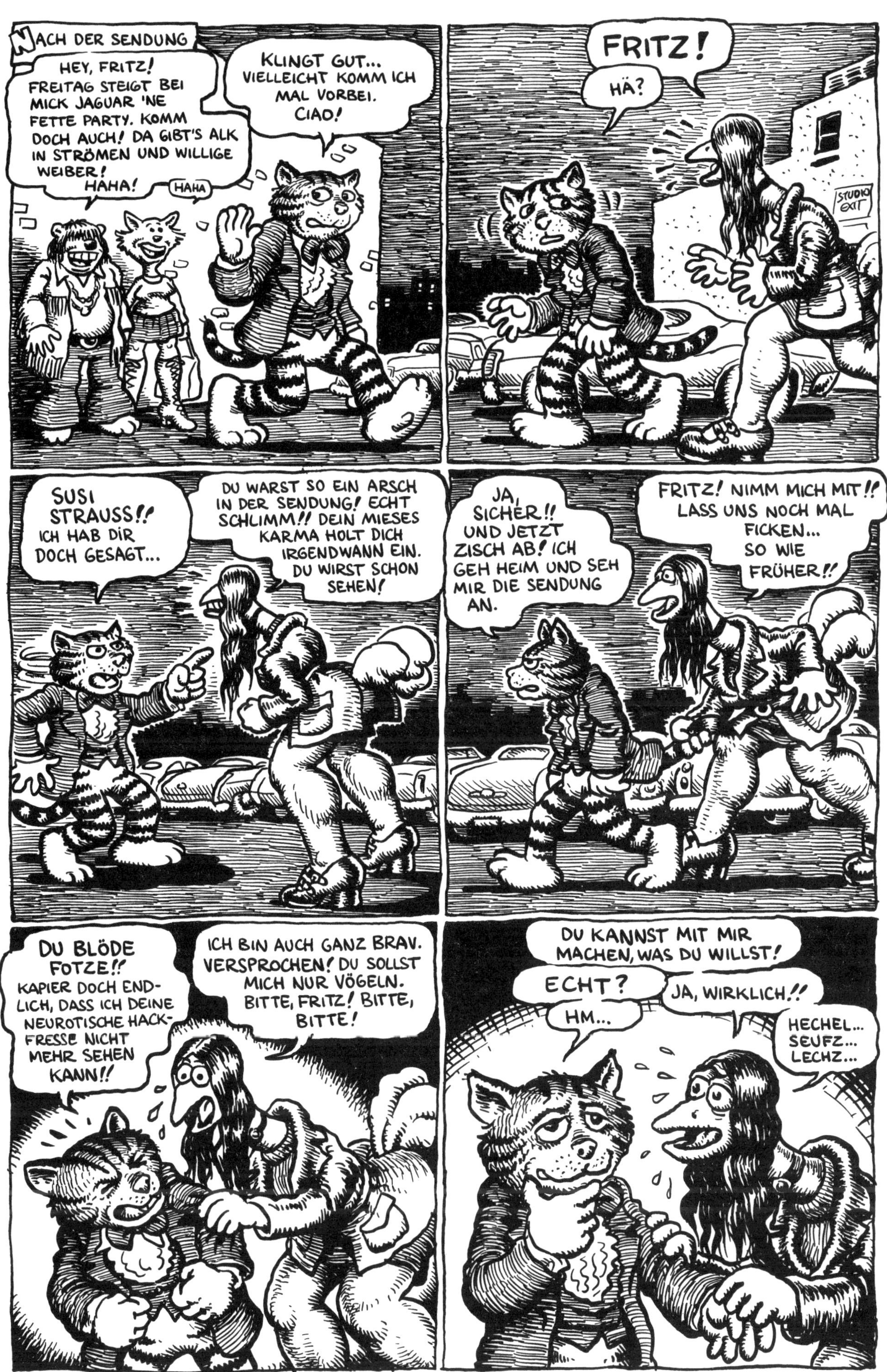
NACH DER SENDUNG
HEY, FRITZ! FREITAG STEIGT BEI MICK JAGUAR 'NE FETTE PARTY. KOMM DOCH AUCH! DA GIBT'S ALK IN STRÖMEN UND WILLIGE WEIBER! HAHA!
HAHA
KLINGT GUT... VIELLEICHT KOMM ICH MAL VORBEI. CIAO!
FRITZ!
HÄ?
STUDIO EXIT
SUSI STRAUSS!! ICH HAB DIR DOCH GESAGT...
DU WARST SO EIN ARSCH IN DER SENDUNG! ECHT SCHLIMM!! DEIN MIESES KARMA HOLT DICH IRGENDWANN EIN. DU WIRST SCHON SEHEN!
JA, SICHER!! UND JETZT ZISCH AB! ICH GEH HEIM UND SEH MIR DIE SENDUNG AN.
FRITZ! NIMM MICH MIT!! LASS UNS NOCH MAL FICKEN... SO WIE FRÜHER!!
DU BLÖDE FOTZE!! KAPIER DOCH ENDLICH, DASS ICH DEINE NEUROTISCHE HACKFRESSE NICHT MEHR SEHEN KANN!!
ICH BIN AUCH GANZ BRAV. VERSPROCHEN! DU SOLLST MICH NUR VÖGELN. BITTE, FRITZ! BITTE, BITTE!
DU KANNST MIT MIR MACHEN, WAS DU WILLST!
ECHT?
JA, WIRKLICH!!
HM...
HECHEL... SEUFZ... LECHZ...

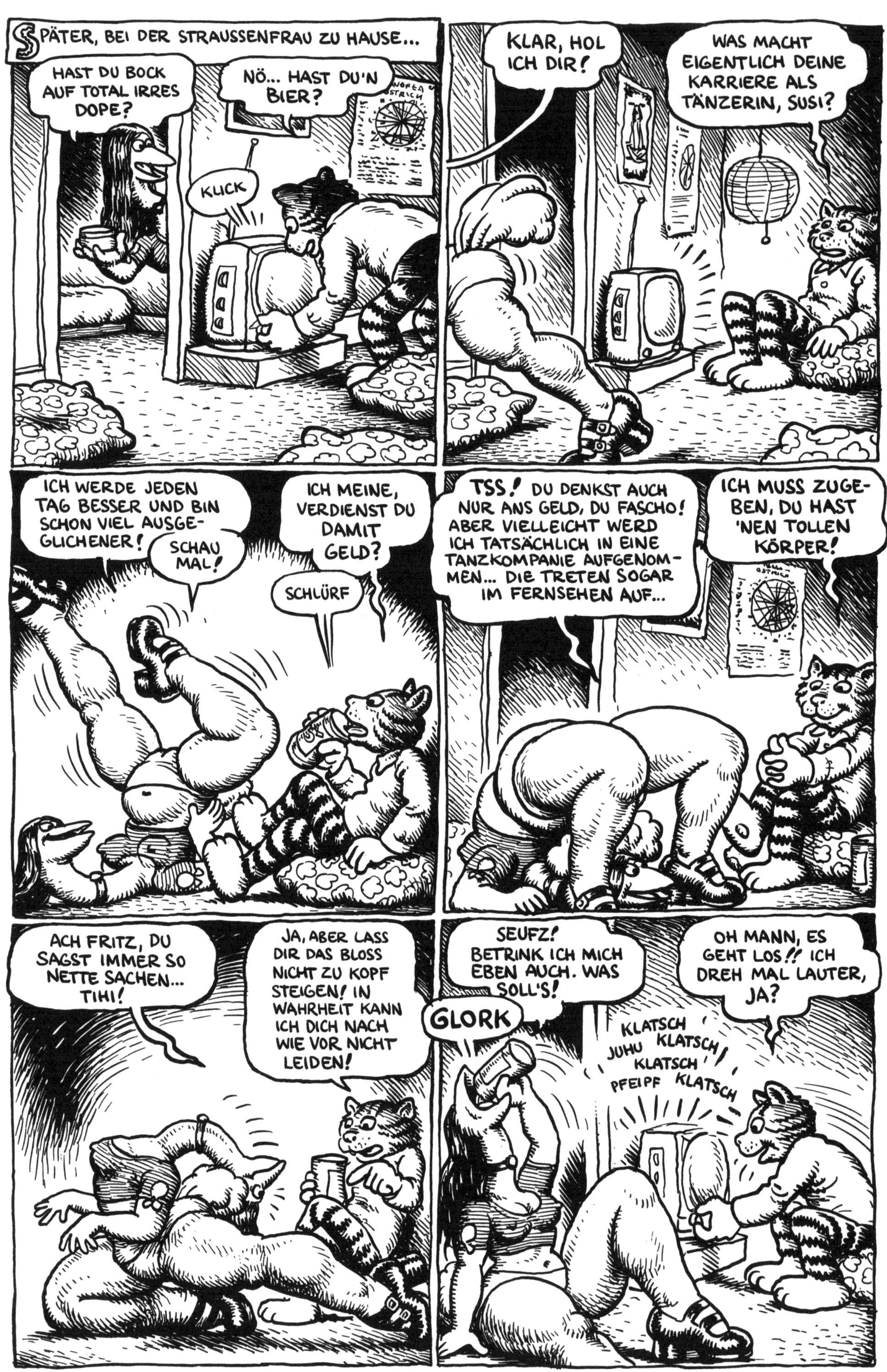
SPÄTER, BEI DER STRAUSSENFRAU ZU HAUSE...
HAST DU BOCK AUF TOTAL IRRES DOPE?
NÖ... HAST DU'N BIER?
KLICK
KLAR, HOL ICH DIR!
WAS MACHT EIGENTLICH DEINE KARRIERE ALS TÄNZERIN, SUSI?
ICH WERDE JEDEN TAG BESSER UND BIN SCHON VIEL AUSGEGLICHENER!
SCHAU MAL!
ICH MEINE, VERDIENST DU DAMIT GELD?
SCHLÜRF
TSS! DU DENKST AUCH NUR ANS GELD, DU FASCHO! ABER VIELLEICHT WERD ICH TATSÄCHLICH IN EINE TANZKOMPANIE AUFGENOMMEN... DIE TRETEN SOGAR IM FERNSEHEN AUF...
ICH MUSS ZUGEBEN, DU HAST 'NEN TOLLEN KÖRPER!
ACH FRITZ, DU SAGST IMMER SO NETTE SACHEN... TIHI!
JA, ABER LASS DIR DAS BLOSS NICHT ZU KOPF STEIGEN! IN WAHRHEIT KANN ICH DICH NACH WIE VOR NICHT LEIDEN!
SEUFZ! BETRINK ICH MICH EBEN AUCH. WAS SOLL'S!
GLORK
OH MANN, ES GEHT LOS!! ICH DREH MAL LAUTER, JA?
KLATSCH
JUHU KLATSCH
KLATSCH
PFEIPF KLATSCH

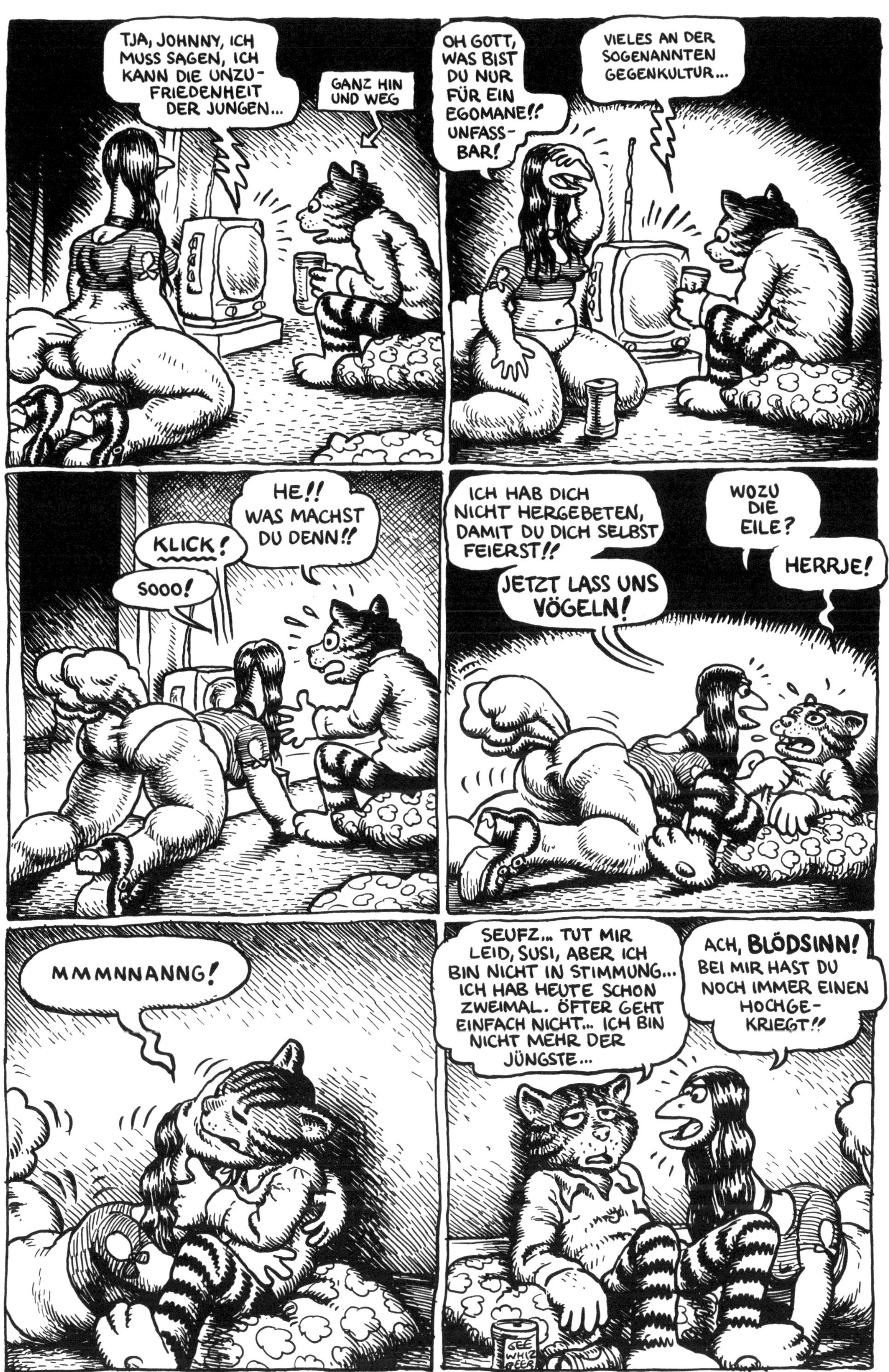
TJA, JOHNNY, ICH MUSS SAGEN, ICH KANN DIE UNZUFRIEDENHEIT DER JUNGEN...
GANZ HIN UND WEG
OH GOTT, WAS BIST DU NUR FÜR EIN EGOMANE!! UNFASSBAR!
VIELES AN DER SOGENANNTEN GEGENKULTUR...
KLICK!
SOOO!
HE!! WAS MACHST DU DENN!!
ICH HAB DICH NICHT HERGEBETEN, DAMIT DU DICH SELBST FEIERST!!
JETZT LASS UNS VÖGELN!
WOZU DIE EILE?
HERRJE!
MMMNNANNG!
SEUFZ... TUT MIR LEID, SUSI, ABER ICH BIN NICHT IN STIMMUNG... ICH HAB HEUTE SCHON ZWEIMAL. ÖFTER GEHT EINFACH NICHT... ICH BIN NICHT MEHR DER JÜNGSTE...
ACH, BLÖDSINN! BEI MIR HAST DU NOCH IMMER EINEN HOCHGEKRIEGT!!
GEE WHIZ BEER

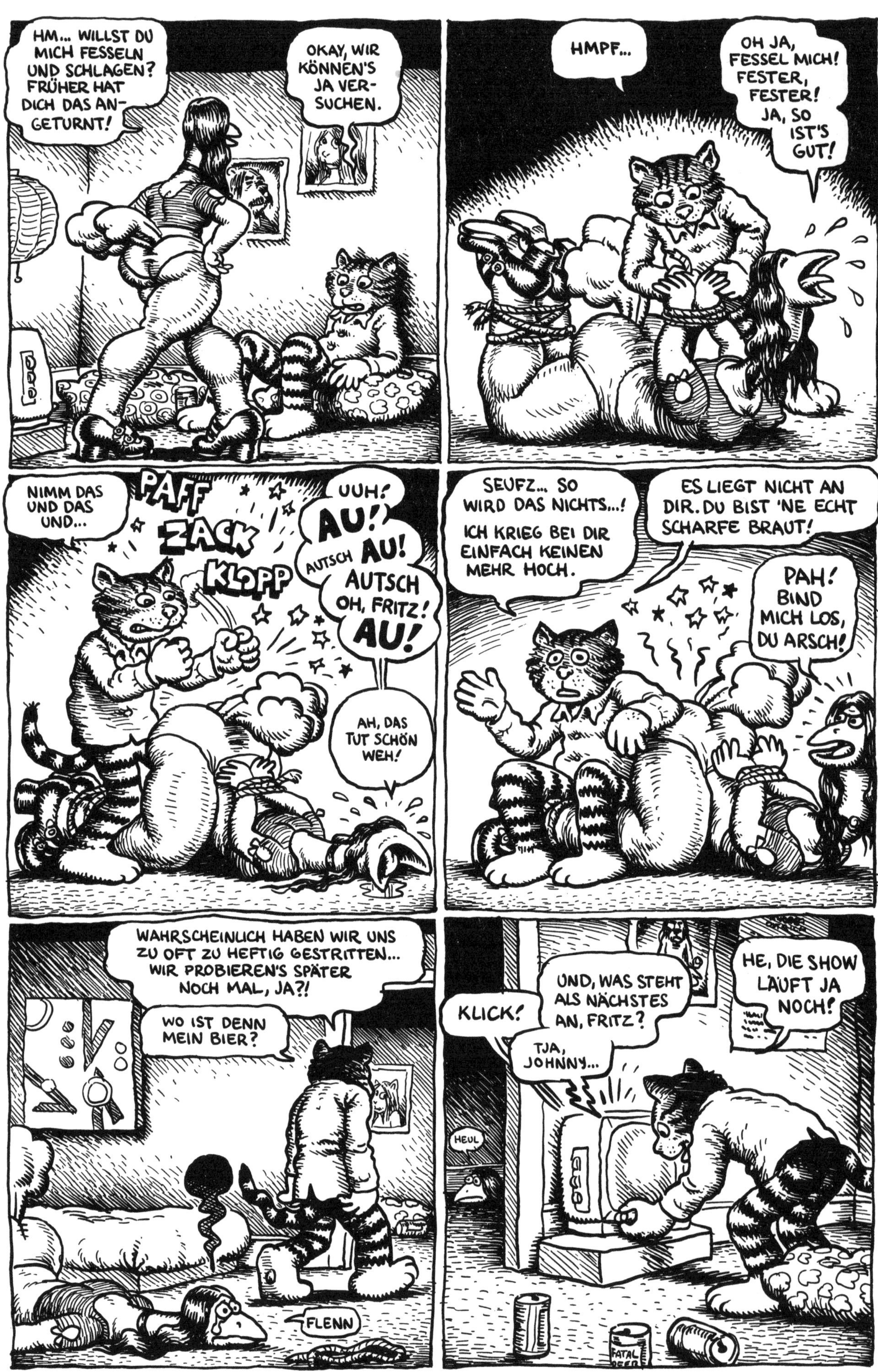
HM... WILLST DU MICH FESSELN UND SCHLAGEN? FRÜHER HAT DICH DAS ANGETURNT!
OKAY, WIR KÖNNEN'S JA VERSUCHEN.
HMPF...
OH JA, FESSEL MICH! FESTER, FESTER! JA, SO IST'S GUT!
NIMM DAS UND DAS UND...
PAFF
ZACK
KLOPP
UUH!
AU!
AUTSCH AU!
AUTSCH
OH, FRITZ!
AU!
AH, DAS TUT SCHÖN WEH!
SEUFZ... SO WIRD DAS NICHTS...!
ICH KRIEG BEI DIR EINFACH KEINEN MEHR HOCH.
ES LIEGT NICHT AN DIR. DU BIST 'NE ECHT SCHARFE BRAUT!
PAH! BIND MICH LOS, DU ARSCH!
WAHRSCHEINLICH HABEN WIR UNS ZU OFT ZU HEFTIG GESTRITTEN... WIR PROBIEREN'S SPÄTER NOCH MAL, JA?!
WO IST DENN MEIN BIER?
FLENN
KLICK!
UND, WAS STEHT ALS NÄCHSTES AN, FRITZ?
TJA, JOHNNY...
HE, DIE SHOW LÄUFT JA NOCH!
HEUL
FATAL BEER

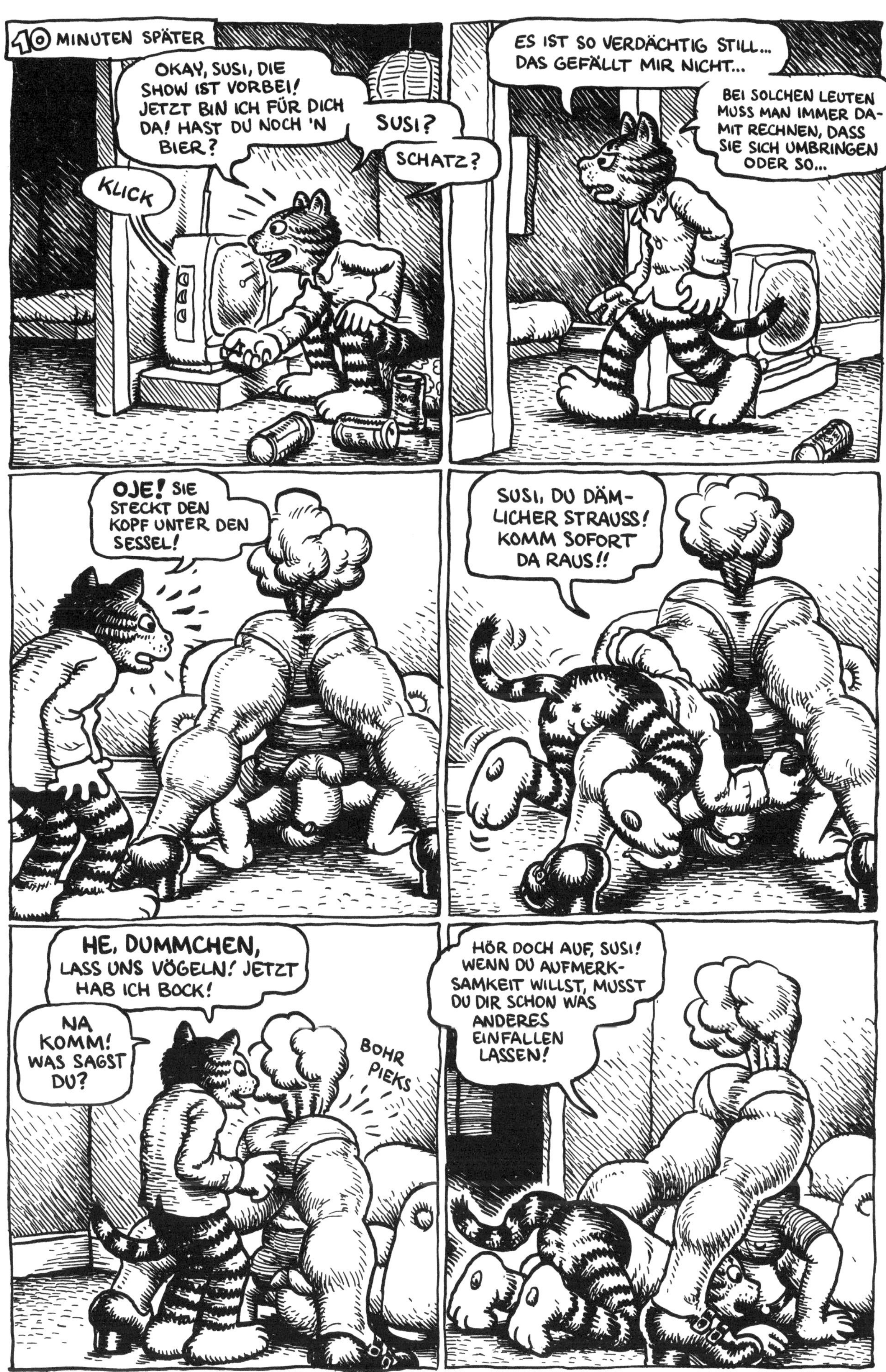
10 MINUTEN SPÄTER
OKAY, SUSI, DIE SHOW IST VORBEI! JETZT BIN ICH FÜR DICH DA! HAST DU NOCH 'N BIER?
KLICK
SUSI?
SCHATZ?
ES IST SO VERDÄCHTIG STILL... DAS GEFÄLLT MIR NICHT...
BEI SOLCHEN LEUTEN MUSS MAN IMMER DAMIT RECHNEN, DASS SIE SICH UMBRINGEN ODER SO...
OJE! SIE STECKT DEN KOPF UNTER DEN SESSEL!
SUSI, DU DÄMLICHER STRAUSS! KOMM SOFORT DA RAUS!!
HE, DUMMCHEN, LASS UNS VÖGELN! JETZT HAB ICH BOCK!
NA KOMM! WAS SAGST DU?
BOHR
PIEKS
HÖR DOCH AUF, SUSI! WENN DU AUFMERKSAMKEIT WILLST, MUSST DU DIR SCHON WAS ANDERES EINFALLEN LASSEN!

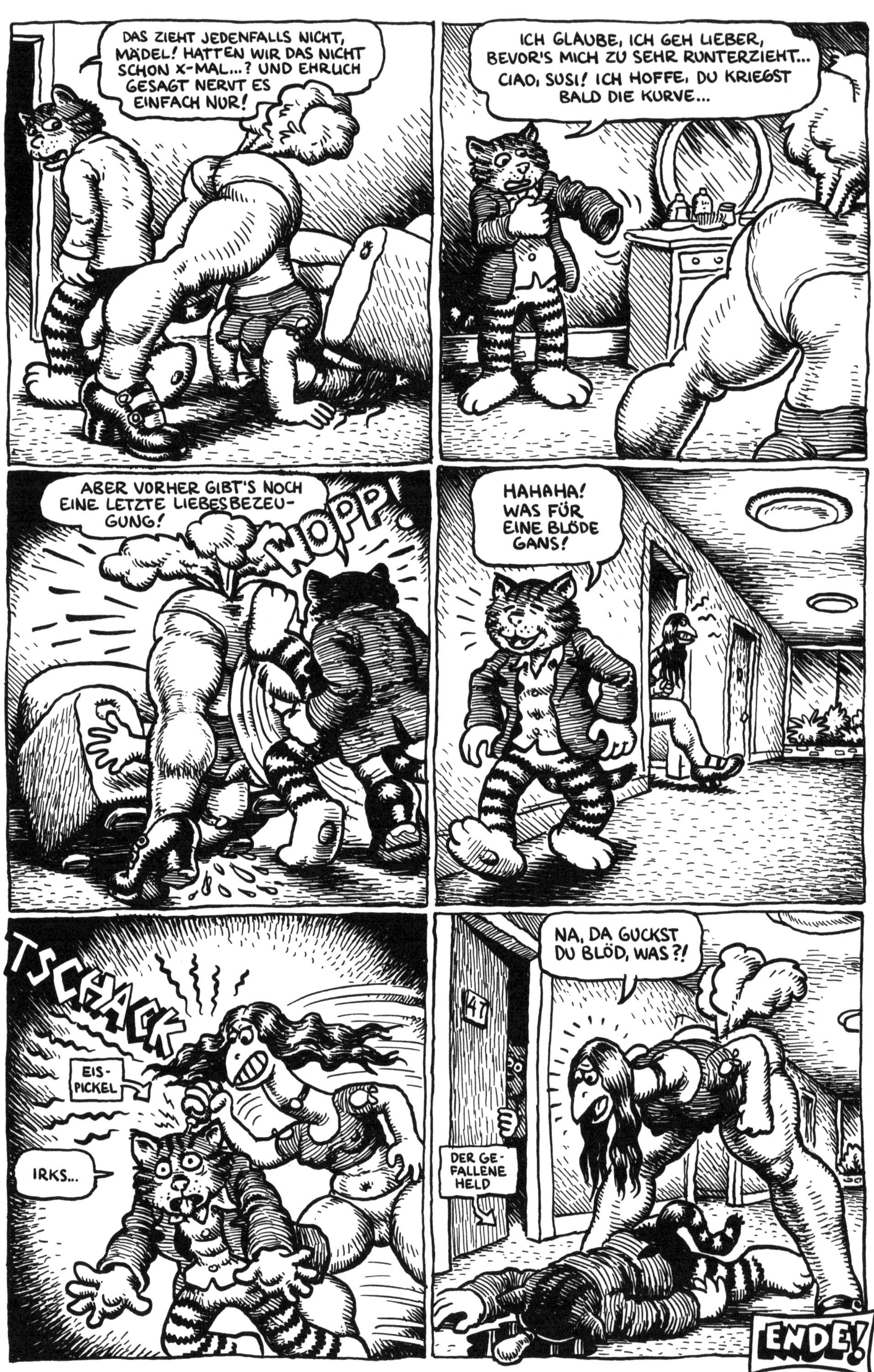
DAS ZIEHT JEDENFALLS NICHT, MÄDEL! HATTEN WIR DAS NICHT SCHON X-MAL...? UND EHRLICH GESAGT NERVT ES EINFACH NUR!
ICH GLAUBE, ICH GEH LIEBER, BEVOR'S MICH ZU SEHR RUNTERZIEHT... CIAO, SUSI! ICH HOFFE, DU KRIEGST BALD DIE KURVE...
ABER VORHER GIBT'S NOCH EINE LETZTE LIEBESBEZEUGUNG!
WOPP!
HAHAHA! WAS FÜR EINE BLÖDE GANS!
TSCHACK
EIS-PICKEL
IRKS...
NA, DA GUCKST DU BLÖD, WAS?!
41
DER GEFALLENE HELD
ENDE!

Fritz the Cat

Konzeption: Jean-Pierre Mercier
Grafische Konzeption: Jean-Louis Gauthey & Robert Crumb
© Robert Crumb & Éditions Cornélius 2013

Aus dem Amerikanischen von Heinrich Anders
Redaktion: Heike Drescher
Mitarbeit: Michael Groenewald
Lettering: Olav Korth
Korrektur: Gustav Mechlenburg
Herstellung: Alex Chauvel
Dank an Anthracite & Philippe Ouvrard, Robert Crumb,
Lora Fountain, Sébastien Gokalp und J. W.

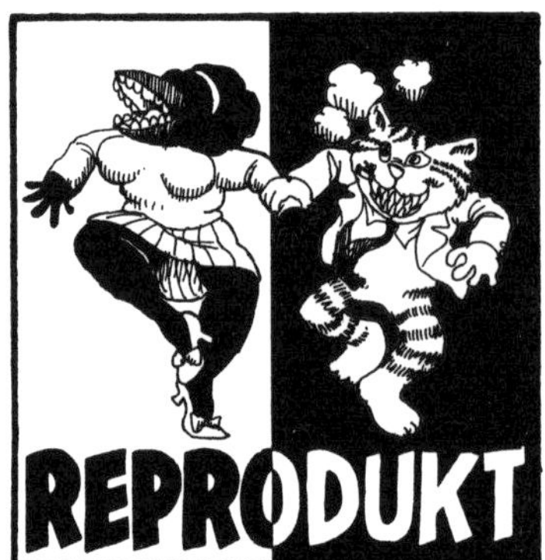

Gottschedstr. 4 / Aufgang 1
13357 Berlin

Copyright © 2017 Reprodukt für die deutschsprachige Ausgabe.
FRITZ THE CAT
Copyright © Robert Crumb, 2015
All rights reserved.
Published by arrangement with Agence Littéraire Lora Fountain & Associates.
Originally published in France by Éditions Cornélius, 2 rue Marc Sagnier, 33130 Bègles
Herausgeber: Dirk Rehm
ISBN 978-3-95640-035-3
Druck: BALTO Print, Vilnius, Litauen
Alle deutschen Rechte vorbehalten.
Erste Auflage: Juli 2017
www.reprodukt.com

Robert Crumb bei Reprodukt

Fritz the Cat
Kafka (mit David Zane Mairowitz)
Mein Ärger mit den Frauen
Mister Nostalgia
Nausea

Robert Crumb bei Carlsen

Robert Crumbs Genesis

Robert Crumb bei TASCHEN

The Sketchbooks 1964-1982
The Sketchbooks 1982-2011
R. Crumb's Sex Obsessions

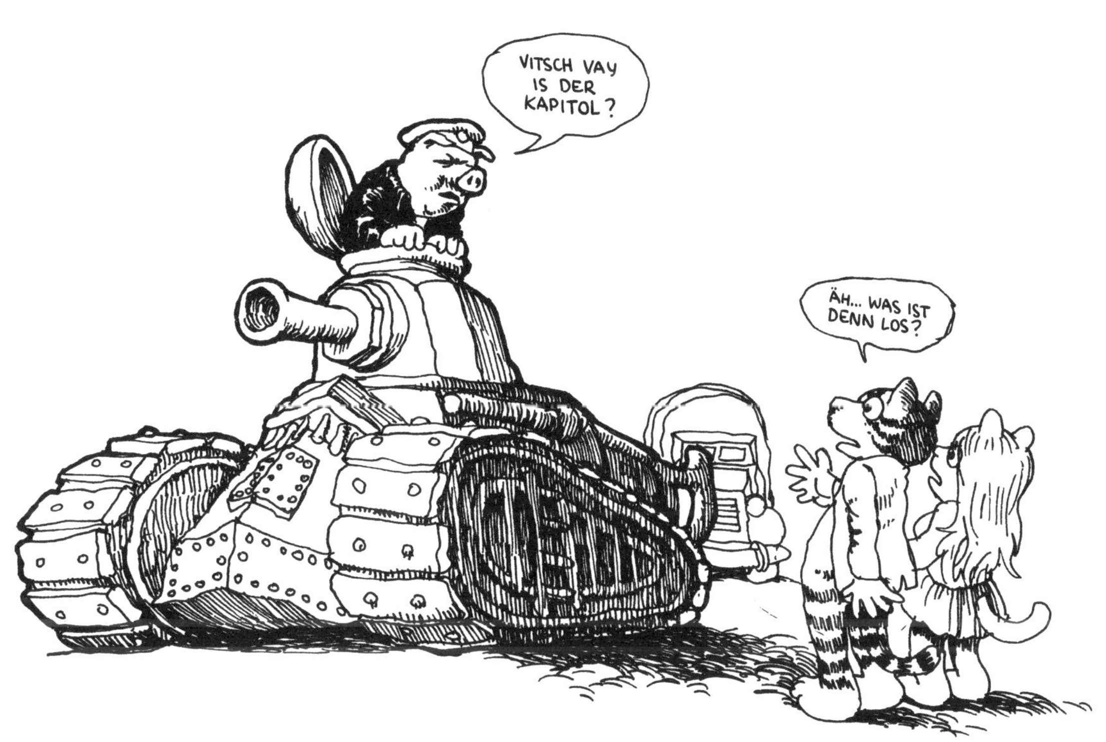

WELCOME TO CRUMBLAND

Das Erscheinen des ersten *ZAP Comix* 1968 ist ein legendärer Moment in der Comichistorie: An einer Straßenecke in San Francisco verkauft ein hagerer Mann zwischen all den Freaks und Hippies mit seiner schwangeren Frau aus einem Kinderwagen heraus sein selbst verlegtes Comicheft. Wie ein Lauffeuer verbreitet sich das Heft im ganzen Land und verhilft den Underground Comix in den USA zum Durchbruch. Der Zeichner Robert Crumb wurde zur Galionsfigur einer Bewegung, die den Comic maßgeblich verändern sollte. Denn die Comix wurden mit x am Ende geschrieben, da sie x-rated, also für ein erwachsenes Publikum gedacht waren. Sie standen für eine persönliche Ausdrucksweise und neue Inhalte, und sie befreiten den Comic von der selbst auferlegten Zensur durch den Comics Code, der seit 1954 alle Comichefte jugendfrei hielt. Die Comix hingegen setzten auf explizite Darstellungen und subversive Parodien, wovon vor allem der junge Robert Crumb ausgiebig Gebrauch machte.

Am 30. August 1943 in Philadelphia geboren, hatte dieser früh die Comics von Carl Barks und Walt Kelly entdeckt, und sein Bruder Charles hielt ihn zum Zeichnen an. Die Brüder teilten ihre Vorliebe für Comics, Disney-Filme und das aufkommende Fernsehen, zugleich aber entwickelte Robert ein Faible für die Vergangenheit und wurde zum begeisterten Sammler von nostalgischen Dingen. Er ging nach Cleveland, um dort bei einer Grußkartenfirma als Illustrator zu arbeiten, doch als er erstmals LSD nahm, war es um ihn geschehen. Er reiste Hals über Kopf nach San Francisco, ins Mekka der Hippie-Bewegung, und zeichnete dort völlig losgelöst, berauscht und besessen. Seine satirisch überspitzten Kurzgeschichten in *ZAP* sind radikal, skandalös und polarisierend, aber gerade deswegen immens populär. Zu den bekanntesten Figuren aus dieser Zeit zählen der pseudophilosophische Mr. Natural und Fritz the Cat. Der hedonistische Kater wurde so berühmt, dass ihn Ralph Bakshi 1972 ins Kino brachte – da aber Crumb um die Vereinnahmung seiner Figur fürchtete, machte er Fritz the Cat in seinen Comics ungerührt durch die Hand einer eifersüchtigen Straußendame ein Ende.

Als zu Beginn der Siebziger die Zeit der Underground Comix endete, nahm Crumb das zum Anlass, sich anderen Themen zuzuwenden. Er fing an, in seinen Comics über sich selbst zu sprechen, und gab dem Comic damit etwas, das bis dahin eher zaghaft genutzt wurde: die Ich-Erzählung. So öffnet sich in einer seiner ersten bekenntnishaften Kurzgeschichten von 1972 eine Tür zum Unterbewussten des Zeichners, auf der geschrieben steht: „Welcome to Crumbland". Und in Crumbland schildert der Autor dem Leser penibel genau seine Neurosen und sexuellen Obsessionen; Crumb erhob das Autobiografische zum Stilmittel und wurde zu seiner eigenen Comicfigur. Dabei entwickelte er vielfältige Möglichkeiten des autobiografischen Erzählens, von den ungeschminkten Trips ins eigene Selbst über kommentierende, essayistische Kurzgeschichten bis hin zu Tagebuchstrips, die er gemeinsam mit seiner zweiten Ehefrau Aline Kominsky gestaltete.

Seit Mitte der Siebzigerjahre stellte Crumb seine Zeichnungen auch in den Dienst anderer Autoren, so etwa in den Alltagsgeschichten von Harvey Pekar im Comicmagazin *American Splendor*. Die zahlreichen Literaturadaptionen und Biografien von Bluesmusikern, die in dem von ihm betreuten Magazin *Weirdo* in den Achtzigern erschienen sind, gehören ebenso zu den Höhepunkten seiner Karriere wie die Comic-einführung *Kafka*. 2009 schließlich hat er eine werktreue Adaption der Genesis vorgenommen, er hat den Bibeltext illustriert und kurzerhand in sein eigenes grafisches Universum – nach Crumbland – verlegt.

Crumbland sind aber auch die typisch schraffierten Strichzeichnungen, die seine Comics so unverwechselbar machen. In ihnen können sowohl die flämischen Meister oder der Karikaturist Thomas Nast als Vorbilder gesehen werden wie auch die Comics eines E. C. Segar (*Popeye*). Das zeichnerische Können Crumbs zeigt sich ebenfalls in seinen umfangreichen Skizzenbüchern und nicht zuletzt in seinen Illustrationen. So hat Crumb mit dem berühmten *Keep on Truckin'*-Logo ein Bildervermächtnis geschaffen, das ebenso zur Hippiekultur gehört wie Woodstock oder die Paisley-Mode. Er illustrierte Erzählungen von Charles Bukowski, und das wohl bekannteste der vielen Plattencover, die er gestaltet hat, ist *Cheap Thrills* von Janis Joplin & Big Brother and the Holding Company. Ebenjene außergewöhnliche grafische Kunstfertigkeit hat sein Werk letztlich in die Museen geführt, so gab es 2004 eine große Retrospektive im Kölner Museum Ludwig (*Yeah, but is it Art?*), und 2012 wurde Robert Crumb mit einer großen Einzelausstellung in Paris geehrt. Wohl ist ihm dabei nicht, schließlich will er einfach nur Comics machen und der Gedanke, es könne sich dabei um Kunst handeln, ist ihm suspekt.

Amerika hat Crumb mit seiner Familie bereits 1993 verlassen, um in Frankreich zu leben. Dieser Umzug wird in Terry Zwigoffs Film *Crumb* zum Thema, zugleich aber bietet der Dokumentarfilm einen tiefen Einblick in das Familienleben und die Persönlichkeit Crumbs. An der Legendenbildung wird so schon zu Lebzeiten des Zeichners eifrig gestrickt. Doch der sitzt am liebsten zu Hause und hört eine seiner zahllosen Schellackplatten aus den Zwanzigerjahren. Neben den Comics gehört Crumbs große Liebe der Musik, vor allem altem Blues und Bluegrass. In Bands wie den Cheap Suit Serenaders hat er selbst eine Zeit lang Banjo gespielt.

Nichts ist Robert Crumb mehr zuwider als Konformität. Seine Comics sind auch nicht in dem Sinne revolutionär, als dass sie formal Neuland betreten, ganz im Gegenteil fühlt er sich der Tradition verpflichtet. Aber die provokante Kompromisslosigkeit zeugt von einem unbeirrbaren Künstler, der seiner kreativen Intuition folgt, ganz gleich, was das Publikum denkt. „It's only lines on paper, folks", hat er seinen Kritikern erwidert. Robert Crumb ist nicht nur ein einflussreicher Comiczeichner, sondern einer der wichtigsten Künstler unserer Zeit.

– Klaus Schikowski

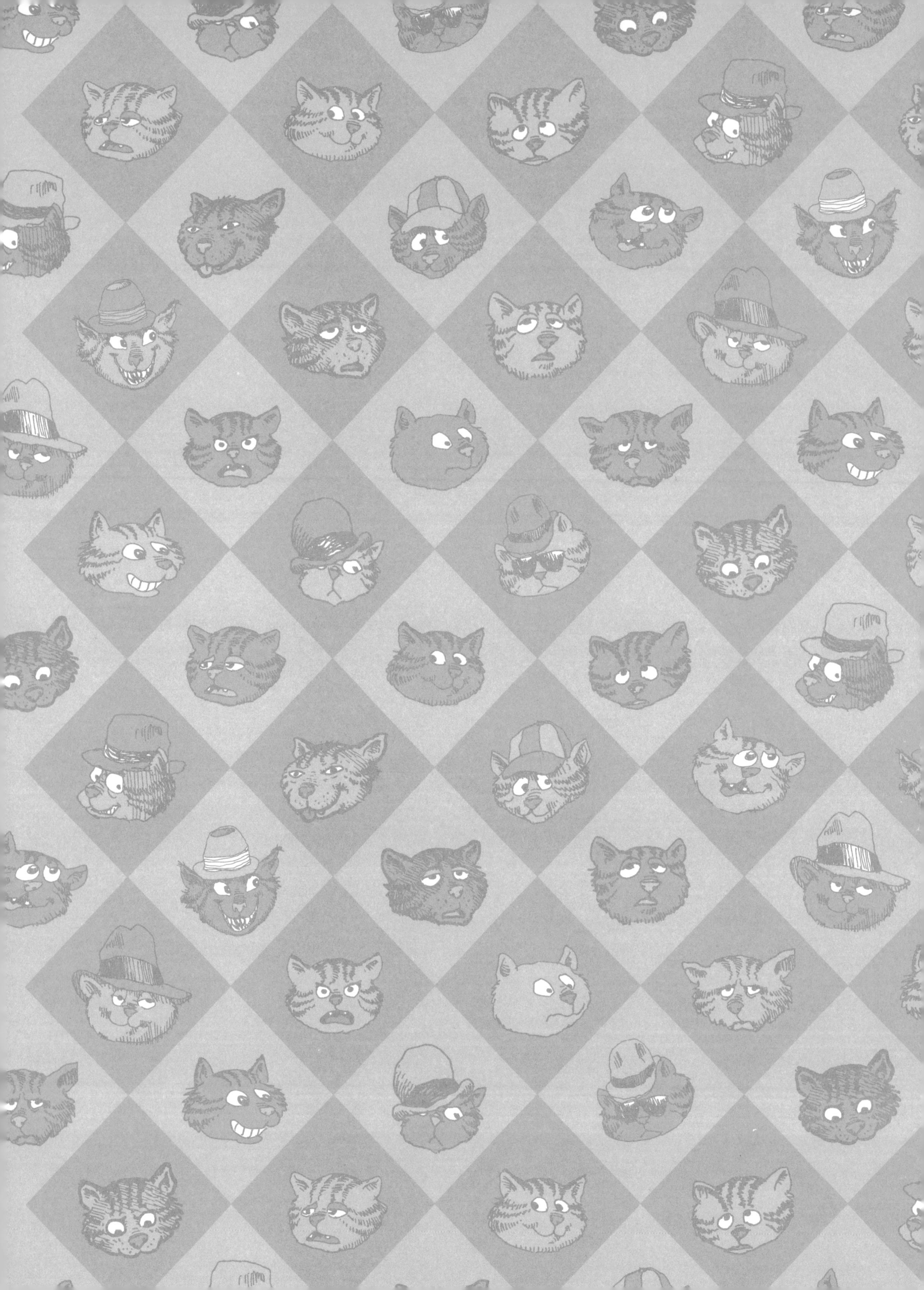